모든 현재의 시작, 1990년대

윤여일 지음

2023년 7월 24일 초판 1쇄 발행
2025년 2월 25일 초판 3쇄 발행

펴낸이 한철희 | **펴낸곳** 돌베개 | **등록** 1979년 8월 25일 제406-2003-000018호
주소 (10881) 경기도 파주시 회동길 77-20 (문발동)
전화 (031) 955-5020 | **팩스** (031) 955-5050
홈페이지 www.dolbegae.co.kr | **전자우편** book@dolbegae.co.kr
블로그 blog.naver.com/imdol79 | **트위터** @dolbegae79 | **페이스북** /dolbegae

편집 김진구 · 윤정숙
표지디자인 김민해 | **본문디자인** 이은정 · 이연경
마케팅 심찬식 · 고운성 · 김영수 · 한광재 | **제작 · 관리** 윤국중 · 이수민 · 한누리
인쇄 · 제본 한영문화사

ISBN 979-11-92836-19-5 (03300)

책값은 뒤표지에 있습니다.

• 2019년 대한민국 교육부와 한국학중앙연구원의 한국학총서사업 지원을 받아
  수행된 연구임(AKS-2019-KSS-1130016).
• 이 도서는 한국출판문화산업진흥원의 '2023년 우수출판콘텐츠 제작 지원' 사업 선정작입니다.

모든 현재의 시작, 1990년대

윤여일
지음

돌베
개

차 례

프롤로그

01

혼종 콘텐츠의 시작, 1990년대

지금 시대와 지난 시대

지금 우리는 어떠한 시대를 살아가는가. 우리 시대에는 대체 어떠한 변화가 진행 중인가.

　우리는 하루 또 하루를 살아가지만, 그 하루하루가 쌓이고 이어지는 제법 긴 시간대를 가리키고자 때때로 '시대'라는 표현을 꺼낸다. 그리고 "시대가 흘러간다"거나 "시대가 변해간다"고 말한다. 지금 우리가 속해 있는 시대도 분명 흘러가고 변해가고 있을 텐데, 그 윤곽은 무엇일까. 방향은 무엇일까.

　가늠하기가 어렵다. 뉴스를 보면 매일 사건들이 끊이지 않고 일어난다. 어떤 사건은 폭죽처럼 터졌다가 거품처럼 사라진다. 가끔씩 어떤 사건은 지리멸렬한 시간의 운행 위에 색다른 플롯을 부가해 시대를 운운하게 한다. "시대적인 일이 일어났다", "시대가 달라졌다"고. 하지만 대체 어떻게 달라지고 있는지는 여전히 알기 어렵다. 지금의 시대, 즉 당대를 알기 어렵다는 것은 땅에 발을 붙이고 살아가는 자가 대지의 모습을 제대로 볼수 없는 조건과 닮아 있다. 조감하기에는 너무나 가까운 것이다. 더구나 지금의 시대는 윤곽을 파악하기에 너무나 어수선하다. 사건들은 너무나 많고, 사건들의 상호작용은 너무나 복잡한데, 사건들의 주기는 너무나 짧다. 그 사건들이 대체 무슨 의미였는지를 제대로 생각해볼 겨를도 없이 우리는 세태에 내몰리고 시류 속에서 허우적댄다.

그런 우리가 지금 시대를 들여다보고자 할 때, 우리에게는 지난 시대를 돌아보는 일이 필요해진다. 미래는 오지 않았기에 알 수 없지만 과거는 겪어봤지 않은가. 지난 시대를 부표로 삼을 수 있다면, 지금 우리는 그로부터 어느 방향으로 얼마나 흘러왔는지를 얼마간 알 수 있지 않겠는가.

1990년대, 여전히 살아 움직이는

그 지난 시대로서 1990년대를 골랐다. 1990년대는 지금 시대를 규정짓는 여러 조건들의 근기원이다. 지난 시대는 시간이 지남에 따라 지금 시대로부터 멀어져가기만 하는 것이 아니다. 지난 시대의 어떤 일, 무언가는 지금 시대를 이루는 기저의 시간대에 자리 잡기도 한다. 비록 시대라는 것이 10년 단위로 나눠질리야 없겠지만 2020년대는 1980년대, 1990년대, 2000년대, 2010년대를 거쳐왔고, 그것들을 차례차례로 품어왔다. 2020년대 속에서 1980년대, 1990년대, 2000년대, 2010년대는 함께 흘러가고 서로 뒤얽힌다. 특히 1990년대는 현재 한국사회가 겪고 있는 여러 문제가 그 첫선을 보이고, 현재 한국사회가 맞닥뜨린 다양한 위기가 출현하고, 현재 한국사회의 갖가지 논쟁들의 밑그림이 그려진 시대였다. 2020년대 속에서 1990년대는 여전히 살아 있고, 움직이고 있다.

한국사회는 1990년대 초반 대의민주화 성취와 현실사회주의권 붕괴를 목격하고, 중반 소비사회로 급격히 나아가고, 후반 경제위기 이후 구조조정이라는 구조가 고착되어 지금에 이르고 있다. 1990년대는 과거의 시간이지만, 지금 시대는 민주화 이후, 사회주의권 붕괴 이후, 소비사회 진입 이후, 경제위기 이후의 장기 국면에 속해 있다. 지금의 사회적 현상과 문제들은 1990년대로부터 기원한 것이 많으며, 그것들을 파고들다 보면 1990년대로 거슬러 올라야 할 일이 생긴다. 그런 의미에서 1990년대는 지금으로부터 멀지 않은 시간대이자, 지금의 사회 현실을 이루는 한 가지 지층이다. 하지만 가깝고 밀접하다는 그 이유로 인해 1980년대 그리고 그 이전 시대와는 달리 대중문화 같은 개별 영역을 넘어서서 전체적으로 조망된 적이 드물다. 조망하기 위한 역사적 거리를 확보하기 어렵기 때문이다.

이제부터 그 1990년대로 진입해보고자 한다. 우선 그 목적을 분명히 해두자. 이 책은 1990년대 사회적 변동을 고찰하고 정신적 행방을 유산화할 것이다. 그렇게 1990년대에서 지금 시대를 이해하기 위한 단서들을 건져내고자 할 것이다. 역사적 거리를 확보하기 어려운 1990년대는 아직 완결되지 않은 채 여전히 운동하는 시공간이다. 지금 시대를 가늠하기 위한 좌표로 삼으려는 우리의 노력에 의해 재형상화될 사고의 지평이다.

1990년대로 진입하는 방법

1990년대로 진입하려면 우리에게 어떤 매개물이 필요하다. 무엇을 통해 1990년대로 들어갈 것인가. 1990년대 탐구에 활용할 수 있는 자료는 다양하다. 볼거리나 읽을거리만 해도 뉴스, 영화, 사진, 신문 등을 구할 수 있다. 이 책은 그중 잡지를 선택할 것이다. 1990년대를 지금의 좌표로 삼으려는 과정에서 꼭 살펴봐야 할 것은 연대기적 사건의 기록과 해석을 넘어서 당시 사건들에 관한 고민과 모색이기 때문이다.

　잡지를 들춰보면 하루 단위의 신문이나 뉴스보다 긴 호흡과 넓은 안목의 사고들을 만날 가능성이 크다. 잡지는 그저 신문보다 발행 주기가 긴 정기간행물이 아니라 현실의 소재에서 사고의 과제를 건져내고 가다듬어 주기적으로 사회에 발신해냄으로써 공론장을 형성하는 공기公器일 수 있다. 특히 1990년대는 잡지가 번창하고 담론 생산에서 큰 역할을 맡아 잡지가 집념 있게 붙든 화두가 때로 사회적 화제로 번져가고, 잡지를 매개로 한 논쟁이 사상계에서 지적 재편을 일으키기도 했던 시대다.

　1994년 『리뷰』의 창간사를 읽어보자.

자, 이제 또 하나의 정기간행물이 창간된다. 그러나 REVIEW는 단지 또 하나의 정기간행물은 아니다. 군사적인 수사법을 빌려오게 되어 유감이지만, REVIEW의 창간은 일개 소총수의 입대 신고가 아니라 거대한 진영의 구축과 같은 것이다. 어떤 새로운 문화적 그룹이 이제까지는 없었던 주장과 이념을 앞세우고 문화사의 안으로 명시적으로 당당하게 진입하고 있는 것이다. 한 개인의 저작이 아니라 어떤 그룹의 지적 광장임을 자임하는 정기간행물의 탄생은 명백히 문화사적 사건이어야 한다. 역사적 사건이란 거대한 질화의 계기, 이전의 것을 전복하고 새로운 생성의 길로 나서는, 이를테면 역사 속의 대폭발Big Bang과 같은 것이다. 단절이자 연속이고, 부정이자 긍정이고, 전복이자 생성이며, 죽음이자 탄생이다.[1]

　　잡지 하나를 새로이 내놓으며 포부가 너무 거창하다고 읽힐 수도 있겠지만, 『리뷰』만 그런 게 아니었다. 1990년대 등장한 잡지들의 창간사를 보면 시대의 세태를 하소연하고 시대적 사명을 천명하곤 했다. 지금이야 잡지가 시대적 사명을 짊어지겠다는 게 허풍으로 보이고 시대 운운 자체가 시대착오적으로 여겨지겠지만, 당시 많은 잡지는 자신의 출현이 시대사적 사건이기를 바랐다.

　　『리뷰』는 21세기를 못 보고 사라졌고, 시대를 운운하던 많은 잡지가 지금은 기록으로 남아 있을 뿐이다. '잡지의 시대'가 1990년대의 특징이듯 시대에 개입하겠다던 잡지들이 그 시대

속으로 가라앉고 만 사실까지도 우리가 읽어내야 할 1990년대에 속해 있다. 왜 버티지 못하고 사라졌던가. 우리는 난관을 이겨내지 못하고 소중한 잡지들이 사라진 이후를 살아가고 있으며, 그 난관은 지금 시대에도 해소되지 않은 채이지 않은가. 이런 상상을 해본 적이 있다. 『창작과 비평』, 『문학과 사회』, 『문학동네』, 『문화/과학』, 『황해문화』, 『경제와 사회』만이 아니라 『리뷰』, 『오늘예감』, 『당대비평』, 『아웃사이더』, 『현대사상』 같은 문화지, 비평지, 사상지가 지금까지 이어졌다면 나의 사고 반경은 어떻게 달라졌을까. 발행인이자 기획자, 핵심 필자였던 김종철 선생이 세상을 떠나시자 1991년부터 30년을 버텨온 『녹색평론』이 2021년 휴간을 선언했는데, 결국 돌아오지 못했다면 우리는 무엇을 잃게 되었을까.

이 물음에 대한 답변은 미뤄두자. 지금은 다행스러운 사실에 집중하자. 비록 여러 소중한 잡지들이 부침을 겪다가 명멸했지만 거기에 실렸던 글들은 소중한 읽을거리로 남아 있다. 지금 우리가 그 가치를 알아차릴 수만 있다면 말이다. 그런데 그중에서 무엇을 골라 읽을 것인가. 1990년대에 나왔던 잡지는 1,000종이 넘는다. 나는 여러 유형의 잡지들 가운데서 특정 주제나 문제의식을 공적 의제로 발신하는 데 공을 기울였던 문학지, 문화지, 사상지, 비평지, 학술지 등에 먼저 관심을 기울일 생각이다. 그중에서도 계간지를 주목할 작정이다.

이유는 세 가지다. 첫째, 호흡이 긴 글을 만날 가능성이 크다. 종이 매체에서 일간지, 주간지, 월간지, 계간지는 발행 주기만큼 시간의 호흡이 다르다. 뒤로 갈수록 현실 사건·사태의 시간을 서둘러 좇기보다는 그 추세와 동향을 가늠하며 나름의 시간을 형성하기에 유리하다. 대체로 수록된 글의 분량도 더욱 길어진다. 같은 현실 사건·사태를 두고서도 보다 다양한 각도에서 접근하고 입체적으로 사고한 글들을 담아낼 수 있다.

둘째, 치열한 글을 만날 가능성이 크다. 일간지, 주간지, 월간지는 짧은 발행 주기를 감당할 수 있는 인력과 자본을 갖춘 언론사 내지 언론기업이 대체로 운영한다. 이에 비해 1990년대 계간지는 새로운 지적 실험을 도모하는 그룹 내지 동인이 소규모 자본을 가지고서 창간한 경우가 많았다. 계간지 판매로는 어차피 돈벌이가 안 된다. 동인들, 편집위원들이 공들여 기획하고 청탁하고 열정적으로 원고를 작성하고, 그것들을 모아서 한 권 또 한 권의 계간지로 발신할 때 경제적 보상보다는 정신적 성취가 훨씬 컸다. 그런 만큼 글 한 편에도 문제의식을 꾹꾹 눌러 담았다.

셋째, 잡스러운 글들을 만날 가능성이 크다. 만일 잡지雜誌의 잡雜을 주제, 입장, 형식의 다양성이라고 풀이한다면 계간지는 여러 주제, 다른 어조, 때로는 상이한 입장이 함께 개진되는 공론장으로서의 잡지에 더욱 부합한다. 신문을 펼쳐보면 다양한 기사들은 서로 간에 무관한 채 잡거하는 경우가 많지만, 계간지는 특집과 기획 등을 통해 한 권 안에서 유관하면서도 저마다 다른 목소리들을 교차시켜 잡지의 잡성雜性을 구현하곤 했다.

과거의 고민을 현재로 잇기

나는 현실에서 맞닥뜨린 유동하는 상황에서 호흡이 가팔라지고 시야가 좁아질 때면 사고의 힘을 구해 때때로 지난 잡지를 꺼내 읽는다. 나에게 '사고'에 관한 한 가지 정의는 시차時差를 두어 시차視差를 만드는 정신적 영위다. 앞의 시차는 시간차, 뒤의 시차는 시각차다. 즉 어떤 사태에 직면했을 때 곧바로 반응하지 않고 다른 회로, 다른 접근법을 모색하는 것이다.

가령 사회적 공정을 두고 성별 간 대결 양상이 심해지고 있다고 해보자. 혹은 언론개혁을 둘러싸고 권언유착 논란이 뜨겁다고 해보자. 혹은 지식인의 사회적 소명이니 시대적 역할 같은 해묵은 논제가 다시금 등장했다고 해보자. 비록 내가 지금 처한 바로 이 상황은 아니지만 이와 닮은 과거의 상황 속에서 누군가는 어떻게 사고했던가, 어디까지 사고했던. 그걸 파악하고자 지난 잡지를 꺼내 한 장 한 장 넘기는 동안 내가 지금 처한 상황으로 진입하는 다른 사고의 회로를 얻는 경험을 종종 할 수 있었다. 어떻게든 다른 사고의 회로를 만들어내지 못한다면, 나는 해당 사안을 두고 이미 짜여 있는 대립구도 속에서 남들도 하는 공방을 반복할지 모른다. 그런 공방은 뜨거워져봤자 사고와 논의를 진전시키지 못한다.

1990년대 계간지를 펼쳐 읽다 보면 지금 우리가 고민하는 그 논제를 20여 년 전 누군가도 고민했던 흔적을 발견하게 된다. 이제는 쇠퇴한 문화비평지, 사회비평지들이 있었기에 사고의 호흡이 긴 글과 여러 입장을 가로지르는 치열한 논쟁을 만날수 있다. 지금 우리가 고민하는 그 논제가 과거에는 어떻게 논의되었고 어디서 의견이 갈렸고 무엇이 쟁점으로 남았는지를살펴볼 수 있다면, 그 논제에 보다 생산적으로 접근하기 위한사고의 '참조점'을 얻을 수 있을 것이다.

그리하여 이 책의 목표는 이것이다. 1990년대 잡지, 특히문학지, 문화지, 사상지, 학술지가 움켜쥐고 펼쳐냈던 논제들을 포착해 당시 사상계 담론 지형의 '조감도'를 제공하는 동시에오늘날 당면한 문제들을 해석하기 유용한 '문제계'問題界로서의1990년대를 형상화하는 것이다. 이를 위해 1990년대 잡지들에서 기획된 특집과 발표된 글들, 그로써 생겨난 논점, 촉발된 논쟁 등을 따라서 1990년대 사상계를 되돌아보고, 그로부터 사고의 소재들을 건져내 영역별로 배치할 것이다.

나는 되는 데까지 유의미하다고 여겨지는 논제들을 건져내서 스케치할 뿐이겠지만, 독자들은 그것들을 과거 이야기로만대하는 게 아니라 이러한 물음들을 견지해 함께 생각해주길 바란다. 1990년대에 출현한 그 논제는 어떠한 궤적을 거쳐 지금에이르고 있는가. 1990년대와 오늘날 사이에 그 논제와 관련해 어떠한 대목이 과거지사가 되었고, 어떠한 지점이 계속 문제화되고 있으며, 어떠한 과제가 남아 있는가. 그 논제는 1990년대와견주건대 어떻게 달라지거나 반복되고 있는가. 이러한 물음들을 떠올리며 독자들이 저마다 다른 사고의 계기를 발견할 수 있다면, 그것이 이 책이 해낼 수 있는 가장 큰 성취일 것이다.

문제적 시대로서의
1990년대

O2

문제적 시대로서의 1990년대

1990년대란 무엇인가

이제부터 지금 시대의 근기원이 된 일련의 시간대를 '1990년대' 라고 명명하며 분석적 범주로 다루고자 한다.

그런데 대체 1990년대란 무엇인가. 1990년대는 우리가 자주 입에 담거나 귀로 접하는 말이지만 막상 1990년대가 무엇인가, 어떠한 시대인가라고 묻는다면 대답은 간단치 않을 것이다. 어쩌면 '1990년대란 무엇인가'라는 물음 자체에 문제가 있을지도 모른다. 그런 식의 물음은 일련의 시간대를 동질성 내지 연속성을 지닌 시기로 고착화하려는 관습적인 역사주의를 깔고 있기 때문이다. 1990년대는 동질적 내지 연속적 시기로 환원할 수 있는 하나의 실체가 아니다. 정치, 경제, 사회, 문화의 이질적 시간성들이 교차하고 혼재하고 갈등하는 여러 국면들로 짜여 있다. 그래서 그때를 회상하는 사람의 이유와 방식에 따라 다른 모습으로 소환된다. 1990년대는 하나가 아닌 복수다.[1] 그럼에

도 우리는 1990년대는 무엇인가, 어떠한 시대인가라는 물음을
버리기가 어렵다.

『문학과 사회』 1989년 겨울호는 특집1을 '80년대의 의미'
로 잡았고, 「반성의 연대를 회고한다」라는 글이 실렸다.

기술진보와 과학발전에 힘입어 사람들은 한때 시간을 지배해보
려는 다소 오만한 욕망을 드러내기도 했으나, 그 시간을 창조한
우주의 섭리는 인간들의 이 주제넘은 시도를 결코 용납하지 않을
것처럼 보인다. 말하자면 세월은 그 창조자의 계획대로 그저 따
라 흐를 뿐인데 사람들이 그 흐름을 적당히 재단하여 '시대'라는
편리한 도구를 만들어낸다. 역사라는 거창한 주제도 그 한꺼풀을
벗겨내면 실로 별것이 아닌 바로 이 시대를 채우는 사람들의 삶
과 사랑의 집합에 불과할 뿐이다. 그럼에도 불구하고 역사에 자
꾸 어떤 대단한 의미를 부여하거나 반대로 거기서 어떤 대단한
교훈을 캐내려고 노력하는 이유는 한 시대의 청산 속에, 아니 새
시대에의 기대 속에 그 삶과 사랑의 조건들을 부단히 개선시키려
는 간곡한 소망을 담아보고 싶기 때문이리라.[2]

1980년대의 끝자락에 이제부터 운운될 '1990년대'를 앞두
고 정운영은 이렇게 말했다. 그의 말처럼 세월이 흘렀다고 시
간을 10년 단위로 나눠 '시대'라고 명명하는 방식은 편의적이고
때로는 자의적이다. 때로는 이데올로기적이기도 하다. 그의 말
처럼 이런 식의 시대 구획에는 과거 청산의 욕망이 깃들기도 하

20

기 때문이다. 그럼에도 그는 '새 시대' 운운에는 삶이 달라지기를 바라는 소망 또한 담긴다고 보았다. 더욱이 자의적일지언정 그렇게 연대를 시대로 변환한 1980년대, 1990년대라는 말이 등장하면, 이 시대명에는 모종의 시대 감각이 스며들기 때문에 없앨 수 없게 된다. 1980년대, 1990년대를 시대 구분의 지표로 반복해 사용하게 된다.

그래서 1990년대는 무엇이었나. 거기에는 어떠한 시대 감각이 스며들게 되었던가. 1990년대는 거칠게 묘사하면 이러했다. 정치적으로는 민주화가 제도적으로 정착되고, 최초의 문민정부가 출현하고, 최초의 정권교체가 이뤄졌다. 경제적으로는 국가발전주의에 기반한 자본축적이 본격적인 소비사회를 열어가다가 IMF 사태가 터지고 이를 수습하는 과정에서 신자유주의 체제가 자리를 잡았다. 문화적으로는 10, 20대가 소비 주체로 부상하고 각종 대중매체의 범람과 PC통신, 인터넷, 이동통신의 보급으로 대중문화가 확장하고 하위문화가 변모했다. 사상적으로는 마르크스주의가 쇠퇴하고 그 공백 속으로 각종 포스트 담론이 등장했다가 경제위기 이후로는 한국식 근대화에 대한 자성의 논의가 확산되었다. 이처럼 희망도 자라났으며 위기도 드리웠다. 어떠한 변화는 원치 않았는데 닥쳐왔고 어떠한 변화는 그토록 갈구했으나 지난했다. 다만 분명히 말할 수 있는 것은 그 변화들 중에는 1980년대와는 달리 지금 시대에 직접적으로 이어지는 게 많다는 사실이다. 그래서 1990년대는 "그때 그 시절" 이야기만이 아니다.

1990년대는 언제부터인가

'1990년대란 무엇인가'에 이어 이런 물음을 꺼내보자. '1990년대는 언제부터인가.'

1990년대를 논할 때 1990년을 꼭 그 연대적 시작점으로 잡지는 않는다. 1990년대를 시대로 그려내려면 그 시대성을 도출할 수 있는 나름의 역사적 계기가 필요하다. 시대는 역사화 과정 속에서 형성되며, 달리 말해 역사화 방식에 따라 다르게 그려질 수 있다. 1990년대가 언제 시작되었는지를 두고서도 의견이 갈릴 수 있다. 시작점을 달리하는 1990년대는 그 양상과 특징 또한 달라질 것이다.

1990년대의 시작점 중 가장 유력한 후보는 1987년이다. 6월 항쟁을 거쳐 대통령 직선제 개헌을 이뤄낸 1987년은 정치적으로 한국현대사에서 가장 중요한 분기점이었으며, 경제 영역에서도 '선성장 후분배'라는 미명 아래 유보되었던 분배와 형평성(금융실명제, 토지공개념, 형평조세제도), 경제력 집중(재벌개혁), 균형발전(중소기업, 지역격차, 농민 빈곤), 사회복지(의료보험, 국민연금, 최저임금제) 등 경제민주화의 쟁점을 전면으로 부각시켰다.[3] 또한 사회·문화 영역에서도 헤게모니와 권력관계가 재구성되는 계기였다. 1987년 이후 군부독재가 사회에 심어놓은 전체주의와 경찰국가 구성요소들은 점차 해체되고 시민언론이 출범하고 시민단체가 조직되고 문화운동과 젠더·생태 정치가 수면 위로 부상했다. 1987년 노동자 대투쟁을 거쳐 전노

협, 민주노총으로 이어지는 노동조직 형성은 민주화 및 불평등 해소에 중요 기점이 되었다. 1987년의 이듬해에 있었던 1988년 서울올림픽도 저유가·저금리·저환율이라는 3저호황을 누렸던 1980년대에 일어난 일이자 이후 북방외교 진전, OECD 가입, 세계화론 융성으로 이어지는 1990년대의 초기 사건으로 가늠할 수 있을 것이다.

　1987년과 함께 특기할 해는 1991년이다. 1989년 베를린 장벽이 무너지고 1991년 소련 붕괴로 20세기 현실사회주의 실험이 종언을 고했다. 1990년대는 당대 사상계에서 전환과 위기의 시대로 묘사되는데 1989년 내지 1991년은 그 국면의 출발점이다. 사회변혁을 꿈꿨던 자들로서는 '다른 세상'의 전망이 사라지고 추구해야 할 이념을 상실해 기약 없는 방황, 좌표 없는 항해를 시작해야 했다. 국내 정치를 보더라도 1987년 민주화를 쟁취했으나 노태우 대통령 당선과 삼당합당, 거기에 1991년 5월 강경대 사태 정국 이후 운동권에 휘몰아친 도덕성 논쟁으로 희망과 절망이 빠르게 교체되는 허탈의 상황이었다. 서영채는 이를 두고 "현실적 억압에 맞서는 집단적 힘의 격렬한 분출 이후에는 어김없이 환멸의 시간이 찾아온다"고 토로했다.[4] 이념과 함께 열정마저 잃은 자들은 청산의 시대로 들어섰다.

　한편 1992년은 경제·문화적으로 각별한 해다. 국제적으로는 유고슬라비아와 체코슬로바키아 등 여타 사회주의 연방공화국의 해체와 분리 등 현실사회주의권의 패퇴가 계속되었다. 그 가운데 미국이 주도하는 북미자유무역협정NAFTA이 체결되

었다. 중국에서는 덩샤오핑의 남순강화南巡講話로 사회주의 시장
경제가 본격화되고 한중수교가 이뤄졌다. 국내적으로는 김영삼
이 삼당합당에 힘입어 14대 대통령이 되었다. 아울러 서태지와
아이들이 데뷔하자마자 붐을 일으키고 오렌지족, X세대 논란과
함께 소위 신세대가 새로운 소비 주체로 부상했다. 이 무렵부터
대학로, 홍대, 압구정에서 도회적인 소비풍토가 두드러지고 청
년 하위문화가 대두했다. 사상계로는 포스트모더니즘, 탈식민
주의, 페미니즘, 카오스이론 등 새로운 지적 사조가 일거에 들어
왔다. 향유의 시대로서의 1990년대는 1992년에 제 모습을 드러
냈다.

　　이처럼 1990년대의 유력한 시작점들인 1987년, 1991년,
1992년을 겹쳐놓는다면 1990년대는 정치적 자유화만이 아니라
소비문화의 본격화라는 또 하나의 지층 위에서 형성된 시대임
을 알 수 있다. 1987년을 거쳐 형성된 대안적 진지들은 1990년
대 초반부터 소비주의에 서서히 잠식되었다. 정치적 민주주의
를 쟁취하자마자 경제적 논리가 사회문화적 일상을 지배해갔
다. 1990년대 후반 경제위기는 그 경향을 꺾는 게 아니라 공고
화하고 가속화했다. 2000년을 앞둔 시점에는 한강의 기적은 이
미 신기루처럼 사라지고, 생존이 삶의 규범이 되어 1990년대는
아현동 가스 폭발, 성수대교 붕괴, 삼풍백화점 붕괴에서 IMF 구
제금융에 이르는 실패의 궤적으로 그려졌다. 그사이 각각 사형
과 무기징역을 선고받았던 전두환과 노태우는 1997년 특별사
면으로 2년 만에 감옥을 나왔다. 이듬해, 정태춘은 이렇게 노

래했다. "아아, 검은 물결 강을 건너 / 아아, 환멸의 90년대를 지나간다 / (…) / 다음 정거장은 어디요 / 이 버스는 지금 어디로 가오 / 저 무너지는 교각들 하나둘 건너 / 천박한 한 시대를 지나간다 / (…) / 휘청거리는 사람들 가득 태우고 / 이 고단한 세기를 지나간다"(<건너간다>, 1998). 그가 1990년대 말에 읊은 환멸감은 1990년대 초중반에 1987년의 노고가 횡령되었다는 서영채의 환멸감과는 다른 것이었다.

1990년대 잡지계의 진용

이제 1990년대를 거칠게나마 스케치했으니 우리가 읽을 1990년대 잡지의 세계로 눈을 돌려보자. 1980년대 사상계를 연구한다면 소위 불온서적을 포함한 사회과학서와 삐라 같은 유인물을 빠뜨려선 안 되듯이 잡지는 1990년대의 사상계로 진입하는 데서 중요한 창구다. 그리고 1990년대 잡지계 형성에서 기점은 역시 1987년이었다.

　1987년 이전 1980년대 잡지계는 어떠한 상황이었던가. 1980년대는 1990년대보다 그 시작을 알리는 분명한 사건을 품고 있다. 1980년 5월 광주항쟁이다. 광주항쟁은 한국사회사에서 전환점이었고 한국잡지사에서도 그러했다. 1979년 12·12로 권력을 잡은 뒤 광주를 피로 물들인 신군부는 1980년 7월에 사회정화라는 미명 아래 초법적 조치들을 단행했다. 거기에는 고

위공무원 숙정, 정치인 사정과 함께 대량의 정기간행물 폐간, 출판사 무더기 등록취소도 포함되었다. 『뿌리 깊은 나무』, 『씨올의 소리』, 『창작과 비평』, 『문학과 지성』을 비롯해 172종의 정기간행물이 사라졌다.[5]

그리하여 1980년대는 비판적 잡지들의 존립이 심각하게 위협받은 시대였지만, 한편으로는 '잡지의 전성시대'로도 회상된다. 1984년에는 정기간행물 수가 1,700종을 넘어섰고, 한 달 동안 발행되는 잡지 수가 총 2,000여만 부에 이르렀다.[6] 특히 경제지, 오락지, 음악지 등이 세를 넓혔다. 하지만 시대에 비평적으로 개입하려는 잡지는 언론·출판의 자유를 위해 투쟁 중이었다. 신군부 세력의 출판탄압으로 정기간행물이 폐간당하고 또 복간이 허락되지 않자 부정기간행물인 무크mook지로 옮겨가는 추세가 생겨났다. 무크지라면 등록 절차를 거치지 않아도 되니 언론기본법에 저촉되지 않을 수 있었던 것이다.

1987년 민주화의 열기로 신군부는 언론기본법을 폐지해 출판사는 등록허가제로 전환되고 잡지들은 복간될 수 있었다. 6월 항쟁 이후 문민정부가 출범한 1993년까지 일간신문은 30종에서 112종으로, 주간지는 226종에서 2,236종으로, 월간지는 1,298종에서 3,146종으로 늘어났다.[7] 주요 계간지를 보면 『창작과 비평』은 1985년 잡지사 폐쇄, 1985년 무크지 『창작과 비평』 간행에 이어 1988년 계간지로 복간되었다. 『문학과 지성』은 1982년부터 무크지 『우리 시대의 문학』을 매년 한 권씩 발행하다가 1988년 계간 『문학과 사회』로 전환했다. 『실천문학』 역시 1985년 여름까지 무크지로 발행되다가 폐간당해 1987년 다시 무크지로 복귀한 이후 1988년 계간지로서 재출발했다. 여기에 1955년에 창간되어 오랫동안 지속되어온 『현대문학』이 문학잡지계의 한 축을 맡았다.

1988년에서 1991년 사이에는 『녹두꽃』, 『노동해방문학』, 『사상문예운동』, 『노동자문화통신』 등의 문학운동지가 대거 합법 출판물의 형태로 등장했다. 『녹두꽃』은 민족해방운동 진영, 『노동해방문학』, 『사상문예운동』, 『노동자문화통신』은 노동해방운동 진영의 문학운동지였다. 이윽고 비평지가 속속들이 출현했다. 1991년 한 해 동안 창간된 비평지만 꼽아도 『오늘의 문예비평』, 『비평의 시대』, 『현대비평과 이론』, 『현대예술비평』, 『한길문학』 등 다섯 종에 이른다. 1993년 무렵에 이르면 문화계간지 역시 유례없는 붐을 타면서 『문화/과학』, 『문학동네』, 『황해문화』, 『현실문화연구』, 『상상』, 『리뷰』, 『오늘예감』, 『이다』, 『또하나의 문화』 등이 연이어 창간되어 문화 담론을 번성케 했다.

인문사회과학 계통의 학술지도 1980년대 말이 전기였다. 1987년 역사문제연구소가 『역사비평』, 1988년 한국산업사회연구회가 『경제와 사회』, 한국사회과학연구소가 『동향과 전망』, 한국사회경제학회가 『사회경제평론』, 1989년 한국역사연구회가 『역사와 현실』, 민주주의법학연구소가 『민주법학』, 1990년 한국철학사상연구회가 『시대와 철학』, 한국여성연구회가 『여성과 사회』, 1991년 민족문학사연구소가 『민족문학사연구』, 한국공간환경연구회가 『공간과 사회』, 1992년 역사학연구소가

『역사연구』를 창간했다. 1988년의 『사회비평』, 1989년의 『계간 사상』은 학회나 연구모임이 아닌 출판사(나남출판사), 재단(대 우재단)이 발행 주체가 되어 창간한 경우였다.

1990년대와 1980년대

이리하여 1990년대 잡지계가 진용을 갖췄다. 이제 이들 잡지들 을 펼칠 차례인데 어떤 내용부터 읽어볼까. 우리가 살아가는 지 금 시대를 이해하고자 1990년대로 거슬러 오르는 이 책의 문제 의식에 비추어 먼저 들여다보고 싶은 것은 1990년대를 당시에 는 그 이전 그리고 이후 시대와 어떻게 관계짓고 있었는지, 그 시대의식이다.

　1990년대는 1980년대 이후이자 2000년대를 앞둔 시간대였 다. 1990년대는 그 전 시기인 1980년대와 그 뒤에 오는 2000년 대와 연속되기도 하고 단절되기도 하는 국면일 것이다. 1990년 대 당시에도 '1980년대'와 '2000년대'라는 양쪽 시간대와의 인 접과 차이화를 통해 당대의 정체성을 마련하려는 언설들이 이 어졌다. 그중 『문화/과학』 1999년 겨울호에 수록된 글을 한 편 보자. 제목은 「90년대와 80년대: 하나의 정신사적 고찰」이다.

하나의 역사적 시대 또는 시기라는 것이 동시대인들 간에 합의된 목표, 대상, 주체, 사상이념, 방법 등에 의해 규정되는 것이라 한다면, 80년대는 그 자체로 나름의 자기완결성을 갖추었던 시기라고 할 수 있을 것이다. 다시 말해 80년대의 경우 목표=민주화/민족해방, 대상=군부독재/미제국주의, 주체=민중/노동자계급, 주동=합법/비합법/반半합법조직, 사상이념=마르크스-레닌주의/주체사상, 방법=혁명/개혁 식의 비록 대립과 차이를 포함하고는 있었지만 높은 합의 수준이 유지되고 있었다고 볼 수 있다. 반면 90년대의 경우 (의사) 민주화로 인한 적敵의 상실, 현존 사회주의 붕괴와 북한의 경제위기로 인한 대안적 전망의 소멸, 중간계급의 체제 내 통합, 각종 전선 운동의 와해, 광범위한 이념의 위기 따위로 말미암아, 그 자체로 차라리 카오스의 법칙이 지배하는 지극히 문제적인 시기였다. 그런 의미에서 80년대의 시간 개념이 군부독재라는 구체적 적의 실존과 연관된 다분히 계몽주의적 미래관에 의해 장악되어 있었다고 한다면, 90년대의 그것은 그 어떤 자신의 독자적 미래 전망도 내놓지 못한 채, 80년대의 진보적 미래주의에 대한 단순부정이나 아니면 '제3의 물결'류 공허한 21세기 담론 또는 사이비 미래학, 그도 아니면 "우리에게 미래는 없다"류 유행성 세기말 사조에 의해 점령되어 있었던 시기라고 할 수 있을 것이다.[8]

2000년을 바로 앞둔 시점에 이해영은 1980년대와의 대비를 통해 1990년대는 무엇도 제대로 정립하지 못했으며, 그 이유는 극복 대상인 적을 잃고 시대가 미래를 품어내는 능력을 상실했기 때문이라고 짚었다. 나아가 이렇게 진단했다. "스스로 자신을 정의할 수 없는 시대, 더욱 엄밀히 말하자면 규정할 주체를 생산해내지 못한 시대가 90년대다. 90년대는 80년대에 기대설 수밖에 없는, 결코 홀로 설 수 없는 불구의 시대였고, 또 스스로 자신을 정의할 수 없는—80년대에 대한—반동의 시기였다. (…) 90년대는 결국 80년대의 부수현상일 따름이다."

확실히 사상계만을 보더라도 '방황'하는 1990년대는 중심도 없고 지배적 추세도 결정되지 않은, 무정형의 과도기적 국면이었다. 1980년대와 견줘본다면 워낙 다양하고 다기한, 크고 작은 이론들이 대두하여 쟁명했기 때문에 전체를 아우를 특징을 찾기란 어렵다. 다만 그 자체로 "불구"이고 1980년대의 "반동"이고 "부수현상"이었다는 평가는 1990년대가 실제로 그랬다기보다 1990년대를 1980년대와 견주어 바라보는 한 가지 해석이다. 당시 잡지를 들춰보면 1980년대와의 대비를 통해 1990년대를 '새로움'과 '변화'의 시대로 그려내는 경우도 많았다. 다음 글도 1999년 겨울에 나왔다.

80년대의 문화적 담론이 민주화 투쟁이라는 뜨거운 전장에서 형성되었다면, 90년대의 문화적 논리는 거대한 시장에서 구현된다. 문화 산업의 담당자들은 좋은 재료를 골라 신제품을 생산하고, 대중들은 시장에서 구매 행위를 통해 자기의 취향을 선택하고 표현한다. 시장은 그와 같은 방식으로 취향의 탈중심화를 촉진한다. 취향의 선택이 지극히 제한적일 수밖에 없었던 80년대를 떠올려보자. 대항문화/대중문화라는 이분법이 기본적인 옵

션으로 존재하고 있었고, 더욱이 대중문화는 폭력적인 지배자들의 대중 조작의 수단이거나 퇴폐적인 향락을 제공하는 쓰레기라는 인식이 지배적이었다. 그리고 전사들에게 요구되는 것은 높은 수준의 도덕성과 금욕적 견결함이었다. 그러나 전장이 사라지면 80년대식의 대항문화는 존립할 수가 없다. 해체되어 시장의 질서 속으로 편입되거나, 문화적 담론의 수면 밑에 있는 박물관으로 들어가 근근도생하거나, 양자택일이 있을 뿐이다. 그렇게 90년대식 시장은 80년대가 지니고 있었던 문화적 가치의 위계를 폭파해버렸다.[9]

이 글에서 1990년대 문화는 시장에 침윤되었으나 1980년대 문화와 견주건대 다채로움, 비억압성, 비위계성을 지닌다고 강조된다. 다만 이 글에서도 1980년대는 '전사들'에게 높은 수준의 도덕성과 견결함이 요구된 '대항문화/대중문화 이분법'의 시대로 그려지는데, 이러한 1980년대는 1990년대에 의해 의식된, 1990년대의 특징을 부각하기 위한 산물이다. 1980년대에도 대중문화와 대항문화는 나름의 방식으로 공존·교차·경합했으며, 1990년대 또한 대중문화 일변도는 아니었다. 민중문학, 민중미술, 노래운동 등은 여전히 대중적 생산 및 수용의 공간을 갖고 있었다.[10] 그럼에도 '1980년대의 대항문화 대 1990년대의 대중문화', '1980년대의 정치주의 대 1990년대의 문화주의'라는 식의 대비는 1990년대에 걸쳐 다양하게 변주되며 자주 등장한 논법이었다.

1990년대 당시에는 물론이거니와 이후로도 '공동체에서 개인으로', '이념에서 욕망으로', '전장에서 시장으로', '역사에서 일상으로' 혹은 '광장에서 밀실로' 등 다양한 대립항들이 동원되어 1980년대 문화, 문학, 사상과 1990년대 그것들 사이의 단절이 강조되었다. 1990년대에 들어서는 변혁, 역사, 민중, 전망, 주체, 총체성, 저항 같은 말들이 가치절하되고 차이, 해체, 내면, 욕망, 문화, 탈근대, 미시권력, 일상성 등의 개념군이 힘을 얻었다. 1980년대가 집단성으로서의 '우리', 계급에 기반하고 있었다면, 1990년대는 개별자로서의 '나'의 시대라는 대비의 논법도 만들어졌다.

이러한 대비법 내지 단절론은 타당한 구석도 있지만, 충분히 사실적이지는 않다. 이분법은 늘 단순화의 위험을 동반한다. 1980년대와 1990년대 사이에는 군사정권 붕괴와 현실사회주의 몰락이라는 강이 흐르지만, 1990년대를 1980년대로부터의 단절로 보는 것은 시대를 정물 형태로 대하는 관념적 접근이기 십상이다. 그럼에도 이런 식의 관념적 접근은 현실에서 존재하며 또한 기능한다. 단절을 강조하는 태도는 두 인용문처럼 1990년대를 비평하기 위해서일 수도, 1990년대의 특징을 부각시키기 위해서일 수도 있고, 때로는 1990년대에서 지적 헤게모니를 쥐려는 인정욕망의 발로일 수도, 1980년대로부터의 전향을 자기정당화하려는 심리의 소산일 수도 있었다.

어쨌든 1990년대 사상계가 자신의 시대를 말하기 위해 1980년대와의 단절을 그토록 내세웠다는 것은 역으로 1980년대가 1990년대의 강력한 인식준거로 작용했음을 뜻한다. 즉 1990년대는 그 자신을 증명하기 위해 1980년대를 과잉 의식하고 다양한 방식으로 전유해야 하는 시기였던 것이다.[11]

1990년대와 2000년대

1990년대는 이미 지나간 1980년대와 분별하면서 한편으로는 아직 오지 않은 2000년대가 자신의 기원을 형성해가던 시기였다. 1990년대가 중반을 넘기자 이제 문제가 되는 것은 2000년대 그리고 21세기였다. 김병익은 『당대비평』 1997년 겨울호에 「세기말의 회의」를 써서 새로운 천년의 도래를 크게 반겼다.

마침내! 우리는 긴 1000년대, 이 연대의 기원이 되던 로마의 역사가 끝나고 침묵의 긴 중세와 요설스럽고 활달하던 근대의 역사로 이어지던 10세기 간의 장구한 시간이 지나고, 두 차례의 전쟁과, 혁명, 내란, 혁신, 변화들이 소용돌이치던 20세기 현대의 100년도 마침내! 마감되는 획기의 시점에 오르게 된 것이다.[12]

하지만 세기말의 색채가 단색은 아니었다.

또 하나의 세기말이자 만약 지구가 계속 존재한다면 도래하게 될 새로운 천년 주기의 시작을 앞둔 오늘날, 우리 일상생활의 시공간을 채색하는 것은 과연 무엇일까? 소비사회 및 컴퓨토피아의 쾌활한 빛일까, 아니면 핵공포와 환경재난의 천근 같은 어두움일까?[13]

1990년대는 1987년 이후 변화에 대한 희망과 함께 역동적으로 시작됐으나 중반을 지나면서는 전환기를 통과할 때 생겨나는 들뜬 감정과 막연한 불안감이 교차했다. 세기말에 이르면서는 어떤 장구한 시간대의 끝자락을 빠져나가고 있다는 공통 감각이 퍼졌다.

1997년 한길사는 반년간지 『신인문』을 창간했는데, 세계사적 전환의 본질을 탐색하고자 문명론에 주력했다. 문명론은 '세기말 출판'의 한 가지 경향이었다. 세기말적 불안감은 인류문명의 원초지에 대한 관심을 불러일으켜 고대 이집트를 비롯한 문명 관련 서적들이 출판 불황을 무색케 할 정도로 쏟아져 나왔다.[14] 또한 문명의 종말, 노동의 종말, 확실성의 종말처럼 종말론적 개념들을 내건 서적들이 이어졌다. 미국 캘리포니아주에서는 헤일-봅 혜성이 지구에 가장 근접한 시각인 1997년 3월 22일 오전 4시에 '천국의 문' 신도 39명이 집단자살해 한국 언론에서도 대서특필되었다. 서기 2000년에 정치적 대격변과 이상 기후가 일어나리라던 노스트라다무스의 예언도 화제를 모았다. 얼마 남지 않은 미지의 21세기에 대한 불안감 속에서 미지의 현상에 대한 관심이 높아져 고대의 비교秘敎적 전통과 마법, 주술, 신화 등을 연구하는 '오컬티즘 신드롬'도 일어났다. 초의식, 초감각, 초능력을 개발하는 주술과 마법, 이교주의에 대한 관심은 뉴에이지의 이름으로 행해졌다. UFO와 외계인 신드롬도 여기에 가세했다.『리뷰』1998년 겨울호는 '세기말의 음모이론'을 기획으로 내놓았다. 정치·경제 상황의 불확실성과 불안감이 세기말 음모이론의 토양이 되었고, 이러한 동향들은 이른바 '밀레니엄 신드롬'으로 흡수되었다.

1999년에는 새로운 천년기를 뜻하는 밀레니엄millennium이 화두로 부상해 문명 전환, 패권 전환, 패러다임 전환 등의 맥락에서 곧잘 활용되었는데, 언론에 가장 빈번히 등장한 용례는 '밀레니엄버그'였다. 데이터 용량을 줄이고자 연도의 마지막 두 자리만 사용한 컴퓨터 프로그래밍 관행으로 인해 2000년이 되면 전화가 끊기고, 신용카드 사용이 막히고, 엘리베이터가 멈추고, 비행기 운항이 차질을 빚는 대혼란이 일어나리라는 예고와 우려가 확산되었다. 밀레니엄버그 말고도 신비, 종말, 광신 등의 언표를 동원해 불안과 공포를 자극하는 세기말 담론이 번성했다.

2000년이 되던 날, 종말도 없었고 밀레니엄버그도 일어나지 않았다. 한국사회는 IMF 경제위기로부터 지표상으로는 벗어나는 국면이었다. 그러자 미래학이 특수를 만나 언론매체들은 앞다투어 21세기 비전에 대한 기사를 쏟아냈다. 하지만 경영상의 이유 등으로 하나둘씩 폐간이나 휴간을 선언하던 비판적 잡지계에서는 희망이란 단어를 찾아보기 어려웠다.

문학,
전장에서 시장으로

03

현재로의 시작, 1990년대

시련 이후 문학장의 형성

이제 영역별로 1990년대를 살펴보자. 어떤 잡지부터 펼쳐볼까. 아무래도 문학지부터 시작하는 편이 좋을 것 같다. 1990년대 잡지계는 1980년대 폐간되었던 문학지들이 복간되고 새로운 문학지들이 등장하며 활력을 얻은 시대였다. 1990년대 잡지계를 수놓은 문화지와 사상지 그리고 학술지는 대부분 1980년대 말부터 출간된 것들이었다. 반면 문학지 쪽은 기존 문학지들의 복간과 새로운 문학지들의 창간이 맞물리며 시간성이 보다 중첩적이었다.

1980년대에 문학지는 큰 시련을 겪었다. 1980년 1월 자유실천문인협의회가 야심차게 『실천문학』을 창간해 『창작과 비평』 대 『문학과 지성』이라는 구도에서 벗어나 제3의 문학을 모색했다. 그러나 두 잡지가 그해 여름에 강제 폐간되어 뜻을 이룰 수 없었고, 1985년에 이르면 『실천문학』도 폐간되고 만다.

1980년대에는 군사정권이 사회정화를 명분으로 『뿌리 깊은 나무』, 『씨올의 소리』, 『월간 중앙』, 『현존』 같은 유수의 종합지들도 폐간시켰다. 시국이 이러하자 무크지 등으로 전환해 연명하던 문학지들은 작품과 비평의 발표 지면 이상의 사명을 부여받았다. 사실 1980년대 문학은 역사의식, 정치사상, 현실비평이 어우러지는 정신 영역이었다. 노동현장에서 자본가 계급에 맞서는 노동자, 산업화에 밀려 피폐해진 농촌 현실 속에서 억척스럽게 살아가는 농민의 이야기를 담은, 혹은 그들의 시각에서 풀어낸 민중문학이 힘을 얻었다.

1987년 민주화 항쟁을 겪으며 언론기본법이 폐지되자, 폐간당한 문학지는 복간이 가능해졌다. 『창작과 비평』은 1987년 58호를 『창비 1987』이라는 이름으로 내고, 1988년 봄의 59호는 복간호가 되어 계간지로 돌아온다. 이후 1990년대에 『창작과 비평』은 사상지적 성격이 짙어졌다. 1990년 봄호부터 1992년 겨울호까지 특집 내지 주요 좌담을 살펴보면 '1990년대 민족문학을 위한 제언'(1990년 봄), '오늘의 사회주의와 맑스주의의 위기'(1990년 여름), '새로운 연대의 문학을 위하여'(1990년 가을), '생태계의 위기와 민족민주운동의 사상'(1990년 겨울), '우리 민족·변혁운동론의 어제와 오늘'(1991년 봄), '냉전시대 이후의 평화운동'(1991년 여름), '농업해체의 위기와 한국사회의 진로'(1991년 가을), '소련·중국의 상황과 민주주의의 문제'(1991년 겨울), '사상적 지표의 새로운 모색'(1992년 봄), '리얼리즘, 포스트모더니즘, 민족문학'(1992년 여름), '변화하는 정세, 통일운동의 전망'(1992년 가을), '임진왜란, 민족의 어제와 오늘'(1992년 겨울)로 이어져 당대 사회현실에 관한 분석과 전망 수립에 치중했음을 알 수 있다. 문학 관련 특집 역시 1980년대적 문제의식에 관한 1990년대적 검토라는 맥락에서 문학의 사회적 역할에 초점이 모였다.

『문학과 지성』은 복간이 아닌 1988년 봄, 『문학과 사회』 창간이라는 형식을 빌려 재개되었다. 1980년대 말에는 '문학적 실천의 방법과 지향'(1988년 겨울), '현대의 사회변혁운동'(1989년 가을) 등을 특집으로 내놓으며 문학과 현실의 유기적 연관성을 중시했다. 1992년 전후로는 특집 '지금 문학이란 무엇인가'를 연속 기획해 문학의 사회적 존재론에 관한 고찰을 이어가다가 창작에서 모더니즘을 옹호하고 해체주의를 수용하는 방향으로 나아갔다. 1993년 문학과지성사에서 간행된 평론집들을 보면 『비평의 매혹』(권성우), 『글쓰기의 최저 낙원』(신범순), 『욕망의 시학』(우찬제), 『위반의 시학』(이광호), 『감각의 실존』(박철화)으로 1980년대 평론집에서라면 으레 쓰였을 민족, 민중, 현실, 역사, 이념, 리얼리즘, 분단시대 같은 개념과는 계열을 달리하는 매혹, 욕망, 위반, 감각, 실존 같은 어휘들이 제목으로 등장했다.

창비와 문지, 거기에 1990년대로 건너와서도 자신의 문학 이념을 견지한 『실천문학』을 빠뜨려선 안 될 것이다. 『실천문학』은 민중문화 진영이 힘을 결집하여 민중문화운동 작품들과 이에 대한 고찰들을 꾸준히 수록했다. 현실사회주의 붕괴는 이른바 '생산양식 변화'와 '인간의식 성장'의 관계로 문학의 문제를 논하던 사회주의 리얼리즘에 심각한 타격을 안겼으나, 『실천문학』은 1990년대에도 사회의 해석에서 민중성의 시각을 견지하고 문학의 실천에서 리얼리즘의 가치를 지키며 '1990년대 무엇을 할 것인가 — 현단계 변혁운동의 철학적·사상적 재검토'(1990년 가을), '현단계 리얼리즘 대논쟁'(1990년 겨울), '다시 문제는 리얼리즘이다'(1991년 겨울), '민족문학의 선 자리와 갈 길'(1992년 가을) 등의 기획특집을 이어갔다.

한편 1988년에서 1992년 사이에 『녹두꽃』, 『노동자문화통신』(이후 『민중문예』로 바뀐다), 『노동해방문학』, 『사상문예운동』 등 기관지 형태의 문학운동지들이 대거 합법 출판물의 형태로 등장해 문예조직론, 창작방법론, 사회운동노선에 대한 각 진영의 이론적 모색들을 담아냈다. 그리고 1991년에는 '문학비평 전문지'라는 뚜렷한 의식을 갖고 『오늘의 문예비평』이 창간되었다.

문학주의의 도래와 '문학의 위기'

1980년대 말부터는 민족민중문학의 장력에서 벗어나려는 『작가세계』, 『문예중앙』, 『문학과 비평』 등이 등장했다. 1993년이나 1994년에 이르면 『상상』, 『문학동네』, 『리뷰』가 연이어 창간되어 문학계를 흔들 정도의 1990년대적 변화가 일어난다. 이어서 창간된 사이버 문학을 표방한 『버전업』, 신세대의 무크지

『새로운』, '문학과 여성'을 기치로 내건 『라쁠륨』, 문학 자체에 집중하겠다는 『21세기 문학』 등은 1990년대 문학지의 특성화와 세분화 현상을 보여준다. 한편 월간이나 격월간이었던 『한국문학』, 『문학정신』, 『동서문학』, 『내일을 여는 작가』 등은 양질의 원고를 확보하기 위해 계간지로 개편되었다. 창비와 문지처럼 평론가들의 에콜지를 표방했던 시대를 지나 문학계간지가 창작 중심으로 옮겨가고 있었던 것이다.

특히 『문학동네』는 1990년대 문학 지형 재편과 패러다임 전환을 상징한다. 창비가 사회과학이론을, 문지가 서구비평이론을 자양분으로 삼았다면 『문학동네』는 '문학정신의 회복'을 주창하며 1994년에 창간되었다. 창간사는 '비-이념'과 '다양성', '탈교조'를 내세우고 '텍스트로의 귀환'을 통해 문학의 자율성에 치중한다는 문학주의를 내걸었다. 이 또한 창비로 대변되는 민족문학론 같은 거대 담론 그리고 문지로 대변되는 엘리트주의의 미적 모더니즘과 차별화하겠다는 의지 표명이었다.

『문학동네』 2000년 봄호의 좌담 「다시 문학이란 무엇인가」는 1990년대 한국문단과 평단의 성과와 한계를 되돌아보며 문학위기론, 문학주의, 내면성의 원리, 서사성의 약화, 여성문학과 페미니즘, 비평위기론 등을 논점으로 꼽았는데,[1] 이 논점들은 바로 『문학동네』가 제시한 1990년대적 문제의식이었다. 『문학동네』가 개척하려 한 1990년대 문학은 민족민중문학의 자장에서 벗어나고 이념주의와 메타 담론에서 탈주하여 개인, 내면, 일상이 주된 비평용어가 되는 영역이었다.

문학이 전통적인 리얼리즘 미학에서 이탈해가는 경향이 『문학동네』만의 현상은 아니었다. 1990년대 소비생활의 심미화, 디지털 세계의 확대는 실재/반영의 도식을 해체하는 포스트모더니즘 문화논리와 맞물리며, 문학이 객관적 현실을 반영해야 한다는 리얼리즘론을 위축시켰다. 나아가 내면성, 일상성, 신체성, 여성주의, 섹슈얼리티, 도시적 삶 등 다채로운 문학적 테마들은 세계인식의 다원화를 촉발했다. 미학 이데올로기와 문학운동 형태로서의 리얼리즘이 아니라, 생활세계를 대하는 섬세한 시선이 포착해야 할 리얼리티가 관건이 된 것이다.[2]

한편 이러한 동향을 두고 문학 창작에서 이미지와 기호의 유희가 우위에 서고 서사성이 약화되었다는 진단, "90년대는 거대 담론이 제거한 '일상성'을 복원하면서 거꾸로 '거대 담론'을 생활세계로부터 퇴출시켜버렸다"[3]는 비평이 나오기도 했다. 문학계 일각에서는 문학의 위기, 작가의 죽음마저 회자되었다. 돌이켜보면 1980년대 문학의 진실성은 정치적이고 역사적인 것을 지향했다. 작가는 소설가, 시인이기 이전에 현실에 개입하려는 선각자, 지사, 투사, 사상가, 지식인의 면모를 풍겼다. 하지만 1990년대 문학, 특히 소설은 이념 바깥의 세계, 타인은 모르는 욕망, 상실한 것에 대한 그리움, 불가능한 것에 대한 매달림을 향했다. 이른바 '후일담문학'은 환멸, 상실감, 허무감이라는 정조에서 1980년대를 과거의 것으로 흘려보냈다. 1990년대 문학계는 적이 사라지고 이념이 탈색된 세계에서 동요했으며, 그 흔들림은 '문학의 위기'로 명명되었다. 1980년대의 여운을 간직하던 작가와 비평가들은 너무도 빠르게 변화한 세태 속에서 '작가의 죽음'을 신음했다.

문학 비평의 속사정

『문학동네』 창간사에는 이런 문구가 나온다. "문학에서 가장 중요한 것은 역시 작가와 작품이다. 지금 이곳에서 이루어지고 있는, 실제의 창작에 근거하지 않은 모든 주의와 주장은 결국은 피상성을 면할 수 없다."[4] 기성 유력 문학지인 『창작과 비평』과 『문학과 사회』가 이론가, 비평가 중심이었다면, 후발주자인 『문학동네』는 작가론과 작품론에 역량을 집중하는 편집방향을 취했다. '젊은 작가 특집', '외국 작가 특집', '시인을 찾아서'처럼 작품을 넘어 작가를 향한 관심을 유도하는 기획을 고안하고, 신인작가상이나 소설상을 통해 『문학동네』의 작가를 발굴하고 지원했다.[5] 『문학동네』의 이와 같은 시도가 상업적으로도 성공하고 문단에서도 유효성을 획득하자 창비와 문지도 마케팅 시스템을 바꾸고, 신생 문학지들은 처음부터 이론적 논의보다는 작가론과 작품론에 지면을 대거 할애했다.

이리하여 1990년대 문학장은 '전장'에서 '시장'으로 옮겨갔다. 이념의 구속으로부터 자유로워진 문학은 당당히 상품이 되었다. 정치권이 '문민 시대'와 '세계화'로 떠들썩한 동안 문화산업논리가 문학장을 포위하고 침투해 전통적 의미의 문학 장르와 그 위계가 급격히 재편되었다. 『소설 동의보감』, 『소설 토정비결』, 『무궁화꽃이 피었습니다』 같은 비제도권 작가들의 대중소설이 출판 시장을 휩쓸었다. 고명한 작가들도 판매 부수를 올리기 위해 책이 나오면 행사를 하기 시작했다.

이처럼 문학 창작이 상품 생산이 되어가는 와중에 비평도 그 역할과 위상이 바뀌어갔다. 그 추이를 가늠하고자 『실천문학』 1995년 여름호가 마련한 좌담 '90년대 문학계의 신쟁점을 논한다'에서 김명인이 "80년대 비평가"의 시각에서 1990년대 비평계를 비평한 말을 들어보자.

지금을 비평의 시대라고 하는 말은 내겐 역설이나 조롱으로밖엔 들리지 않는다. (…) 90년대 비평에 대해서 이른바 80년대 비평가의 한 사람으로서 내가 느끼는 가장 큰 변화는 '총체비평'과 이를 둘러싼 논쟁의 소멸이다. (…) 예컨대 민족문학론과 민중적 민족문학론, 노동해방문학론, 민족해방문학론 등 80년대의 대표적인 비평적 이론 체계들은 그 나름의 시각으로 당대의 우리 문학 전체를 포괄하여 하나의 공시적 조감도를 만들어냈으며 동시에 이를 통시적 전망의 개선 속에 위치 지었다. 물론 이는 기본적으로 각 이론이 근거하고 있는 한국사회에 대한 변혁프로그램들의 성격에 의해 규정되는 것이었다. 그리하여 이론은 명백했으며 논쟁은 치열했다. (…) 이런 80년대적 비평풍토가 와해된 이후 90년대의 비평은 작품들이 그러하듯이 80년대적 입법비평의 '억압'(?)에서 놓여나 일종의 자유를 구가하고 있다고 할 수 있다. 대신 90년대 비평은 80년대 비평이 지녔던 총체적 시각을 상실하거나 의도적으로 거부하고 있는 것으로 보인다.[6]

이 발언에서 1980년대적 비평은 "총체적 시각"에서 "공시적 조감도"를 그려내는 "입법비평"이라고 풀이되고 있다. 1990년대 비평의 주류는 분명 이와 달랐다. 이념의 수행보다 작가의 개성을 중시하고 작품의 특징을 섬세하게 따라 읽는 비평이 활성화되었다. 작품의 증가와 더불어 문학지의 비평란과 문학비평집이 크게 늘어나 김명인이 언급했듯 "비평의 시대"가 회자되기도 했다. 하지만 김명인은 이를 "역설이나 조롱"이라며 일축했다. 나중에 그는 더 이상 해설이나 책 뒷면의 표사를 쓰지 않겠다고 선언했다. 왜였을까. 1990년대 문학비평은 작품과 작가에 치중하는 한편으로, 특정 작품과 작가를 띄울 목적으로 어느 출판사가 출간한 작품을 그 출판사가 발행하는 문학지에서 노출하는 비평의 관행이 생겨났다. 작품에 담긴 해설이나 추천사, 작품에 관한 비평이 작품을 과대평가해 독자들의 능동적 감상을 가로막는 폐단도 일어났다. 이를 두고 리포트형 비평, 주례사 비평, 패거리 비평, 골목 비평이라고 부르는 1990년대 문학계의 신조어가 나왔다.

더구나 근자 들어서 강력한 비판에 직면한 이른바 '주례사 비평', '정실비평', '해설비평', '광고비평' 등의 명명은 그동안 우리 비평이 우리 문학의 체질이나 향방에 대한 거시적 탐색보다는, 특정 매체나 출판사에서 내는 개개 작품들에 대한 미시적 해설기능에 충실했던 것에 대한 반성적 산물이다. 물론 이는 비평과 상업주의가 결탁한 것에 대한 문제일 수도 있고, 비평의 섹트화에 대한 문제일 수도 있고, 비평 특유의 비판 기능이 약화된 것에 대한 문제일 수도 있다. 또한 이른바 '입법비평'이나 '지도비평'의 성격이 현저하게 약화되면서 해설 편향성이 깊이 노정된 데 대한 미적 비판의 하나일 수도 있다. 여하튼 이 같은 상황은 비평가들 스스로 자신을 하나의 입법기관이나 이념적 운동의 한 주체로 생각하기보다는, 문학의 생산과 유통 그리고 소비의 한 축을 담당하는 심미적 문장가로 치부하는 경향의 강화를 대변해준다.[7]

더 나아가 "비평과 상업주의의 결탁", "비평의 섹트화"에 따른 "비판 기능의 약화"를 유발한 출판사, 문학지, 편집위원, 작가, 비평가, 문학자, 언론사 간의 카르텔 관계가 비판의 도마에 올랐다. 이들 중 편집위원에 초점을 맞춰 이 카르텔의 작동 방식을 잠시 살펴보자. 1990년대 출판자본에 근거한 문학지는 자발적으로 결합된 편집동인이 아니라 편집위원 체제를 취하는 경우가 많았다. 문학지의 편집위원들은 거의가 비평가들로 짜인다. 편집위원은 대체로 임기제인데 선정되고 합류할 때는 문학적 능력만이 아니라 전공분야, 출신학교, 활동지역, 연령, 성별, 유명세 등도 고려된다.

편집위원은 지면을 기획하고 필자를 섭외한다. 뿐만 아니라 신인 선발, 문학상 심사 역할도 맡는다. 문학상 수여가 문인에게 권위를 수여한다면 신인 선발, 즉 등단은 문인으로서의 일정한 자격을 부여하는 제도적 장치다. 따라서 편집위원은 문단에서 권력을 발휘할 수 있다. 한편 문학지 편집위원들은 스스로도 지면을 꾸준히 확보해야 할 처지이기에 해당 문학지가 기대고 있는 출판사의 방향성을 감안해야 하며 유력 문학지들과의 관계도 원만하게 유지해야 한다. 아울러 이들 가운데 일부는 대학의 국문과, 문학부, 교양학부, 문예창작과에서 강의를 하는데, 그들의 선배 비평가들도 대학에 소속되어 있다 보니 문단에서의 관계가 학계에서의 관계와 얽히게 된다.

여기에 보태야 할 문제는 문학지 간의 위계다. 문학계에서 얼마나 의제 형성 능력이 있고, 독자들에게 얼마나 영향력이 있는지에 따라 문학지의 위치가 달라진다. 어느 문학지에 소속해 있는지에 따라 편집위원의 권력도 달라진다. 어느 문학지를 통해 등단하는지에 따라 작가나 평론가의 활동 반경도 달라진다. 같은 기획을 해도 섭외할 수 있는 필자가 달라지고 판매 부수가 달라진다. 문학지들 중 유수의 출판사가 뒷받침하는 『창작과 비평』, 『문학과 사회』, 『문학동네』, 『세계의 문학』 등은 경제자본·문화자본·상징자본·사회관계자본이 풍부하여 작가, 비평가, 문학자, 언론인 그리고 독자에 대한 견인력이 강하다. 그로 인해 문학지의 기획 의도, 비평 방향, 문학상 수여, 신인 등단, 언론과의 관계 등에서 폐해 발생의 소지가 생긴다. 이를 '문학권력'이라며 문제 제기하는 목소리가 나올 가능성도 생긴다.

문학도 권력일 수 있는가

여기서 소개할 잡지가 비평계간지 『비평과 전망』이다. 이 잡지는 문단의 "지적 선정주의와 회의주의의 만연, 민주공간에서의 시민적인 주체성 확립의 불철저, 문화지형에서의 강화된 상업주의와 연고주의의 횡행"을 문제 삼으며 1999년에 창간되었다. 편집위원은 1970년대생 동년배 비평가들인 이명원, 홍기돈, 고명철이었다.

『비평과 전망』 창간선언 「비판과 관용의 네트워크: 내부에서 실천하고 외부에서 연대하자」를 보면 "우리"로 시작하는 다짐이 여러 번 나온다. "우리가 지향하는 것은 방향성을 내장한 비판저널리즘이다." "우리는 완고한 문학주의자가 되기보다는 그것을 넘어서는 관용적인 문학의 네트워크를 조성하기 위해 노력할 것이다." "우리가 비판적으로 개입하는 지점은 문학의 인식론과 존재론을 왜곡시키는 비이성적인 연고주의며, 에콜의 자의식 없이 권력의 동력학에 편승하는 패거리주의며, 의식의 자기발전을 교묘하게 배제시키는 문학계의 마술적인 상업주의와의 동화 경향이다."[8] 여기서 마지막 문장의 연고주의는 『창작과 비평』, 패거리주의는 『문학과 사회』, 상업주의는 『문학동네』를 겨냥하고 있다. 기획특집은 '90년대 한국문학비평의 계보학'(1호), '문화제도, 생산성과 불온성'(2호), '문학, 권력과 반권력'(3호), '현실이라는 참호 속에서의 지식인들의 담론 투쟁'(4호), '문학·언론·권력'(5호)으로 이어졌다.

『비평과 전망』의 기획들은 이른바 '문학권력논쟁' 와중에 전개되었다. 그 내용은 무엇인가. 이명원은 『비평과 전망』 창간호에 「'비난의 수사학'에서 '비판의 해석학'으로 — 90년대 비평과의 결별」을 발표해 문인들의 '선택적 이중 사고'와 '문단정치학'을 꼬집은 바 있다. '선택적 이중 사고'란 "원론적인 차원에서는 비평문화의 폐해를 매우 심각한 어조로 비판하면서도, 구체적인 사안이 발생하면 그것을 외면하고 침묵해버리는" 문인들의 태도를, '문단정치학'은 "발표지면이라는 '문화자본'에 대한 이해관계를 축으로 형성되는 편집자와 작가의 역학관계, 광고를 매개로 지속되는 작가와 출판사와의 상품미학적 공모, 언제든지 신선한 보도자료를 제공할 준비가 되어 있는 출판사와 취재원을 확보하기에 들떠 있는 하이에나 저널리즘의 결탁, 작품의 미학적 가치를 정교하게 검증하기보다는 인맥과 연줄에 얽혀들어 덕담과 미화를 남발하는 작가와 비평가의 공모 등"을 가리킨다.[9] 이 중 문학권력논쟁은 특히 '문단정치학'의 측면에서 뜨거웠다고 말할 수 있다.

『비평과 전망』은 창간 이후 출판자본을 갖춘 대표적 문학지 『문학과 사회』, 『창작과 비평』, 『문학동네』와 그 편집위원들을 '문단권력'으로 지목해 줄기차게 비판했다. 이들만이 아니라 민음사, 실천문학사, 세계사 등이 발간하는 당시 문학지는 주식회사인 출판사와 공생관계에 있었다. 이들 출판사가 발행하는 문학지는 작품 발표의 지면을 제공하고, 연재 등의 형태로 원고를 확보하고, 문학계에 의제를 제기하고, 문학상을 관리하고, 신인을 발굴하는 역할을 맡는다. 이를 『비평과 전망』은 편협한 섹트주의와 위선적 상업주의가 자라날 토양으로 여긴 것이다.

　『비평과 전망』만 이러한 문제의식을 개진한 것은 아니다. 그 이전에 권성우는 『리뷰』 1994년 창간호에 발표한 「'새로운 비판이론'의 밑자리」에서 "유수한 문학계간지와 연계된 각 비평적 서클들은 자신들의 입지에 대한 근원적인 반성에 근거한 치열한 비판적 담론과 활발한 논쟁을 전개하기보다는 출판자본의 유혹에 굴복하거나 자신들 동네의 작품만을 옹호하는 나팔수 역할에 만족하고 있다"[10]고 지적한 바 있으며, 1997년에서 1998년까지 『문학과 사회』, 『문예중앙』, 『비평』 등이 문학권력논쟁의 주요 매체로 기능해 한기, 신철하, 홍정선, 정과리, 이광호 사이에서 출판상업주의, 대중추수주의, 지적 엘리트주의, 섹트주의 등을 둘러싸고 논전이 오갔다. 이어서 『문예중앙』 1999년 가을호가 기획특집 '한국문학비평을 비평한다'를 마련하고, 『문학동네』 2001년 여름호와 겨울호가 특집기획을 '비평과 권력' 그리고 '문학과 정치'에 할애했다.

　이렇게 오간 논의에서 논점 한 가지를 짚기 위해 『문예중앙』 1999년 여름호에 실린 신철하의 「문제는 다시 비평이다」를 가져오자.

우리 문학판의 주도적 입지를 점하고 있는 담론 권력의 지속적이면서 누적된 관행임이 분명한 전면적 무시(가령 미친놈 취급), 왕따 만들기(패거리주의), 쟁점 분산시키기(김빼기), 절충주의(에라, 만고강산. 이것도 좋고 저것도 좋다. 상대 섹트와의 이질적 동거), 겁주기(얄량한 지적 오만과 과시, 협공) 등은 사실 유명한 것이다. 적어도 현실적 이해관계로부터는 어느 정도 비켜선 듯한 문학에서도 흡사 정치판의 생리를 그대로 느끼게 하는 것은 우연의 일치는 아니다.[11]

여기서 등장한 거친 혹은 솔직한 표현을 굳이 건조하게 옮긴다면 해석독점과 상징폭력이라 할 수 있다. 문단권력을 쥔 해석공동체는 나름의 이해관계에 근거해 특정 작가와 작품에 권위를 부여하는 한편, 자신들이 배제하려는 작가와 작품 그리고 비평에 대해서는 주변화하거나 침묵으로 가라앉힌다. 만약 그렇다면 그것은 확실히 권력자의 면모가 아니던가.

문언유착과 문단정치학

또 다른 논점은 상업주의에 따른 문언유착 문제다. 신문사들은 출판사들의 신간을 알리거나 문학란을 통해 문인의 칼럼을 싣거나, 때로는 신춘문예라는 자체 등단제도를 갖고 있기에 문단 정치학에서 일정한 지분을 차지한다. 1999년 김정란은 『조선일보』와 출판사 문학동네의 관계를 짚은 「『조선일보』를 위한 문학」을 발표해 소위 문언유착 문제를 터뜨렸다. 계간지 『문학동네』는 문학의 자율성을 지킨다는 문학주의를 내세우면서도 실은 문학을 상품화하는 출판사 문학동네의 전위대 역할에 충실하다는 것이다. 이러한 비판 자체는 다른 논자들도 제기한 바 있었다. 그런데 김정란은 출판사 문학동네와『조선일보』의 유착 의혹을 제기하는 데까지 나아갔다.『조선일보』의 문화면은『문학동네』의 신간을 전위적 문화로서 적극 소개하는데, 이런 식으로『조선일보』는 신생 출판사인 문학동네에 다수 신문독자층을 안겨주고 문학동네는 극우보수 이데올로기를 표방하는『조선일보』의 문화면을 세련되게 단장해준다는 지적이었다.[12]

　　문학권력논쟁에서 비판대상에 놓인 것이 문학동네만은 아니었다. 창비와 문지도 피해갈 수 없었다. 앞서 이명원은 문학권력의 문제로서 '문단정치학'과 함께 '선택적 이중 사고'를 짚었다고 소개했다. 문학자들은 불합리한 사회적·정치적 모순에 대해 올바른 목소리를 내면서도, 정작 자신들이 행사하는 문화적 권력에 대해서는 자기성찰에 인색하다는 비판이었다. 이명원은 "우리의 생활현실 속에서 체감할 수 있는 구체적이며 현실적인 모순에는 완고하게 침묵하면서도, 뭔가 거대하고 대단해 보이는 이념에는 정도 이상으로 집착하는 사고의 모순"[13]을 창비에서 보았다. 창비가 현실적 실천에 나서는 대신 원론에 입각한 추상적 진보 담론을 생산함으로써 '명분과 실리'를 동시에 얻으려 한다는 것이다. "이제 창비는 '관조적 진보주의'를 고수하는 공룡과도 같은 문화권력으로 전락해버린 것은 아닐까? 실천성 없는 세련된 담론의 축제에 빠져들어가고 있는 것은 아닐까?"[14]

　　강준만의 칼날은 문지를 향했다. 그는『인물과 사상』2000년

8월호에 「『문학과 지성』의 패거리주의」를 썼다. 이 글의 내용을 요약하는 머리말은 다음과 같다.

저명한 문학상에서 『문학과 지성』 사람들끼리 심사하고 평론하고 수상하는 광경을 어떻게 이해해야 할까. 문화권력의 기득권을 놓지 않으려는 발버둥 속에 우리 문단과 한국사회는 점점 더 패거리화될 수밖에 없다. 우월감에 빠져 상호비판과 토론을 '권력형 글쓰기'라고 매도하는 『문학과 지성』의 패권적 패거리주의를 들여다본다.[15]

문학권력논쟁이 남긴 것들

이러한 문제 제기에 대해 당연히 반론들이 뒤따랐다. 방금 강준만의 인용문에서 언급된 '권력형 글쓰기'도 문학권력논쟁 제기자들을 향한 비판의 맥락에서 나온 표현이다. 『문학과 사회』 편집동인 권오룡은 문학권력비판론과 전투적 글쓰기가 윤리적 우월의식에 빠져 있는 권력의지의 표출은 아닌지 추궁했다.

글쓰기를 통한 권력과의 싸움은 이렇게 이루어진다. 저 용감한 에피고넨들은 이른바 권력의 성역, 그 가짜 신성함을 깨뜨린다는 명분으로 외로운 싸움을 꿋꿋이 이어나간다. 그들은 그 외로움을 자신들의 의로움과 다른 사람들의 비겁함이라는 단순한 구도의 의미로 해석한다. (…) 이러한 단순함 때문에 그들의 글은 씌어지는 순간부터 어떠한 반론의 가능성에 대해서도 굳게 닫혀버린다. 윤리적인 차원에서 장악한 우위성이 제공하는 낙차에 의해 그들은 난공불락의 성에 스스로를 유폐시킨다. 그 고고한 성에서 그들은 전방위적으로 공격의 부메랑을 날린다. 그들의 글이 공격적이고 논쟁적이 되는 것은 이 때문이지만, 기실 이러한 공격적·논쟁적 성격은 그들의 착각이 초래하는 전략의 부재를 입증하는 것에 지나지 않는다.[16]

한편 이광호는 『문학과 사회』 1999년 여름호에 「90년대 문학을 바라보는 몇 가지 관점」을 썼는데, '상업주의'라는 꼬리표 붙이기 또한 윤리적 우월의식에 기댄 폭력일 수 있다고 짚었다.

상업주의를 개탄하는 목소리에는 더욱더 성찰해야 할 몇 가지 문제들이 숨어 있다. 특히, 작품에 대한 미학적 평가를 문학상업주의의 차원에서 해석하고 비판하면서 윤리 문제와 결부시키는 것은, 간과할 수 없는 문제점을 안고 있다. 가장 폭력적인 논리 중의 하나는 '내'가 인정할 수 없고 이해할 수 없는 작품을 적극적으로 평가하는 비평은 불순하다라는 논리이다. '나는 상업주의를 비판하기 때문에 그 더러운 현장에 부재한다'는 의도적 착각에는 그들은 전략적이고, 나는 순수하다는 기이한 윤리적 우월감이 깔려 있다. 90년대 문학의 상업주의 비판이 자기 문학의 '순수성'을 정당화하는 알리바이로 이용되는 사례는 많다.[17]

문학권력이라는 개념 자체가 애초 성립될 수 없다는 주장도 나왔다. 1990년대에 문학은 탈정치화되었고, 사회적 위상이 예전 같지 않으며, 문학 자체가 연명책을 찾아야 할 위기 국면에서 '문학권력'이라는 프레임을 만들어 특정 문학지와 출판사에 덧씌우는 것은 인정투쟁에 불과하다는 것이다. 아울러 문학과 권력의 관계라는 문제를 문학 생산의 메커니즘에 대한 탐색으로까지 심화하지 못한 채 개인과 집단 간, 집단과 집단 간의 이해관계와 유착관계를 드러내는 데 머문다면, 그것은 제대로 된 비판일 수 없다는 목소리도 나왔다.

　　그럼에도 문학권력논쟁을 문학계의 논의로 국한시키지 않고 그 의의를 평가한다면, 문학계의 문제적 관행에 대한 비평적 접근이 다른 영역에서의 권력구조와 권력관계에 대한 해부 작업을 촉발하는 효과가 있었다는 것이다. 한국사회에서 권력의 작동 방식은 개별 장의 특수성이 있겠으나 일종의 프랙탈구조처럼 유사하고 반복되는 측면이 있다. 1990년대는 학계, 문화계, 언론계, 정치권 그리고 운동권, 대학가 등 여러 영역에서 권력의 획득, 행사, 재생산의 문제가 수면 위로 드러났던 시대인데, 그런 의미에서 문학권력논쟁은 문학 버전의 동시대적 사건이었다.

사상,
중심을 잃은 행방

04

복음주의 시작: 1990년대

혁명의 시대, 초월의 사상

90년대와 80년대의 가장 큰 차이는 자유주의와 사회주의라는 사상의 차이라기보다는 개인주의와 비개인주의, 즉 모든 형태의 초월주의를 거부하는 사고 체계와 인간의 초월적 본질을 인정하고 유토피아를 향해 돌진하는 사고 체계의 차이라고 봐야 할 것이다. 이 점에서 80년대의 맑스주의나 주체사상, 각종 민주주의 사상은 모두 초월적 사상의 계보에 있는 것이며, 90년대 이후는 이 모든 것의 쇠퇴로 특징지어진다. 즉 초월의 신화, 유토피아의 기대가 없는 시대에 우리는 살고 있는 것이다. 초월의 신화가 무너진 사회에 변화를 향한 기대나 열정이 있을 수 없고, 그것을 향한 진지한 토론이나 집단적 의지의 결집, 자기희생의 노력이 있을 수 없다.[1]

이제 문학지에 이어 사상지로 시선을 옮겨보자.

월간 『사회평론 길』은 1990년대 중반에 '80년대와 90년대는 어떻게 다른가'라는 연속 특집을 기획했다. 그중 네 번째 주제가 '사상'으로 1996년 7월호에 「맑스주의와 주체사상의 '때늦은 등장과 때이른 쇠퇴' 사이 ─ 우리는 우리의 사상을 만들고 있는가」가 실렸다. 여기서 1990년대 사상은 1980년대 사상과 달리 초월을 향한 도전과 유토피아에 대한 기대를 포기했고 그로써 열정도 자기희생도 사라졌다고 짚고 있다. 대체 무엇이 어떻게 바뀐 것인가. 실제로 그랬던 것인가. 먼저 1980년대 사상계로 거슬러 올라가보자.

1980년대는 관념적 급진성이라는 한계에도 불구하고 한국 사상사에서 특기할 시대였음이 분명하다. 1980년대에는 중대한 지적 전환이 일어났다. 1940~50년대 인문사회과학계는 해방·분단·전쟁을 거친 터라 국가주의·반공주의·자유민주주의적 기치에 속박당해 있었다. 1960년대에는 근대화론을 필두로 한 미국의 주류 학문이 사회과학계에 만연해 사회과학계는 발전주의 이데올로기의 재생산 역할을 맡았다. 1980년대의 특징을 부각시키기 위한 투박한 정리이기는 하나, 이처럼 반공 이데올로기의 제약, 미국이론의 무비판적 수용, 그리고 과거사를 덮어두려는 반역사적 세력의 영향력으로 인해 김진균이 지적하듯 1970년대까지의 사회과학계는 '몰역사성'을 띠었다.[2] 인문학계 역시 1950~60년대에 『사상계』, 『창작과 비평』, 『청목』 등이 창간되며 어렵사리 비평공간이 개척되었지만, 주류 학계는 영미 중심의 실증주의 영향권 안에 있었다.

    그런데 1970년대 말부터 사회과학계 일각에서 장기적 군사독재 체제와 비자주적 경제구조에 관한 비판적 접근이 일어나 주변적 자본주의, 종속 국가라는 인식틀이 도입되고 마르크스주의에 관한 이론적 탐구가 이어졌다.[3] 또한 근대화론과 구조기능주의 패러다임 등 몰역사적 사회학 이론에 반발해 사회사 연구가 태동했으며 1980년에는 '한국사회사연구회'가 발족했다.

    바야흐로 1980년대는 '혁명의 시대'였다. 1980년 광주의 경험과 신군부의 만행은 박정희만 사라지면 세상이 바뀔 것이라는 기대가 순진했음을 일깨워줬다. 권력자 한 명이 아니라 사회의 역학관계가 문제의 근본임을 깨닫고는 저항 세력도 군부독재 타도, 유신독재 타도를 넘어 체제변혁을 목표로 삼았다. 그리하여 사회과학이론의 시대가 펼쳐졌다. 저항 세력의 조직화를 위해선 사회과학이론의 학습이 선결과제였다. 민중민주주의, 사회민주주의, 마르크스주의, 레닌주의 등 다양한 진보이념들이 연이어 소개되고 치열하게 논의되었다. 파시즘, 분단, 종속, 권력, 계급 등 지배질서를 분석하는 일련의 개념군과 민주주의, 사회주의, 통일, 주체사상, 노동운동, 민중, 재야 등 지배질서를 극복하기 위한 또 다른 개념군이 형성되고 결합했다. 1980년대는 사회진보 세력에게는 혁명의 시대였고, 진보적 사상계에서는 한국사회를 설명할 논리를 가장 열정적으로 개발해내려던 시대였다.

사상지가 선언한 것들

1980년대에는 진보적 색채의 정기간행물이 시련을 겪는 와중에 비합법·반합법 출판물이 사상의 숨통을 틔어주었다. 특히 '불온서적'인 사회과학서가 위력을 발휘했다. 금서로 처분받으면 숨겨가며 돌려 읽었다. 1987년이 되자 언론기본법이 폐지되고 잡지계가 활력을 되찾았다. 학술적 성격을 띤 사회과학 계통의 잡지도 예외가 아니었다. 이 무렵 출현한 잡지들의 면면을 짧게나마 소개하자.

1987년 6월 항쟁 직후인 1987년 9월 창간된 『역사비평』의 창간사는 이렇게 시작된다. "1980년대 들어 한국사회는 민주화와 자주화를 향한 대격변을 맞이하고 있다. 특히 지난 6월 민주혁명과 7·8월의 민주노동운동은 그 규모 면에서나 성격 면에서 한국사의 시대적 구분을 가능케 하는 민주·민중 세력의 역동적 진출이었다."[4] 『역사비평』은 이러한 시대의 물결을 타고 민족사의 전환기에 지금껏 묻혀왔고 왜곡되었던 한국의 역사와 문화를 대중적 수준에서 폭넓게 탐구하고자 등장했다.

1988년 3월 『철학과 현실』은 철학이 현실에 복무할 의무를 역설하며 세상에 나왔다. "인간의 삶은 문제들에 대한 응답의 몸짓으로 엮어진다. 사상과 철학은 그러한 문제들에 대한 대답의 대화록이다. 문제의 과녁을 맞힌 생각들, 그것이 바로 알맹이가 든 말이요 소리이며, 그것이 바로 사상과 철학이다. 우리에게 철학이 필요한 것은, 우리의 삶이 바로 문제에 대한 응답으로 꾸며지기 때문이다."[5]

1988년 8월 15일에 창간된 『현실과 과학』은 1980년대 후반 변혁운동 진영의 한 축을 맡았던 신식민지국가독점자본주의론과 반제반독점민중민주주의혁명론의 이론적 기지 역할을 한 잡지였다. '사회과학 종합무크'로 등장했다가 1991년 여름호부터 계간지로 재창간되었다. "80년대 한국사회운동은 80년 광주항쟁이라는 커다란 역사적 경험을 정리 극복하는 과정에서 그 이전의 자생적인 민주화운동의 차원을 넘어 목적의식적인 변혁운동으로 전화되어갔다. 이러한 전화 과정은 필연적으로 우리 사회의 성격규정과 변혁의 전망 제시를 둘러싼 첨예한 이론적 논쟁을 수반했다. (…) 이제 이러한 상황은 이론에 대하여 하나의 명백한 당파적인 과학으로서의 자기 정립을 요구하고 있으며, 그것에 입각한 구체적인 과학적 방법론의 수립과 구체적 실증으로의 전개-발전을 요구하고 있다."[6]

1988년 9월 창간된 『사회와 사상』 창간사에서는 사상이 무엇을 해야 하는지에 관한 내용에 주목해보자. "월간 『사회와 사상』은 우리 시대, 우리 사회가 당면하고 있는 모순구조의 극복에 대한 요구에서 창출된 '사상'이 민족사의 흐름에 몸담고 살아가고 있는 동시대인들에게 공유되고 공감되어야 한다는 사실에서부터 비롯되었다. '사상'이 민족사회의 개혁과 통일을 위한 실천적 힘으로 구체화되기 위해서는, 그것의 창출과 논의가 이루어지고 있는 지식인 세계의 폐쇄적인 울타리가 허물어지고 대중사회에 흘러들어간 '사상'이 사회변혁과 역사발전의 동력으로 육화되어야 한다."[7]

　『시대와 철학』은 1989년 3월 한국철학사상연구회의 무크지로 발행되었다가 1990년 여름호부터 계간지로 재출발했다. 이 땅에서 철학의 사명이 무엇인지를 들어보자. "(현재) 철학은 경제발전을 낙관하면서 세계의 조화를 논하거나, 개인주의적 전제에서 연역적으로 인생을 논하고 있다. (···) 현실로부터 출발하되 현실로 돌아오지 않는 이 어중간한 철학은 여전히 종래의 제일철학으로서의 형이상학의 지위를 답습하고 있다. (···) 『시대와 철학』은 이러한 맥락의 산물이다. 이 잡지는 시대에 따라 변전하는 삶의 양식을 이해하고, 그것을 여러 차원에서 철학적으로 해명하면서, 현시대가 보여주는 미래의 가능성을 따라가는 데에 철학의 방향을 두고 있다. 철학은 시대의 혼이자 시대의 모순에 대한 반역이다."[8]

현실사회주의권 붕괴 이후

현재의 위기는 사상적 좌표의 동요에서 비롯하는 위기이기도 하다. 소련 및 동유럽의 변혁운동은 전 세계 진보적 지식인들과 사회운동에 커다란 이념적 충격을 주었고, 이것은 우리나라도 예외일 수 없다. 더욱이 '현존사회주의'의 붕괴는 사상 및 학문마저도 냉전적 획일성의 제물로 전락할 수밖에 없었던 우리의 지적 상황이 돌파되기 시작하는 순간에 몰아닥쳤다. 따라서 우리의 사상적 혼란은 증폭될 수밖에 없었다. 그리하여 한편에서는 패배주의와 청산주의가 배태되었고 또 다른 한편에서는 관성적 옹호론이 대두하기도 하였다.[9]

　　1991년 4월 『사회평론』 창간사에 담긴 내용이다. 여기서 엿보이듯 이 시기에 사상지들은 큰 혼돈에 직면했다. 1980년대 말 현실사회주의 정권의 붕괴, 1990년대 초 소련 해체가 초래한 이념적 공백 속에서 사상계는 한동안 동요하고 표류하는 수밖에 없었다. 이제 막 재출발한 『문학과 사회』만 보더라도 1988년 여름호 기획 '마르크스 이해의 세 가지 차원', 1989년 봄호 특집 '정치경제학과 자본주의', 1991년 겨울호 권두 좌담 「사회주의권의 변화와 한국사회」를 이어갔다. 『창작과 비평』은 1992년 봄호 지상토론을 「사상적 지표의 새로운 모색」으로 잡았다.

　　세계사적 전환기에 빚어진 마르크스주의의 위상 격하로 1990년대 사상계는 전환 국면을 맞이한다. 거슬러 올라가면 10년 전 1980년 광주항쟁은 1980년대 사상계가 출발하는 인식론적 전환의 계기였다. 1980년대에 걸쳐 광주항쟁의 실상이 점차 알려지고 계급모순과 민족모순이 적나라하게 드러나자 한국사회에 관한 철저한 해부가 요구되었다. 하지만 기성의 지식 체계로는 거기에 부응할 수 없었기에 급진적 소장학자와 대학원생들은 새로운 이론적·방법론적 탐색에 나섰다. 그리하여 서구마르크스주의와 종속이론 연구가 부상하기도 했지만, 서구마르크스주의는 종속적 자본주의 경제 체제가 빚어내는 착취와 억압을 분석하기에는 역부족이었고, 종속이론은 사회변혁에 대한 이론화가 취약해 정치적 실천을 유기하는 약점을 드러냈다. 이렇게 판단한 젊은 지식인들은 한국사회를 근본적으로 분석하고 변혁하기 위한 지적 원천, 나아가 군사독재에 대한 저항의 방편으로서 금기시되었던 마르크스주의로 대거 향했다. 1980년대 중후반 사회과학서의 시대적 역할은 마르크스주의가 '과학'으로 받아들여진 시대인식에 바탕한 것이었다.

그러나 얼마 지나지 않아 소련과 동유럽 사회주의권이 무너져 대안적 사회모델의 원상이 사라지자 진보 사회과학자들은 정신적 공황 상태에 빠졌다. 역사 속에서 무엇을 해야 하는지를 알려주던 서사가 공신력을 잃고 말았기 때문이다. 마르크스주의가 용도 폐기되고 계급론에 기반한 사회이론이 가치절하된 상태에서 일군은 침묵에 들어갔고, 일군은 동요하면서도 민중과 민족 개념에 정초한 변혁운동에서 '신사회론'에 입각한 시민운동으로 모색을 이어갔다. 주류 사회과학계에서는 '인간의 얼굴을 한 자본주의'라는 화두가 한동안 유행어가 되고, 자본주의의 최종적 승리를 선언한 프랜시스 후쿠야마의 『역사의 종언』으로 떠들썩했다. 우파 이론가들은 1980년대 한국사상계의 이론적 논쟁을 주도한 좌파 사회과학계를 향해 일대 반격에 나서 시장경제와 자유민주주의의 우월성을 주창하고, 시장유토피아와 세계화를 기치로 내걸고 중진자본주의론, 유교자본주의론, 식민지근대화론 등을 연이어 내놓으며 학계에서 득세했다.

그렇다면 이 시기 진보적 사회과학지는 어찌했던가. 1988년에 등장했던 『동향과 전망』, 『사회비평』, 『경제와 사회』의 행보를 살펴보자. "운동의 과학화, 과학의 운동화"를 기치로 내걸고 등장한 『동향과 전망』은 창간 후 제호에 걸맞게 정치, 경제, 사회, 노동, 통일 등 분야별 정세분석을 이어가다가 1991년 현실사회주의권이 해체되자 특집기획에서 방향 수정을 겪어야 했다. 『사회비평』은 창간 후 학문적 엄격성을 강조하며 사회과학적 성격의 논문을 집중적으로 싣다가 1991~92년의 5, 6, 7호에서는 마르크스주의와 자본주의의 특징과 그 미래를 짚어보는데 특집을 할애하고, 마르크스주의 이후의 선택에 대한 모색을 이어갔다. 『경제와 사회』는 창간 후 대안이념, 사회구성체, 사회운동의 이론적 쟁점 등에 관한 기획을 내놓다가 1990년 봄호에서는 '사회주의 개혁의 이론과 현실'을 특집으로 다뤄 현실을 외면한 채 원칙만을 고수할 수는 없다는 논조를 개진하고, 이후로는 특집으로 '사회민주주의 연구'(1991년 가을), '포스트주의의 도전과 마르크스주의'(1992년 여름), '한국사회복지정책의 회고와 전망'(1992년 겨울)을 꾸렸다.

진보적 사회과학계에서는 마르크스주의의 위기가 촉발한 흐름이 여러 갈래로 나타났다. 마르크스주의의 원칙을 견지해 마르크스주의의 전화 내지 재구성을 추구하는 흐름이 있는가 하면, 마르크스주의의 파산을 받아들이고 포스트모더니즘 등 포스트 사조로 옮겨가는 흐름도 있었다. 전자의 맥락에서 소개해야 할 잡지가 1992년 창간된 『이론』이다. 현실사회주의의 몰락이라는 상황을 마르크스주의의 위기로 받아들여 마르크스주

의를 청산하는 것이 아니라 사회주의 몰락 이후 마르크스주의
의 가치와 이상을 어떻게 실현할 것인지를 고민하며 마르크스
주의의 쇄신에 매진했다. 『이론』에서는 알튀세르, 그람시, 프랑
크푸르트학파, 분석마르크스주의 등에 관한 소개와 연구가 활
발했다. 그 창간사를 옮겨보자.

도처에 유령이 출몰하고 있다. 위기라는 유령이. 그러나 크게 놀
랄 일은 아니다. 모든 이론과 운동에 위기는 불현듯이 찾아드는
'옛 친구' 같은 것이기 때문이다. 마르크스주의를 비롯한 온갖 진
보적 이론과 진보적 운동에도 이것은 예외가 아니다. 물론 우리
는 그런 구실을 내세워 현재 우리가 당면한 '위기'의 의미를 축소
하거나 도외시할 생각은 조금도 없다. '이론'이란 동인을 만들고,
『이론』이란 잡지를 내는 동기가 대체로 이런 문제의식과의 대면
에서 출발한다. 승부의 결과는 역사에 맡기고, 그 유령과 대결하
는 것이 우리의 과제이다. 역사란 바로 이런 노력과 투쟁의 접합
에 불과한 것 아니겠는가?[10]

포스트모더니즘 등장 이후

하지만 보다 큰 흐름은 탈마르크스주의 경향이었다. 가장 강력
했던 대문자 이론이 쇠퇴하자 소문자 담론들이 범람했다. 푸코·
라캉·알튀세르 등 포스트구조주의, 데리다·리오타르·보드리야

르·들뢰즈 등 해체주의와 유목주의가 주목받고 그 밖에도 '포스트'라는 접두어가 붙은 포스트마르크스주의, 포스트콜로니얼리즘 같은 일련의 담론들이 대거 수입되고 유통되며 지적 풍토가 갑작스레 변모했다. 불과 몇 년 전만 하더라도 생경했던 개념과 사조들이 쇄도했는데, 이러한 지적 동향이 포스트모더니즘 등장으로 뭉뚱그려지기도 했다. 하지만 포스트모더니즘이라는 말의 용법은 무척 포괄적이라서 그 의미가 과연 무엇인지는 두고두고 논란이 되었다.

포스트모더니즘이 언론계와 사상계에서 언급되기 시작한 것은 1990년 무렵이었다. 『한겨레신문』 1990년 9월 25일자 기획기사 「근대는 끝났는가 — '무정형 사조' 선인가 악인가」는 "해체이론과 포스트모더니즘 특집을 연이어 하고 있는 계간 『현대시사상』을 비롯, 많은 문예지들이 포스트모더니즘에 관련된 글을 실었다"며 당시 '열풍'을 소개하고 있다.[11] 『창작과 비평』 1991년 봄호에는 도정일의 「포스트모더니즘 — 무엇이 문제인가?」가 실리고, 1992년 여름호는 좌담 '리얼리즘, 포스트모더니즘, 민족문학'으로 기획되었다. 이 시기 『실천문학』과 『현대시사상』을 비롯한 문학지의 단골 주제가 포스트모더니즘이었고, 1991년 『오늘의 문예비평』 창간호 주제도 포스트모더니즘이었다. 그리고 1980년대에 사회에 대한 과학(사회과학)이 요구되었다면, 1990년대 중반에는 나에 관한 분석(정신분석학)이 힘을 얻어 『문학동네』 1996년 봄호 특집 '프로이트로의 복귀, 그 가능성과 문제점', 『문학과 사회』 1996년 봄호 특집

'정신분석학의 새로운 문턱'도 꾸려졌다.

　포스트모더니즘을 두고 사상계에서는 양가적 반응이 나왔다. 포스트모더니즘은 모더니즘의 합목적적이고 형식적인 합리성의 한계를 드러내며 탈중심, 탈권위를 지향하는 20세기 후반의 정신사조이자 문화형식으로 풀이되었다. 그리고 그 의미가 다기하나 핵심적 내용은 근대적 세계관을 심문하여 역사의 목적론·진화론·연속성을 거부하고, 합리적 주체의 허구성을 들추고, 차이의 철학을 주창한다는 것으로 요약되곤 했다. 이로써 기원에 대한 추궁, 통일성의 거부, 이성의 탈신격화, 인간의 탈중심화, 언어의 한계성에 대한 자각을 이끌어냈다거나, 사회문제를 자본과 계급으로 환원하는 거대 담론, 나아가 노동해방·국가혁명·역사발전 같은 거대이념에 가려진 미시권력과 미시정치를 포착하도록 유도했다는 효과가 주목되었다.

　윤평중은 포스트모더니즘의 다원주의가 "남한 특유의 천민적 자본주의와 군사독재가 배태한 부정적 유산을 척결할 수 있는 대안으로 80년대의 우리 사회 일각에서 압도적으로 받아들여진 특정한 거대 담론(정통맑스주의)의 헤게모니를 효과적으로 해체시키는 비판적 성격"을 지니며, 이로써 "모든 종류의 계급환원론과 경제결정론"을 극복할 수 있게 되었다고 평가했다.[12] 1990년대 사상계에서 계급 중심성이나 민족 중심성의 담론이 힘을 잃은 것은 분명 포스트모더니즘의 발흥과 무관하지 않다. 포스트모더니즘은 민중을 대하는 정치경제학적 시선, 즉 계급의식 담지자로서의 민중상을 해체하고 계급적 착취와는 다른 대중에 대한 문화적 억압기제에 눈뜨게 한 측면이 있다.

일각에서는 강한 견제도 있었다. 포스트모더니즘은 마르크스주의가 퇴조해 발생한 지적 공백을 얼마간 메웠지만, 이론의 급진성을 훼손한 측면이 있기 때문이다. 정치경제적 개념을 비롯한 현실적 개념들을 문화, 이데올로기, 언어, 의식, 욕망 같은 난해한 철학적 개념으로 대체하고는 사회현실과 직접 부딪치지 않고 관념주의 내지 상대주의를 취해 철학적 세계로 도피할 위험성이 있다는 것이다. 당시 민족민주운동 연구소 측은 포스트주의의 활성화를 '포스트증후군'이라 부르고 "제국주의의 자유주의 이데올로기의 침투"라며 강한 어조로 비판했다. 특히 포스트모더니즘은 자본주의 시장논리를 대중화해 계급적 특성과 그 경제적 토대를 인식 속에서 지우는 이데올로기적 역할을 맡는다며 "정신적 타락"으로 일축했다.[13]

사실 한국사상계에서 포스트모더니즘은 20여 년 전 서유럽에서 자라난 사고들을 미국의 자유주의 지식 시장을 거쳐 1980년대 말 수입하는 경로를 취했다. 미국학계에서 포스트모더니즘이 주류적 지식 상품으로 유행할 수 있었던 것은 세련된 데다가 풍부한 논제를 파생시키지만, 기존 체제와의 긴장을 유발하지 않으며 자유주의 시장사회의 논리에 부합하기 때문이었다. 한국사상계에서도 포스트모더니즘은 1980년대 중후반 (세계적 시류를 본다면 뒤늦게) 마르크스주의에 경도되었던 좌파 인텔리들이 현실사회주의 파산 이후 대거 옮겨갈 수 있는 유용한 도피처가 되었다. 그래서 김동춘은 이렇게 비판했다. "포스트주의적인 담론은 일견 우리가 귀 기울일 만한 내용도 갖고 있으나, 그것은 80년대의 맑스주의나 민족해방론을 대체하는 사상이라기보다는 사상의 폐허를 확인시켜주는 나팔소리처럼 들린다. 왜냐하면 그것은 우리를 어떤 방향으로 이끌고, 우리를 행동하게 해주며, 우리의 가치관과 현실관을 새롭게 정립시켜주는 힘을 갖지 못하고 있기 때문이다."[14]

　　적어도 기존의 이론이 무력화된 자리에서 성행한 포스트 계열의 담론들이 이론의 부재를 해결하지는 못했다. 대신 포스트 계열의 담론들은 한동안 사회과학의 위기, 인문학의 위기, 문학의 위기, 비평의 위기 등 각종 위기론의 논거로 쓰였다. 그리고 위기론은 주체 형성과 담론 생산에 관한 이론을 재구축하지 못한 조건에서 이론의 부재라는 난제를 드러내는 동시에 그 난제와 정면으로 마주하길 회피하는 회로로 기능했다.

지적 주체성과 탈식민화

그사이 얼마나 많은 시대가 지나갔던가. 보릿고개의 전설을 들으며 미군부대에서 흘러나온 찌꺼기를 허겁지겁 집어먹던 식민지반봉건시대로부터 군부독재에 의한 개발독재라는 괴상한 근대화의 시대, 국가독점자본주의의 시대, 그래서 때늦게 찾아왔던 마르크스 레닌주의의 시대, 탈근대와 후기산업시대까지 한 세대가 서른이 되기도 전에 겪기에는 너무 많은 시대가 지나갔고, 그래서 그 혼란이 집중적으로 터져버린 20대를 전후한 시기에는, 즉 소위 90년대에는 너무나 많은 사상의 수술을 받아야만 했기 때문에, 우리 세대의 머릿속은 인류가 겪어온 모든 진화의 흔적들이 어지럽게 엉켜 있다. 종의 진화 과정이 한 개체의 발생 과정 속에서 반복된다는 발생반복설의 교과서처럼.[15]

대문자 이론이 무너지자 그 자리에 수많은 이론 상품들이 진열되었다. 포스트모더니즘의 유행이 그 대표적 사례였다. 강내희는 『문예중앙』 1990년 가을호 「포스트모더니즘 현상 비판」에서 포스트모더니즘을 비롯해 외국이론을 수입하는 데 급급하여 "모르면 시대에 뒤떨어진" 느낌을 낳는 "외제품 숭배의 분위기", 즉 비주체적 문화수용의 양상을 짚었다.[16] 도정일 또한 『창작과 비평』 1991년 봄호 「포스트모더니즘 ─ 무엇이 문제인가?」, 『현대예술비평』 1991년 여름호 「표피문화이론의 극복을 위하여」, 『문학사상』 1991년 6월호 「서사의 회복과 현실세계로의 복귀」를 연이어 발표하며 리오타르와 보드리야르의 탈근대이론을 비판하고 국내의 수용 태도를 '지적 태만'이라고 꼬집었다.

포스트모더니즘만이 아니었다. 1990년대 한국사상계에서는 다양한 외국이론이 유행을 타고 끊임없이 유입되었다. 이는 한국의 현실에서 사상과제를 추려내 숙성시키기보다 권위가 부여된 외부의 이론을 가져다쓰고 그 이론의 결론에 한국의 현실을 끼워 맞추려는 풍조를 반영했다. 기성의 관념을 현실에 들이밀기는 해도 관념 자체가 현실 속에서 부침을 겪고 성장하지는 않는다. 그런 풍조는 인용구에서 보듯 "사상의 수술"만을 거듭할 뿐이어서 그렇게 들여온 외국이론은 결국 한국사상계에 착근하지 못하고 다음번 유행하는 외국이론에 밀려난다. 그리고 그런 증세를 앓고 있는 사상계는 현실과 유리된다. 이론은 일상인의 피부 감각에 닿지 못한 채 해당 문법을 공유하는 진영 안에서만 통용되는 은어화 양상을 띠고 자가소비용으로 전락하고 만다.

1990년대 한국사상계는 일각에서 이러한 폐해를 드러냈다. 동시에 이에 관한 문제의식도 자라났다. 돌이켜보면 각 학문 분야에서 우리 학문의 외래성과 자생력 부재를 개탄하는 논의는 해방 이후 내내 이어져왔고, 1980년대에 들어서는 '민족적·민중적 학문운동'의 대두와 함께 우리 학문의 대외 종속성, 특히 대미 종속성 문제가 집중적으로 거론된 바 있다. 그러나 1980년대의 민족적·민중적 학문운동은 학문의 종속성 탈피보다는 이것의 토대가 되는 정치경제적 종속성을 극복하는 사회변혁에 관심을 집중한 나머지 학문 종속성 탈피를 위한 구체적 학문 전략을 깊이 있게 탐구하지 못했다.[17] 하지만 1990년대에 들어서자 학문의 탈종속 자체가 주요한 학문적 화두로 부상했다.

여기에는 이 또한 수입된 담론인 포스트콜로니얼리즘post-colonialism의 역할이 컸다. 『외국문학』 1992년 봄호와 1994년 봄호 특집에 실린 논문들과 번역글들을 통해 포스트콜로니얼리즘이 소개되고 '탈식민주의'라는 번역어를 찾았다. 탈식민주의는 식민사회 그리고 식민주의 시대 이후 사회의 조건에 관한 분석 개념이자, 거기서 유발되는 심리적·인식론적 정향에 관한 담론을 가리킨다. 이 시기에 지적 주체성의 문제를 탈식민성의 문제와 결부시킨 두 인문학자가 있는데, 김영민과 조한혜정이다. 김영민은 『탈식민성과 우리 인문학의 글쓰기』에서 "우리 사회에서 활개치는 이론들과 글쓰기는 우리 학문사의 통시성으로부터 자생하는 힘과 지혜로부터 배어난 것이 아니다"라면서, 외국 이론 수입에 무반성적인 지식인들을 '기지촌 지식인'이라고 질타했다.[18] 그리고 기지촌 지식인적 속성에서 벗어나기 위해 "문학적 기술의 섬세화를 되찾자"며 복잡성과 콘텍스트를 염두에 둔 글쓰기를 제안했다. 조한혜정 또한 『탈식민지시대 지식인의 글읽기와 삶읽기』에서 "나는 자신의 문제를 풀어갈 언어를 가지지 못하는 사회, 자신의 사회를 보는 이론을 자생적으로 만들어가지 못하는 사회를 식민지적이라 부른다. 여기서 식민지성은 딱히 구체적인 역사적 사건과 관련된 현상을 뜻하기보다는 지식과 삶이 겉도는 현상을 뜻한다"며,[19] 한국의 지금 지식인들은 "탈근대론에 대해서 구 지식인들보다 더 많이 알고는 있지만, 자신의 일상적 삶의 자리는 여전히 '반#봉건적'이고 피난민적인 생존의 자리이므로 그 지식이 겉돌고" 있다고 지적했다.[20]

　　이와 관련된 사상계의 또 한 가지 논제가 논문중심주의였다. 김영민이 『문학과 사회』 1994년 여름호에 쓴 「논문중심주의와 우리 인문학의 글쓰기」는 이 방면에서 중요 문헌으로 자주 회자된다.

논문이란 그저 글쓰기의 여러 형태 가운데 하나에 지나지 않는 것이고, 궁극적으로는 학인들이 자율적으로 취사할 수 있는 선택 행위에 불과한 것인데도, 논문에 목이 매여 일생을 질질 끌려다니면서 가끔씩 그 목에 힘이나 주는 것으로 체면을 유지하는 우리들, 그 '우리들'의 정체는 대체 무엇일까? 특권인 양, 혹은 형벌인 양 꾸역꾸역 논문을 쓰면서 근근이 자신의 정체를 인정받는 소위 '학자'들은 대체 누구일까? (…) 이 땅의 정신문화적 풍토를 일러 '서구추수주의'니, 또 심하게는 '예속 상태'라고까지 비판해온 이들이 적지 않지만, 나는 논문이라는 글쓰기의 형식이야말로 줏대 없이 학문을 해온 이 땅의 지식인들을 묶어두는 가장 원형적인 차꼬라고 생각할 수밖에 없다. 우리의 학문적 풍토가 어떤 식이든, 또 어느 정도든 서구에 예속되어 있다고 한다면, 이 '논문중심주의'야말로 그 예속의 가장 성공적인 사례이자 또한 가장 분명한 증좌일 것이다. 지금의 우리에게 논문은 표현과 전달을 위한 하나의 수단이 아니다. 그것은 '학문성'이라는 우리의 생명력을 독점함으로써 우리의 생존을 좌우하는 독재자이다. 이미 우리의 학문은 논문에게 바치는 연중 제사로 전락하고 말았다.[21]

여기서 그는 "우리 사회에서 활개치는 이론들과 글쓰기가, 우리 학문사의 통시성으로부터 자생하는 힘과 지혜로부터 배어난 것이 아니며, 동시에 우리 땅의 정신적 공시성과 현실성으로 이어지지 않"았기에 논문중심주의를 통렬하게 비판한다. 『상상』 1995년 여름호에 실린 이왕주의 「이 땅의 철학을 위해」 또한 같은 맥락에서 소개하고 싶다.

논문 타이틀은 거개가 철학자의 고유명사로 시작되고 깨알 같은 각주는 비틀거리며 휘어진 로마자로 채워진다. 특히 우리 논문의 각주 형식은 가상하게도 엄격한 만국공용어를 고집하며 아주 일찍부터 세계화에 눈떴다. 그래서 논문 안의 권력구도는 언제나 세계화된 각주가 토착화 세력인 본문을 항상 위협하는 형세로 이루어진다. 지도교수, 심사위원, 그리고 몇 안 되는 독자들은 세계화된 각주에 일방적인 성원을 보낸다. 이 때문에 논문 쓰기에서 각주 데코레이션은 필자에게 극도의 소모전을 감당해내야 하는 대목이다. (…) 이를테면 하이데거 철학은 조선반도에서 수많은 철학도들의 단골 논문 메뉴다. 일 년에 수십 편의 논문들이 하이데거에 대한 미주알고주알로 학위를 받고 연구비를 탄다. 그러나 이 글들이 정녕 손가락 너머의 달을 보고 있는지는 의심스럽기만 하다. 하이데거의 말처럼 존재의 부름에 응답하고 있는지가.[22]

분기하는 사상계

한국사상계에서 1990년대는 비판적·실천적 사고의 거점이던 시간과 공간의 범주가 무효화된 채로 맞이한 시간대였다. 사회주의권 해체는 마르크스주의 같은 특정 이론의 쇠퇴를 초래했을 뿐 아니라 인식틀로 기능하던 거대범주의 상실을 뜻했다. 사회주의는 진보서사 가운데 가장 전위적인 신념을 대표했는데, 인간해방의 노정이라는 시간관이 사회주의권 해체라는 현실에 배반당한 것이다. 또한 베를린 장벽의 붕괴는 사회주의권의 몰락만이 아니라 비판적 사고의 거점이었던 공간적 범주, 즉 제1세계-제2세계-제3세계라는 관념의 붕괴도 뜻했다. 대항헤게모니 담론이 기대어왔던 제2세계가 소멸했으며, 신흥공업국이 부상하자 제3세계도 더 이상 균질한 것일 수 없었다. 비판적 지식계로서는 역사적·지정학적 자기인식의 근거가 무너진 셈이다.[23] 그리하여 1990년대 사상계에서는 위기와 종언 그리고 변화와 새로움이 현실을 규정하는 수사들로서 빈번히 등장했다. 1980년대 지식 조류와의 단절이 내세워졌고, 이를 넘어서 근대적 시간대와 규범으로부터의 탈각도 주창되었다.

1980년대의 거대 담론으로부터 벗어난 소문자 담론들은 동일성 대신 차이를, 리얼리즘 대신 모더니즘을, 이성 대신 감성을, 질서 대신 카오스를 끌어오며 변증법적 인식 방법으로부터 멀어졌다. 그러면서 우리 삶의 다양한 계기들을 묶어주던 사유의 끈들도 풀렸다. 민족, 민중, 주체, 계급, 해방, 이념, 이성 등이 '불의 시대'로 불리는 1980년대 사상계를 달군 언어들이었다면 개별자, 타자, 욕망, 차이, 개성, 감각, 해체, 위기 등이 '혼돈의 시대'인 1990년대 사상계를 수놓은 언어들이다. 더 이상 자명한 것은 없다. 거대한 서사적 틀은 흐물흐물 무너져 내렸다. '언어의 불안정성', '텍스트의 불확정성'에 빠져 어떤 사실도 확고한 의미를 갖지 못하며, 궁극의 진실이란 사라지고 말았다. 그러면서 다른 사상의 가능성도 생겨났다. 억압당해온 목소리들이 허물어진 거대 대립항의 틈새를 비집고 다양한 발성법으로 자기 존재를 드러냈다. 1990년대는 이처럼 지배적 이념과 거대 담론의 해체로 인해 이질적인 담론들 간의 경합과 충돌을 자신의 적자로 껴안았다. 이제 문화에 관해 이야기할 때가 되었다.

문화,
대중성과 실험정신
사이에서

O5

한국 현대시의 새로운 시작, 1990년대

문화의 시대인가

"가히 '문화의 시대'다. 지난 시대를 지배했던 모든 견고한 것들이 부드러운 '문화' 속으로 녹아 사라지고 있는 듯하다."[1] 1990년대 중반 홍성태가 토로했듯이 '문화의 시대'는 당대에도 이후에도 1990년대를 기술하는 주요 수식어였다.

　사실 어떤 의미에서는 1980년대도 '문화의 시대'였다. 문화야말로 첨예한 전장인 시대였다. 광주의 원죄를 안고 출범한 5공화국 지배 세력은 미스유니버스경연대회(1980), 국풍81 (1981), 아시안게임(1986), 서울올림픽(1988) 등의 거대 행사를 통해 국민의 저항의식을 탈정치화하려 했다. 스포츠, 섹스, 스크린을 통칭한 이른바 3S정책이나 프로야구 출범도 국가발 사회유화책이었다. 한편 1980년대에 문화는 대항운동의 장이기도 했다. '문화의 운동화'와 '운동의 문화화'를 위해 민중운동 진영은 마당극, 탈춤, 문학, 영화, 민중미술, 판화 등에서 역량을 발휘했다. 대학가 노래패들에서 '노래를 찾는 사람들'로 이어진 노래운동은 투쟁 현장에서 기류를 바꿔냈다. 이러한 대항문화는 상업주의의 틀을 벗어나 창조자와 향수자의 융합을 지향하는 민중의 영역이었다.

따라서 1990년대를 '문화의 시대'라고 언명한 앞의 문장에서 주목할 단어는 '부드러운'이라는 형용사다. '문화의 시대'라고 할 때 1980년대적인 '정치와 함께하는 문화'가 아니라 '정치에서 떠난 문화'라는 어감이 담겨 있는 것이다. 그리하여 '이념에서 문화로', '문학에서 문화로' 등이 1980년대와는 달라진 1990년대의 특징을 드러내는 명제로 자주 거론되었다. 하지만 '문화'는 포괄적이고 다층적인 개념이기에 1990년대가 과연 어떠한 '문화의 시대'였는지는 당대에도 해석이 분분했고, 오늘날에도 되돌아봐야 할 물음으로 남아 있다.

가령 '이념에서 문화로'와 '문학에서 문화로'에서 '문화'의 의미는 결코 같지 않았다. '이념에서 문화로'는 정치적 긴장의 이완과 변혁 주체인 민중의 연성화에 따른 대중(소비)사회와 대중문화의 부상을 뜻했다. 이 변화에는 제도적 민주화 달성 이후 문화예술 영역에 대한 국가권력의 통제 완화가 크게 작용했다. 주은우는 1987년 6월 시민항쟁으로 '금지의 법'이 약화된 효과를 이렇게 밝힌다. "언론의 자유, 창작과 표현의 자유가 확대되었고, 수많은 금서들이 해금 조치되었으며, 매우 적극적이고 능동적인 문화수용자가 등장하여 스스로의 욕구와 욕망을 적극적으로 표현하고 그것을 충족시켜줄 대상을 능동적으로 찾기 시작하는 등 억압과 금지로 특징지어지는 무겁고 폐쇄적인 엄숙주의적 분위기는 과거의 것으로 밀려나기 시작했다."[2] 한편 신현준은 '금지의 법'이 약화되자 오히려 민중문화도 쇠퇴했다고 짚는다. "금지곡 해제와 영화의 검열완화 조치는 민중문화운동의 급속한 쇠퇴를 초래하며 문화의 탈정치화를 초래한다. 1980년대에 취해진 강력한 통제가 사라지는 대신, 매혹적인 금단의 열매로 보였던 민중문화에의 갈증이 서서히 해소되어갔던 것이다. (…) 1990년대 소비대중문화의 급격한 팽창 속에서 대중의 생활과 정서, 무의식으로부터 사회과학의 시대를 이끌던 1980년대의 정서와 재현물은 차차 위력을 잃어갔다."[3] 그리하여 이념의 시대가 지나고 도래한 1990년대 '문화의 시대'는 소비대중의 출현과 확산이 그 사회적 배경을 이루며, 그때 문화는 대체로 '향유'할 대중문화상품을 의미한다. 1994년, 1인당 국민총생산은 1만 달러에 이르렀다. 한국사회는 표준화와 몰개성화의 대중소비로부터 개성화와 다양화를 추구하는 소비의 성숙 단계로 옮겨가고 있었다.

한편 '문학에서 문화로'는 문자 텍스트에서 영상 텍스트로 문화의 중심축이 옮겨가는 동향과 문화 현상의 이미지화를 압축적으로 표현하는 명제다. 1990년대는 문예작품 형태의 '읽을거리'만이 아니라 영화, 드라마, 광고, 음반 등 다채로운 '볼거리', '들을거리'들이 일상에서 빠르게 퍼진 시대였다. 1980년대 초반 컬러TV 보급, 1980년대 중후반 비디오 보급에 이어 1990년대에는 PC와 개인휴대통신 같은 뉴미디어가 대거 확산되고, 방송도 케이블TV, 지역민방, 위성방송, 종합유선방송 등으로 선택의 폭이 넓어졌다. 1991년 SBS가 개국하고, 1995년 케이블TV가 방송을 시작하고, KBS가 인터넷 방송 서비스를 개시하고, 1996년 무궁화위성을 이용한 위성 실험방송이 실시되었다.

강내희는 『문화/과학』 1997년 겨울호 「문학의 힘, 문학의 가치」에서 정보통신혁명이 문화 담론 영역에 초래한 효과를 이렇게 파악했다. "문자 매체 중심의 전통적인 문학비평이 문화 논의를 주도하던 시기는 이제 지나가고 영화, 비디오, 대중음악과 같이 비문자 매체로 이루어지는 문화생산물, 패션이나 라이프스타일과 같이 종래에는 논의의 대상이 되지 않던 주제들, 나아가 지금까지 봉쇄되어왔지만 성정치 등의 활성화로 관심을 끌게 된 욕망, 정체성 같은 새로운 사회적 쟁점들에 대한 관심이 확산되고 있는 것이 현재의 상황이다."[4] 영상-시각 매체의 영향력 증가와 자유화 물결에 따른 자기표현 욕구의 확산은 문학 텍스트를 넘어선 미학의 방법과 논리를 요구했다.

이처럼 1990년대를 '문화의 시대'라고 명명할 때, '문화'는 무척 넓은 스펙트럼을 갖고 신세대문화, 개성문화, 정보문화, 영상문화, 소수문화, 마니아문화, 오락문화 등의 합성어 형태로 쓰였다.

범람하는 대중문화지

영화, 음악, 텔레비전, 스포츠 등 다양한 영역에서 대거 늘어난 대중문화지는 1990년대식 '문화의 시대'의 한 가지 방증이었다.[5] 대중문화지는 대중문화의 생산과 소비를 가교하며 대중문화 과정의 구성요소로 자리 잡았으며, 대중문화지의 범람은 그 자체가 특징적인 대중문화현상이었다.

1990년대 대중문화는 직접 체험의 문화라기보다 매체를 매개한 문화라는 점에서 1980년대 문화와 차별화되었고, 그렇기에 대중문화지가 범람했으니 매체 영역별로 조망해보자. 먼저 영화잡지다. 1990년대 영화잡지를 살펴보려면 그에 앞서 1984년 창간된 한국 영화잡지의 효시 『스크린』을 거론해야 한다. 『스크린』은 할리우드 스타의 브로마이드 잡지로 젊은 층에서 인기를 얻었지만, 한국영화계의 현안도 다뤘다. 그로부터 5년 뒤인 1989년 『로드쇼』가 등장해 『스크린』과 라이벌 관계를 형성한다. 『로드쇼』를 통해 '컬트', '뉴웨이브', '미장센' 같은 개념들이 영화비평의 시민권을 얻었다. 그리고 『로드쇼』 창간과 같은 해에 부정기간행물 『영화언어』가 '영화 담론의 과학화'를 모토로 내걸고 출발했다.

1990년을 건너가 먼저 등장한 잡지는 1992년 창간된 『영화저널』이다. 비록 이듬해 종간되었지만 최초의 영화전문 주간지이자 무가지로서 사회비판적 관점의 영화비평으로 짧은 전성기를 누렸다. 이후 1994년 창간된 『씨네필』은 씨네필리아(영화 애호가)가 열독하는 잡지였다. 이윽고 1995년이다. 1995년은 영화탄생 100주년을 기념하는 축제의 시간이자 뉴미디어 테크놀로지의 부상, 영화의 상품화와 함께 서구에서는 '영화의 죽음'이 선고되기도 했던 시간이다. 이해에 주간지 『씨네21』과 월간지 『키노』, 『프리미어』가 창간되었다. 『씨네21』은 '생각 있는 종합영상지'를 모토로 내걸었다. 창간호 표지는 문성근, 여균동, 채시라, 안성기, 이병헌, 김갑수 등이 장식하고 특집은 '누가 한국영화계를 움직이는가'인 데서 엿보이듯 이전 영화잡지들과 달리 한국영화를 그 중심에 놓았다. 『키노』는 "100년을 기다려 온 그 잡지가 온다"라는 도발적 카피를 내걸고 "따분하고, 졸리고, 지루하고, 전통의 새로운 해석으로 잠들어 있는 영화를 깨우겠다"고 선언했다. 『키노』는 『로드쇼』처럼 영화 마니아층과의 적극적 교류를 시도했다. 한편 『프리미어』는 국내 최초의 라이선스 영화잡지로 시작했다. 세계적인 영화잡지 브랜드인 『프리미어』의 콘텐츠를 가져와 해외 감독과 배우, 할리우드 업계 동향에 관한 정보를 제공했다.

1990년대 영화잡지의 춘추전국시대는 비디오와 PC통신이 함께했다. 영화가 문화소비의 중심에 자리 잡는 동안, 동네마다 비디오대여점과 비디오방이 성업했다. 회원들 간 소식지인 『으뜸과 버금』, 비디오매체에 중심을 둔 『비디오무비』와 『비디오프라자』, '한국영상음반판매대여업협회'의 월간지 『영음문화』, 영화·비디오·오디오·연예계를 아우르는 『영상음반』, 영화진흥공사가 발행하는 『영화소식』 등이 한국영화 중흥기의 서막인

1990년대 중반을 수놓는다.

　이어서 만화잡지다. 거슬러 오르면 1970년대 등장한 월간지 『소년중앙』과 1980년대 등장한 월간지 『만화왕국』, 『보물섬』이 1980년대 만화잡지계에서 삼파전을 이루다가 1988년 창간된 주간지 『아이큐점프』로 지각 변동이 일어난다. 『아이큐점프』는 일본에서 일반화된 '주간소년만화'라는 새로운 패러다임을 들여왔다. 이전까지 만화는 초등학생을 겨냥해 만화잡지에 연재되는 만화와 청소년 이상을 독자층으로 하는 대본소 만화로 양분되어 있었다. 『아이큐점프』는 초등학교 고학년에서 중고생에 이르는 방대한 소비층을 겨냥했다. 『아이큐점프』의 성공적인 시장 확장에 1991년 『소년챔프』가 소년만화잡지 시장으로 진입했다. 이후 주간 소년만화잡지를 축으로 해서 연령별 분화가 진행되어 준성인지 『영점프』와 『영챔프』, 성인지 『빅점프』와 『투엔티세븐』이 창간되었다. 소년만화잡지, 준성인만화잡지, 성인만화잡지가 다분히 남성 독자를 겨냥했다면 순정만화잡지는 여성을 주독자층으로 하고 있었다. 아동용 월간 순정만화잡지 『밍크』, 격주간지 『윙크』와 『이슈』, 그리고 성인용 월간지 『화이트』가 발행되었다.[6]

　그 밖에 1990년대에는 주로 10대들을 구매층으로 삼은 음악잡지와 TV주간지도 부흥했다. 음악잡지로는 『수퍼스타』, 『M&M』, 『포토뮤직』, 『View』, 『쥬니어』, 『뮤직라이프』 등이 있었는데 대중음악만이 아니라 인기 연예인들 이야기를 망라했다. 『TV가이드』, 『TV저널』처럼 'TV' 스타를 내세운 주간지들도 여기에 가세했다.[7] 1990년대에 스타는 개인들을 묶어주는 대중문화의 장치로 기능했다. 수많은 사람들이 스타로 뜨고 대중들이 이들을 소비하고 머잖아 다음 사람을 찾았다. 스타로는 드라마 배우와 함께 가수들이 많았고, 운동선수도 일정한 비중을 차지했다.

1990년대 잡지계의 특징 중 하나는 '생활문화' 잡지의 부상이었다. 『쎄시』, 『Seoul Eye』, 『에꼴』, 『MAN』, 『레츠』 등 "두께와 가격은 가볍게, 내용은 압축적으로", "삶의 질을 높이자"를 표방한 이들 잡지는 정치기사 일변도인 시사잡지나 책 무게에 비해 내용이 앙상한 기존 여성지에 입맛을 잃은 독자들을 겨냥했다. 더욱이 공짜인 생활문화 무가지의 등장은 전에 없던 일이었다. 『인 서울매거진』, 『NEO LOOK』 같은 무가지들이 누구나 가져갈 수 있도록 배포처에 놓였다. 『벼룩시장』, 『파랑새』 같은 생활정보지처럼 '동네 복덕방' 구실을 하는 게 아니라 영화, 음악, 책, 여행, 스포츠 등 다양한 영역의 내용을 아울렀다. 물론 분량의 상당수는 광고로 채워졌다. 기사 자체가 광고를 포함하거나 기사인 줄 알고 읽다 보면 광고인 경우가 많았다.[8]

새로운 문화적 영토

이제 우리의 주된 관심인 계간지를 들춰보자. 1994년 12월 3일자 『조선일보』 기사 내용이다.

계간지 문화가 바뀌고 있다. 계간 『창작과 비평』, 『세계의 문학』 등 문학이론 중심의 계간지, 『현상과 인식』, 『역사비평』 등의 학술계간지가 주축을 이루면서 한국사회의 지성을 나름대로 반영해온 계간지 문화가 대중화, 다양화의 길로 새롭게 변하고 있다. 70년대의 계간지 시대와 87년 민주화 이후 반짝했던 계간지 창간 붐에 이어 90년대 중반 들어 세 번째의 계간지 춘추전국시대가 도래하고 있다. 가장 두드러진 특징으로는 90년대 들어 영상문화, 대중문화의 시대가 만개한 것을 반영하듯 대중문화 비평의 계간지들이 최근 들어 잇따라 창간되고 있다는 것을 꼽을 수 있다. 80년대에 대학을 다닌 젊은 문화비평가들이 모여 지난달 18일 계간 『리뷰』를 창간했고, 20대 후반과 대학생들이 모여 만든 계간 『오늘예감』도 겨울호로 첫선을 보였다.[9]

　　1990년대 초 문학지, 학술지에 이어 계간지의 호흡을 이어가되 문화 담론 생산에 주력하는 잡지들이 하나둘씩 생겨났다.[10] 1992년 『문화/과학』을 시작으로 1993년 『상상』, 1994년 『리뷰』, 『오늘예감』이 잇달아 창간되었다. 이들 문화계간지는 문예론 중심의 기존 잡지계와 담론장에 이의를 제기하며 연이어 등장했지만 서로 간에 차별화 의식이 뚜렷했으며, 상호 교류와 상호 비판을 통해 저마다의 지향을 사회화하고자 노력했다. 비록 1990년대에 문화는 '향유의 대상'(1990년대 초중반)이거나 '자본축적의 영역'(1990년대 중후반)이라는 통념이 주류적 문화관으로 자리 잡게 되었지만, 그러한 세태 속에서도 이들 문화계간지는 문화 이해의 다른 가능성을 제시했다.

　먼저 『문화/과학』은 1992년 여름 '문화이론전문지'로 창간되었다. 1992년은 현실사회주의권 붕괴와 1991년 강경대 사건 이후의 정국으로 진보운동이 충격과 무기력에 사로잡히고 진보이론이 아노미 상태에 빠진 때였다. 이러한 시기에 『문화/과학』은 진보운동의 새로운 이론적 방향성을 모색하겠다고 선언했다. 그리하여 창간사는 "역사의 한 순환이 끝나고 새로운 순환이 시작하고 있다"는 문장으로 시작해 '문화' 영역을 "중요한 계급투쟁의 장"으로 상정하고, 이에 대한 "과학적 인식 확보"를 자기 역할로 천명했다. 그러고는 1990년대 내내 자생력 있는 과학적 문화이론 구성, 문화적 실천의 전략 마련, 문화현실에 대한 분석을 위한 특집들을 이어갔다.

　『상상』은 『문화/과학』 창간의 이듬해인 1993년 가을에 등장했다. 표지에는 "문학의 새로움, 문화의 새로움"이라는 문구가 적혀 있다. 창간사는 '대중문화'의 시대라는 시대인식이 투철하다. 『문화/과학』의 창간사와 견준다면, 대중문화산업이 초래하는 정신적·사회적 해악을 직시하면서도 대중문화에 대한 이중적 혹은 전략적 태도를 내비친다. "반성이 결여된 물신적 대중문화"만이 아니라 "전문주의를 가장한 자폐적 엘리트문화"도 경계하며, "작가적 대중주의, 대중적 작가주의"를 옹호하겠다고 밝힌 것이다.[11] 실제로 『상상』은 대중문화 사회에 대한 비판적·좌파적 접근보다는 대중문화 현상의 다원성을 중시하는 문화적 자유주의의 입장을 취했다.

1994년 11월에 창간된 『리뷰』는 『상상』 창간의 주역들이 옮겨가 만든 잡지였다. 『리뷰』는 잡지명이 시사하듯 문화의 의미를 '성찰'과 '비평' 쪽으로 바짝 끌어당겨 본격적인 문화비평지로 자기 위치를 정립했다. 창간호는 "서태지, 주류 질서의 전복자"라는 표제 아래 서태지를 표지인물로 내세우고 팝음악, 팝아트, 영화, 뮤직비디오, 컴퓨터통신 등 1990년대 한국사회에서 유포되고 있는 문화현상을 조명했으며, 이후로도 전체 17호 가운데 특집만을 본다면 영화(3회), PC통신·멀티미디어(2회), 언더그라운드 문화·록(2회), 한국문화산업·대중문화 정책(2회) 이외에 에로티시즘, 검열, 올림픽을 논제로 다뤘다.

『오늘예감』의 창간은 『리뷰』보다 한 달 앞선 1994년 10월이었다. 『오늘예감』의 문화관은 '문화 죽이기'라는 말로 요약된다. 4호의 「시작하는 예감: 색안경을 끼고 문화를 바라본다」는 '문화 죽이기'를 이렇게 설명하고 있다. 첫째, 죽여야 할 문화를 설정한다. 그 문화는 "지배문화", "정부가 장려하는 문화"다. 둘째, 왜 죽여야 하는지를 밝힌다. 그 까닭은 지배문화가 지배와 피지배의 기성 체제를 공고히 하고, 대중문화가 일회적 소비와 찰나적 자유에 안주할 것을 종용하기 때문이다. 끝으로 어떻게 죽일 수 있는지를 고민한다. 다만 이 대목에 이르러서는 "우리는 우리의 힘만으로는 지배문화를 완벽하게 죽일 수 없음을 너무도 잘 안다"며, "특유의 투박함"과 "겁 없는 저돌성"을 바탕으로 "주류가 이루는 대중문화 혹은 지배문화에 접하게 되었을 때, 사람들이 잊지 않고 항상 꺼내서 착용할 수 있는 의심과 비

판의 색안경, 저항과 실험의 색안경"을 나눠주는 것이 가장 큰
목표라고 토로한다.[12] 『상상』이 문학과 그 외곽의 문화에, 『리
뷰』가 대중문화와 하위문화에 주안점을 둔 비평지였다면, 『오
늘예감』은 문화 해체의 선동적 매체이길 원했다.

문학을 넘어서야 할 이유들

문화이론전문지(『문화/과학』), "변화하는 시대의 문화를 새로
운 시각으로 탐색하고 수용하는 새로운 잡지"(『상상』), 문화비
평지(『리뷰』), 문화비평저널(『오늘예감』) 등으로 스스로를 정의
하며 1992년부터 3년 사이에 등장한 네 종의 문화계간지. 이들
의 첫 번째 공통점은 모두 기존 문학계간지의 문학 중심성을 넘
어서고자 한 것이었다.

　『문화/과학』의 창간사는 1980년대 운동 세력이 "문화를
문예 중심으로 사고하는 경향"이었기에 "문화운동이 문예운동
에만 초점이 맞춰져 전체 문화판도에 제대로 대응하지 못한 면"
이 있다고 지적하며, 과학적 문화이론을 수립하여 "진보적 문예
론이 지향하는 현실주의론"으로부터 "현실주의 문화론"으로 나
아갈 것을 주창했다.[13] 『상상』의 「원고모집」은 스스로를 이렇게
기술한다. "『상상』은 문학을 비롯한 모든 문화의 경계를 트고
서로 넘나들며, 풍요로운 정신을 형성하고자 하는 새로운 잡지
입니다." 『리뷰』 역시 "우리 앞 세대는 문학을 중심으로 문화를

분석했지만 우리의 주된 비평의 대상은 산업적인 대중문화이다"라며 반문학중심성을 선명히 드러냈다.[14] 『오늘예감』은 문학 장르를 완전히 상대화했다. '단편소설'과 '詩와 評'이라는 코너가 간헐적으로 활용되었으나 소설, 시, 평론에 할애되는 지면은 적었고, '문화논단'이나 '갈래비평실험' 등의 코너에서 음악, 영화 등과 함께 거론되더라도 문학은 대체로 맨 뒤에 배치되었다.

이들 문화계간지는 기존 문학계간지의 형태로는 '욕망구조의 변화', '유통구조의 혁신', "정서구조나 지각구조에 있어 과거와는 질적으로 다른 형성규준들"[15]을 파악하기 어렵거나(『문화/과학』), 대중문화의 상황 변화에 능동적으로 대처하지 못하거나(『상상』, 『리뷰』), 대중문화를 매개한 지배계급의 이데올로기 공세에 대응할 수 없다(『오늘예감』)고 판단했다. 그리하여 문학 창작과 평론을 넘어 문화비평, 영화비평, 음악비평 등으로 담론 영역을 확장하고 욕망, 육체, 쾌락, 이미지, 기호, 스타일, 감성, 환상, 미디어, 사이버, 도시, 환경 등의 전략적 토픽을 개발해갔다.

문학 너머의 문화 영토로 담론 영역을 확장시킨 것과 더불어 이들 문화계간지 진영의 또 한 가지 공통점은 (『문화/과학』을 제외한다면) 스스로를 새로운 세대로 명명하고 그렇게 자리 매김하려 했다는 것이다. 1950년대생인 강내희와 심광현이 주도해 좌파이론의 재구성을 꾀한 『문화/과학』과 달리 1960년대생이 주축으로 대중문화의 세례를 받은 세대인 『상상』과 『리뷰』 동인에게 문화, 특히 대중문화는 '신세대'인 자신들이 개척할 담론 영역이었다. 이들은 문자가 아니라 이미지·소리의 테크놀로지에 민감하고, 앞선 세대의 금기로부터 자유로우나(『상상』) 그만큼 혼란 속에 처해 있는 자들(『리뷰』)로 자신을 그려냈다.

　『오늘예감』은 『상상』, 『리뷰』와는 또 달랐다. 『상상』과 『리뷰』의 창간 주역들이 1960년대 초중반생으로 당시 30대 초중반이었다면, 『오늘예감』은 1970년대 초반생이었고 당시 대부분 20대였다. 『오늘예감』의 '젊음'은 『상상』과 『리뷰』의 '신세대'와 비교하자면 기성 문화계, 기성 학계가 외면하는 논제들을 도발적이고 이단적으로 제기하는 이유이자 동력이었다. "이 땅의 문화일상과 문화상품에 대하여 참신하고 공격적인 글쓰기를 시도하고 있는 문화비평지 계간 『오늘예감』"(원고모집), "『오늘예감』은 별 이유도 없이 세상을 향해 저주하기를 일삼는 젊은 문화비평지입니다"(편집위원초빙)라고 천명하듯 그들의 젊음은 과격성과 도발성을 띠고 있었다. 『오늘예감』 2호 기획 특집 '순응하는 젊음이여, 그대의 암울한 내일에 저항하라!'의 결론부 「테제로 제안하는 일탈」의 열 가지 테제를 옮겨보자(본문에 테제 6은 나오지 않는다).

1. 정상과 비정상의 일반적 구분을 무시하라.
2. 법과 제도를 어겨라! 적발되면 매번 저항하라! 약점은 그들 ─ 지배권력에게 더 많다.
3. 가족의 '작은' 바람을 경계하라. 특히 아버지의 교훈과 어머니의 눈물, 배우자의 꼬드김을 경계하라.

4. 매체와 적극적으로 접촉하라. 개입하라. 하지만 기대도 가지지 말고 믿지도 말라.

5. 창조적인 노동을 하라. 카피맨이나 커피접대부, 부장의 바둑친구로 스스로를 노예화시키지 말라.

7. 무엇이든 실험하라. 또한 언제나 의심하라. 그리하여 침묵을 거부하라.

8. 무질서도를 증가시켜라. 모든 새로운 시작은 안정된 질서를 교란하는 무질서도 증가에서 생산됨을 기억하자.

9. 남달라야 한다는 소아병으로부터 벗어나라.

10. 지금까지의 일탈자들은 단지 '일탈'을 구매했을 뿐이다. 정작 중요한 것은 '일탈'을 조직하는 것이다.[16]

대중문화가 싸움터다

이들 문화계간지는 당시 성황이었던 대중문화지들과 견준다면, 대중문화를 향유의 소재만이 아니라 정치의 장으로 접근했다는 또 하나의 공통점이 있다. 1990년대는 민중문화가 쇠퇴하고 대중문화가 부흥한 시대였다고 곧잘 회자된다. 이는 민중문화의 표현양식들이 위축되고 소비주의적 상품문화가 번창했기 때문만은 아니다. 민중문화 개념은 계급론적 정치모델처럼 지배/피지배 문화의 대립구도를 전제하는데, 사회분화와 변동에 따라 개념의 적실성이 약화되었기 때문이기도 하다. 그리고 일군은

1990년대의 새로운 정치사회적 격전지로 대중문화를 주목했던 것이다. 이들은 대체로 기존 민중운동과 저항운동의 계보로부터 (단절을 포함한) 계승 의식을 지닌 진보적 연구자·비평가들로서 대중문화의 동학과 현상을 비판 패러다임에 기초하여 접근했다. 하지만 대중문화 부정론을 취하지는 않았다. 대중문화는 새로운 정치의 장이자 자신들의 활동 거점이었기 때문이다.

당시 논자들에 따라서는 대중문화를 산업적 대량문화상품과 등치하거나, 비민주적 이념의 선전도구로 간주하거나, 그것이 대중의 건전한 생활의식과 비판정신을 마비시키고 말초적 쾌락에 젖게 만든다며 경계하기도 했다. 대중문화의 속성을 쾌락성, 퇴폐성, 즉물성, 소아성에서 찾는 언설들도 많았다. 하지만 문화계간지들의 대중문화관은 이와 달랐다. 『문화/과학』의 "문화는 계급투쟁의 장소"라는 문제설정은 상업적·보수적 대중문화를 비판적으로 파고들지 못하면 지배 이데올로기에 포섭되기 십상이라는 문제의식 위에 서 있지만, 문화 영역에서 기존의 억압적인 주체 형성 과정을 해체해 새로운 주체성을 생산해내는 실천이 필요하다는 인식의 소산이기도 했다.[17] 따라서 대중문화를 대중문화상품과 등치하고 "대중문화는 지배 이데올로기의 전달수단"이라는 식으로 비좁게 이해하려는 경향과는 거리를 두었다. 가령 강내희는 "대중문화의 욕망 창출이 욕망의 관리, 통치만이 아니라 넘쳐흐르는 어떤 힘, 인간이 지닌 억제되지 않는 어떤 전복의 가능성을 지닌 힘이라는 견지에서 사고할 필요"를 강조했다.[18] 대중문화는 그 자체로 지배계급의 영역이 아니라 권력을 지닌 자들과 소외된 자들 간의 길항, 반동, 저항이 교차하는 정치의 장인 것이다. 따라서 대중문화에서 대중의 복합적이고 불확정적인 공모, 저항, 굴절, 탈주, 해방의 계기들을 포착하는 것이 관건이다. 그런 맥락에서 『문화/과학』은 노래방, 홍대 앞, 패션, 거식증, 록음악, 덩크슛, 패키지 신혼여행 등 다양한 대중문화현상을 참신하게 해석하는 데 공을 들였다.

다른 문화계간지들이 견지한 입장의 일면은 당시 『상상』이 주최하고 김탁환(『상상』 편집위원), 한정수(『오늘예감』 편집장), 손동수(『현실문화연구』 편집장)가 모였던 특별좌담(「대중문화잡지, 무엇을 할 것인가」)에서 엿볼 수 있다. 그들의 발언들에서 『창작과 비평』, 『실천문학』, 『문학과 사회』와 『상상』, 『리뷰』, 『오늘예감』을 가르는 지점은 '계몽성'이었다. 기존 문학계간지들이 대중문화를 지배 이데올로기 생산의 도구로 간주하고 대중문화적 취향을 저급한 것으로 가치절하했다면, 새로운 문화계간지들은 대중문화를 대중적 욕망의 향유가 실행되는 물질적이면서 정신적인 장으로 파악하고, 새롭게 부상하는 문화적 욕구와 감수성들을 정당한 분석의 대상으로 전유하겠다는 것이다. 『상상』과 『리뷰』는 대중문화의 지나친 상업성을 경계하되 '계몽성'을 거부하여 엘리트주의적 시각과도 변별하고자 했다.[19] 범박하게 구분한다면 『문화/과학』은 대중문화 생산지점에 비판적으로 개입하고, 『상상』과 『리뷰』는 대중문화의 소비지점을 입체적으로 해석했다.

한편 『오늘예감』의 대중문화관은 또 달랐다. "우리가 대중문화에 관심을 갖는 가장 커다란 이유는 그곳에서 싸움을 벌여 보고자 함에 있다"[20]라며 대중문화를 역동적인 힘 관계의 장으로 인식하면서도 대중문화 생산양식이나 소비방식에 대한 비판적·분석적 해부보다는 대중문화로부터의 "일탈"을 꾀했다. 『오늘예감』의 표지는 파격적인 디자인으로 매호 크게 달라졌는데, 표지를 만든 한정수는 "키치 분위기와 함께 『아이큐점프』 같은 냄새를 풍기려고 아주 장난스럽게 했죠"[21]라고 밝힌 바 있다. '저속함', '질 낮은 상품'을 뜻하는 '키치'는 '일탈'과 더불어 『오늘예감』식 문화 죽이기의 지향성이었다. 손동수, 한정수 그리고 노염화로 편집장이 바뀌어도 도발적이고 과격한 '문화 죽이기'는 여전했다. 한정수 편집장 시기에는 환각제를 사용할 자유, 마약, 중독, 히피적인 삶을 주목하고 도덕적 계몽주의를 거부했다. 노염화는 「시작하는 예감: 키치인가 새로운 중세인가」에서 『오늘예감』의 정신은 키치라고 선언하고 낙오자, 폭주족, 날라리들의 삶을 긍정했다.

주류 문화관 바깥에서

1992년 『문화/과학』 창간으로 시작된 문화계간지의 뒤를 잇는 것은 1996년 창간된 『이매진』이다. 창간 편집진은 주인석, 김종엽, 강영희 등으로 과거 『상상』과 『리뷰』 인사들이 포진했지만 많은 것이 달라졌다. 『이매진』은 계간지가 아닌 월간지였다. 또한 스스로를 명명할 때 비평이란 말은 사라져 "21세기 문화특급"을 표방했으며 대체로 '복합문화잡지'로 회자되었다. 기업형 출판사(삼성출판사)에서 발행되고 자본이 대거 투하되었다. 창간호 표지는 이정재의 사진 위로 다음 같은 수록글 소개가 배치되었다. '소설가 구보씨의 뉴욕 구경', '독점연재 — 움베르토 에코 칼럼', '롤링스톤 특약 — X파일의 진실', '포르노티즘과 에로그라피', '이정재 포토인터뷰', '강영희가 만난 송지나', '존 레논 사이버 인터뷰'. 하단에는 '창간호 특별 사은품'인 '베네통여행용소품백' 사진이 자리 잡고 있었다. 특집은 '1996 한국 대중문화의 오감도'였다.

　창간 시『이매진』은 지식인적 전문지와 패션, 뷰티, 리빙을 다루는 소비적 패션지 사이의 벽을 허물고자 했다. 그리하여 과연 시장 논리를 활용해 불온한 상상력을 퍼뜨리려 한 실험이 성공할 수 있을지, 출판사와 광고 스폰서로부터 편집의 자유를 획득할 수 있을지,『이매진』의 행보를 두고 관심이 모였다. 하지만 창간 후 반년이 지나 편집진은 물러나고『이매진』은 욕망대상으로서의 문화, 유행으로서의 문화, 이미지와 기호로서의 문화의 구현장이 되었으며, 1년 반 만인 1997년 12월에 통권 18호로 실험을 마감했다.

　『문화/과학』을 제외하고는 어떠한 문화계간지들도 1990년대 말을 넘기지 못했다.『상상』은 1998년 여름호,『리뷰』는 1998년 겨울호,『오늘예감』은 1997년 여름호가 마지막이었다. 차별화 대상으로 삼았던『창작과 비평』,『문학과 사회』는 스스로 출판자본이 되어 견실하게 이어졌지만, 이들 문화계간지는 편집진과 발행처의 불안정한 관계, 잡지 발간의 고비용 구조, 거기에 IMF 경제위기가 겹치며 단명하고 말았다.

그럼에도 1990년대 문화계간지들의 의의는 이들이 주류 문화관과의 대결에서 밀리고 사라진 이후 문화에 대한 다기한 상상력이 위축되었다는 데서 역으로 드러났다. 이들이 떠난 자리에서 문화 관련 담론은 심도 있는 분석보다는 소비적 코드의 단평에 치우치는 경향이었다. 그런데 여기서 이들이 대결했던 주류 문화관이란 무엇인가. 그것은 첫째, "문화는 향유의 대상"이라는 것이다. 1990년대 초 김영삼 정권은 '문화입국'을 표어로 내걸고 "문화는 삶의 꽃이다"라고 선전했다. 그때 문화란 일정한 경제력을 확보한 위에서 누릴 생활의 풍요를 뜻했다. 특히 1990년대 초중반에는 이른바 "단군 이래 배고픔을 모르고 자란 최초의 세대"가 도래해 대중소비사회의 음악·영화·패션 등 온갖 상품들을 향유할 수 있었다.

둘째, "문화는 자본축적의 영역"이라는 것이다. 1994년 김영삼 대통령이 참석한 국가과학기술자문회의에서 닌텐도가 전자게임으로 웬만한 제조업체의 연간 매출을 능가하는 부가가치를 창출하고, 영화 《쥬라기 공원》 흥행수입이 한국 기업의 자동차 150만 대 수출의 수익과 맞먹는다는 보고가 나온 이후 정책 입안자들은 문화산업을 '굴뚝 없는 공장'이라 불렀고, 기업인들은 문화산업에 대한 적극적 투자에 나섰다. 문화는 자본축적과 수출품목의 대상으로 지위 이동을 겪었다. 김대중 정권에서는 문화관광부가 창설되고 '문화경쟁력'이 강조되었다. '문화의 경제화'와 '경제의 문화화'가 압축적으로 진행되었다.

　이 같은 두 가지 주류 문화관이 1990년대에 자리 잡고 이후 공고해졌다는 사실을 감안한다면, 이들 문화계간지의 시도가 남긴 사상사적 의의를 이렇게 짚어낼 수 있을 것이다. 첫째, 문화를 분석하는 새로운 문제틀을 조형해냈다. 문화를 물질적 생산과 정치적 권력의 장으로 접근한 것이다. 문화계간지마다 문화관은 다를지언정 문화를 지배·공모·저항·탈주·해방·굴절이 교차하는 주체 형성의 실천지대로 상정했다. 그리하여 표현의 욕망들과 감각의 운동들을 억압하고 규범화하는 권력, 제도, 이데올로기, 통념의 문제를 파고들었다. 둘째, 문화 담론의 소재와 논제를 확장시켰다. 영화, 연극, 음악 등 새롭게 부상하는 문화산업 영역으로 시야를 넓혔을 뿐 아니라 신체, 감각, 감수성, 욕망, 쾌락, 무의식 등 삶의 다양한 요소를 문화적 논제로 삼고, 민족적·계급적 의미 같은 거대 담론에 내리눌린 일상의 이미지, 스타일, 패션, 여행, 소리, 놀이, 농담, 도발 같은 문화적 형식 내지 사건들에 관심을 기울였다. 셋째, 하위문화를 탐구했다. 사회적 모순의 목록에 계급관계만이 아니라 동일성과 차이를 둘러싼 다양한 정치적 선분들을 추가시켰다. 그로써 여성, 성소수자, 청소년 등 상징질서에서 배제된 존재들을 문화 담론 형성의 주체로 가시화해내고자 했다.

세대,
혼란의 범주

06

범플럭세의 시작, 1990년대

신세대 논쟁의 등장

한편에선 그들을 보았다고 하고, 다른 한편에선 그런 것은 애초에 존재하지도 않는다고 하며, 한편에선 그들을 경배하려는 사람들이 늘어서 있고, 또 다른 한편에선 그들을 향해 저주와 단죄의 돌멩이를 던지는 신세대, 그들은 누구인가? 그들은 대체 어디에 있으며, 만약 존재하긴 한다면 그들을 신세대라는 하나의 틀로 묶어주는 어떤 '집단적 정체성' 같은 것이 있기는 한 것인가? 만약 그들이 어떤 공통의 정체성을 가진 하나의 또렷한 실체이자 힘으로서 부상하고 있다면, 그들은 기존의 사회에 어떤 식으로 자신들의 존재를 과시하고 영향을 끼칠 것인가? 파괴적으로, 해방적으로, 그것도 아니면 반동적으로? 만약 이도 저도 아니라면 '신세대'라는 슬로건은 '격변'의 시대가 남긴 가치공백과 규준 부재의 틈을 비집고 나온 또 하나의 부질없는 이데올로기적 신화 혹은 간교한 저널리즘과 출판산업의 상업주의가 공모하여 만들어낸 또 하나의 신종문화상품에 불과한 것인가?[1]

1990년대에 들어 문학계, 문화계, 사상계를 가로지르며 지식장의 재구조화를 촉발한 사건 중 하나가 이른바 '신세대 논쟁'이다. 이 논쟁은 민중·민족·계급이라는 1980년대의 집합적 주체상에 대한 인식을 흔들고 1990년대에는 개인의 미시적 취향과 주관적 감성이 새로운 형식으로 재현될 것임을, 아울러 사회적 현상을 관찰할 때 세대가 중요 변수가 될 것임을 예고했다.

1980년대 젊은 세대론은 청년과 대학생에게 집중해 저항적 하위문화를 구축하는 그들을 사회 변화의 구심점으로 그려냈다. 1990년대에 들어서자 한국전쟁의 기억이 없고 4·19 혁명과 박정희 독재의 경험도 없고, 경제발전의 과실을 한껏 향유할 수 있는 10대의 청소년, 20대의 청년들이 등장했다. 이들은 자신의 욕망을 스스럼없이 드러내 주류 규범을 일탈하며 머리를 물들이고 찢어진 청바지를 입었다. 이들은 '신세대'로 불렸다.

사실 신세대론은 문학계, 문화계, 사상계에서 자생적 산물이 아니었다. 정치계에서 시발하고 언론과 기업이 키운 합작품이었다. 1992년 말 대선을 전후해 이전 정권과의 차별성을 강조하고자 김영삼 정부가 '신한국', '신경제', '신농정' 등을 내세우며 '신'新 자가 대중적 호소력을 얻었다. 그러자 신문·방송·잡지 등 대중매체는 '신세대'를 접두사로 하는 각종 사회현상을 재빠르게 그려냈다. 신세대 감각, 신세대 부부, 신세대 직장인, 신세대 노동자, 신세대 결혼식 그리고 신세대 문학에 이르기까지.

신세대라는 신조어가 가장 자주 등장한 곳은 광고 카피였다. 신세대 패션, 신세대 음료, 신세대 가구, 신세대 화장품, 신세대 영화, 신세대 보험 등등. 기업과 광고업체들이 새로운 소비 주체로 등장한 젊은 세대의 감성을 자극하고 자사 제품을 차별화하기 위해 '신세대'를 대거 차용했다. "신세대의 감각은 새롭다. 새로운 감각은 새로운 상품을 구매함으로써 증명된다"는 마케팅 논리가 곳곳의 광고 문안에 깔렸다. 신세대는 전에 없었던 자유의 감각, 실은 소비의 감각을 구가하는 개인들의 집단이었다.

이성욱은 신세대론 등장과 부상의 사회경제적 배경으로 다음 같은 사항을 짚었다. "문화상품의 대량생산과 대량소비, 문화상품 소비능력의 제고, 그로 인해 계속 치솟는 문화산업의 부가가치, 또 거기서 연유하는 대중문화의 폭발적 증대, 생활수준 향상에 따른 여가시간의 증대, 도시공간의 급격한 변화 및 전국 대다수 공간의 도시적 형상으로의 꼴바꿈, 대중매체나 도시공간의 이미지화를 통해 다양한 수위로 조절되기도 하고 또 스스로 복제되기도 하는 욕망구조의 변화, 전산화 시스템을 통한 상품유통 및 마케팅 구조의 혁신, 이른바 과학기술혁명으로 인한 표현 매체 및 영역의 확장(뉴미디어의 계속적인 등장)".[2] 거기에 음악·영화·광고·스포츠·만화 같은 소비문화 장르의 성장 및 감각적 영상기호와 시각이미지의 범람도 더할 수 있을 것이다. 아울러 이러한 사회경제적 배경에 이어 오렌지족 등장, 뉴키즈온더블록 사태, 서태지와 아이들 신드롬 같은 1990년대 초반 사회적 현상도 거론할 필요가 있을 것이다.

애초『한국일보』는 1988년 중반부터 1989년 말까지 16개월에 걸쳐 젊은 세대를 '신세대'로 포장하여 르포 형식의 기획물 '신세대: 그들은 누구인가'를 연재한 바 있으나 신세대 열풍이 일어나지는 않았다. 하지만 1992년부터는 달랐다.『한국일보』가 1992년 10월 4회에 걸쳐 '오렌지족의 세계'라는 제목으로 압구정동 소비문화에 대한 기획보도를 내놓았고, 다른 언론들도 오렌지족 담론에 대거 가세하며 오렌지족은 신세대의 대표적 표상이 되었다. 그에 앞서 '뉴키즈온더블록 사태'가 있었다. 1992년 2월 17일 미국의 팝그룹 '뉴키즈온더블록'이 내한공연을 했는데 관람하러 온 청소년 관객들이 서로 무대 가까이 가려다 떼지어 넘어지면서 여고생 한 명이 압사하고 40여 명이 다쳤다. 뉴키즈온더블록 사태와 오렌지족 담론은 기성 세대가 '신세대'를 곱지 않은 눈으로 바라보게 한 결정적 계기였다.

자유와 일탈 사이

그리하여 기업들이 그들을 새로운 소비 주체로 호명하는 동안, 한편에서는 퇴폐, 저속, 향락, 탐닉, 탈정치, 일탈 같은 용어로 그들을 지탄하는 일이 벌어졌다.

맨 처음 그 말은 질타와 비난과 경계의 의미로 쓰여졌다. 압구정동이라는 동네에 새로운 아이들이 나타나 놀고먹는 꼴이 아니꼬

워서, 그야말로 걱정돼서, 일부 뜻 있는 어른들이 신세대라는 말로 그들을 꾸짖은 것이다. 전쟁도 혁명도 쿠데타도 겪은 적이 없고, 가난이라는 말이 무슨 뜻인지도 모르면서 그러니까 고생 한번 안 하고, 등 따습고 배부르게 자라나, 일보다는 노는 것을 좋아하고, 이념이나 명분도 없이 쾌락과 편안함만 챙기고, 반공의식도 희미하고 삼강오륜도 모르고 정조의식도 없이 난잡하게 놀아나는 신세대가 미워서.[3]

하지만 1992년 3월, 서태지와 아이들의 등장이 다른 양상의 신세대론을 일으켰다. 트로트와 발라드 중심의 기존 대중음악계에서 랩이라는 새로운 음악장르와 현란한 춤, 파격적인 복장을 선보인 서태지와 아이들의 음악은 청소년들의 새로운 문화적 감수성을 가장 잘 표현하는 문화생산물로 주목받았다. 오렌지족 담론의 논조에서 벗어나 소비문화의 징후들을 적극적으로 해석하려는 논의가 활발해졌다. 절대적 빈곤의 기억에서 자유롭지 못하고 지금도 현실의 여러 압박 속에서 욕망의 분출을 억제하는 기성 세대들과 달리 신세대는 자신의 욕망에 충실하고 새로운 삶의 양식을 창출하는 개성적 세대라는 것이다.

그러다가 1994년 1월, 오렌지족의 프라이드 운전자 구타 사건에 이어 도피성 유학 중 귀국한 강남의 자산가 아들이 재산 상속을 노려 부모를 살해하는 사건이 벌어졌다. 그러자 '신세대, 두고만 볼 것인가'(『한국일보』), '비틀거리는 신세대'(『경향신문』), '신세대, 가치관 혼란 심하다'(『동아일보』), '인성 위기 신세대'(『서울신문』) 같은 연재기획이나 기획기사를 쏟아내며 기성 언론들은 소리 높여 신세대를 질타했다. 신세대는 다시 오렌지족과 등치되는 듯했다. 놀이동산인 서울랜드에서는 "말꼬랑지 같은 긴 머리를 한 남자, 귀고리를 한쪽만 한 남자, 일부러 우리말을 서투르게 하는 남자, 뒷주머니에 미국 여권을 찔러넣고 다니는 사람, 고급 외제차를 타고 다니는 20대"로 오렌지족을 정의하며 이들의 출입을 금지했다.4 문화체육부가 발행한 『1994년도 청소년 육성 정책 결산 및 1995년도 청소년 정책 방향』에서는 "일반 청소년들은 대학 입학이라는 지상의 과제를 향해 하루 24시간을 쪼개가며 당장의 고통을 참는 반면 오렌지족은 술·여자 등과 함께 '즐기는 것'을 인생의 목표로 삼는다. 월 2~3만 원의 용돈을 사용하는 일반 청소년과는 달리 오렌지족은 카드나 수표를 사용하며 버스나 지하철보다는 스포츠카와 외제차 등을 몰고 다닌다. 서로의 사랑을 조금씩 확인해가는 애틋한 연애보다는 부킹과 함께 당일로 호텔로 직행하는 벼락치기 쾌락에 탐닉한다"라며 오렌지족에 대한 부정적 인식을 여과 없이 드러냈다.5 사실 여기서 묘사된 오렌지족은 '학력 세탁'을 위해 유학 보내졌다가 돌아와 스포츠카를 타고 유흥가를 전전하는 부유층 아들의 모습이었다. 기성 언론의 신세대 겨냥 기사는 대체로 이런 부유층 자제의 일탈과 비행에 초점을 맞추고 인성교육 강조로 끝나는 식이었다. 오렌지족의 후신으로 야타족도 등장했다. 이들은 고급 승용차를 몰고 다니며 유흥가를 지나는 여성을 "야! 타!"라고 유혹한다고 언론들은 설명했다. 이러한 곡절들을 거치며 신세대론은 신세대 논쟁의 국면으로 들어섰다.

보라, 신세대를

신세대 논쟁은 일간지, 잡지, 단행본을 가로지르며 전개되었다. 일간지들과 달리 잡지계에서는 기성 세대와 구별되는 그들의 의식구조와 행위유형을 개성, 탈권위, 자유분방함, 개방성, 자아표현, 멋스러움, 저항의식 같은 용어로 기술하는 것이 한 가지 흐름이었다. 이러한 각도에서 신세대를 일찍이 주목한 잡지는 『사회평론』과 『사회평론 길』이었다. 1991년에 창간된 시사잡지 『사회평론』과 그 후신으로 1993년에 "문화를 통한 투쟁을 지향한다"는 입장을 표방하며 출범한 『사회평론 길』은 1993년만 해도 '서태지 현상연구'(1993년 5월), '신세대, 그 초라한 광기'(1993년 6월), '그 당당한 몸의 문화'(1993년 6월), '육체, 다듬기 — 보이기, 말하기'(1993년 6월), '락카페 — 자유 혹은 개성'(1993년 6월), '신세대 그 소용돌이'(1993년 9월), '신세대, 유령잡기 소동'(1993년 11월) 등 신세대 관련 꼭지를 연이어 내놓았다.[6]

『경제와 사회』 1994년 봄호가 특집을 '한국사회의 소비문화와 신세대'로 내놓는 등 다른 잡지들도 가만있지 않았다. 무엇보다 이제 막 등장해 새로운 담론 영역을 개척하려는 문화계 간지에게 신세대는 피할 수 없는 화두였다. 『상상』은 창간사에서 "『상상』은 신세대 잡지이다. 우리가 말하는 신세대란 1960년대와 70년대에 태어난 세대가 아니다. (…) 이 혼돈의 위기를 넘어서 새로운 가능성을 찾아보려 하는 세대"라고 선언하고,[7] 기존 리얼리즘 문학에 맞서 장정일과 이인화로 대표되는 새로운 문학의 경향을 끌어들여 신세대 문학론을 개진했다.『리뷰』창간호는 '주류질서의 전복자 서태지' 및 '매니아문화'를 주제로 하는 기획을 통해 신세대를 대중문화의 향유자만이 아니라 하위문화의 생산자로 호명했다. 대학가 모임에서 생겨난 『오늘예감』과 『좌표·대학문화』 등은 신세대를 둘러싼 기성 세대의 왈가왈부를 곁눈질하면서 대중문화를 상식과 인습을 문제시할 수 있는 저항의 장으로 전유하고자 했다.

이러한 시도에 매진한 일군이 '미메시스' 그룹이다. 이들은 국제사회주의자 그룹의 일원으로 사상학습 모임인 '옐로사인', 문학비평 모임인 '포인트브레이크' 등으로 구성되어 있었다. 이들은 젊은 세대의 창의력을 마모시키고 자본의 이익에 기계처럼 복종할 평균품을 만들어내는 교육 체제를 비판하며 학교를 없애라고 요구하고, 성에 대한 억압이 잔존하는 한 매춘은 근절될 수 없다며 결혼과 가족제도를 부정하고, 자신이 원하는 상대와 섹스할 수 있는 권리를 촉구했다. 신세대에 대해서는 어떤 주장을 펼쳤던가.

우리는 신세대를 철없는 아이들로 규정하는 관행에 반대한다. 1990년대의 신세대는 최고의 전문가적 기질을 가지고 있으며 사회적인 파워와 감성적인 열정을 자랑한다. 우리의 나이는 18세에서 멈추길 바라며 철이 들 생각은 추호도 없다. 억압으로부터 우리의 자유를 지키기 위해서는 연대해야 한다. (…) 서태지는 인간의 아름다움과 진실을 노래하는 시인이며 역사가이며 철학자, 최고의 기술을 다루고 새로운 창조를 이룩하는 과학자, 상식과 인습을 파괴하는 아방가르드이며 자유로운 세계를 향해 끝없이 질주하는 혁명가이다.[8]

미메시스 그룹은 신세대적 정체성의 핵심인 '반권위적 개성'을 가정생활, 제도교육, 결혼생활, 취업제도 등으로 짜인 사회 체제에 대한 적극적 극복의지로 해석했다. 요상한 옷차림에 자유분방한 태도, 남의 눈길을 신경 쓰지 않는 행동양식은 "구조에 대한 반항이며 소외에 대한 자기입장의 표출"이며, 그리하여 "신세대야말로 현대사회변혁의 새로운 주체"라고 선언했다.

그러나 신세대에 주체적 자율성, 문화적 저항성, 정치적 능동성의 의미를 주입하는 이러한 언설에 대해 잡지계에서는 비판도 따랐다. 『문화/과학』 1994년 봄호에 수록된 문화이론연구회의 「'신세대론'을 비판한다」를 읽어보자. 그들은 '신세대 신화'를 폭로하려 한다.

신세대 신화는 기성 세대의 경제적 빈곤과 정치적 고난의 역사와는 단절된 채로 자아지시적으로 존재하며, 그리고 그 자아지시는 경제적 빈곤과 사회적 갈등들로부터 해방되어 자유, 욕망민주주의, 인간해방의 실현에 가장 가까이 존재하는 것처럼 현시한다.

그러나 사실 '신세대들'이 몰두하고 있는 기호의 소비 그 자체에도 '차별성'이 경합한다. (…) 모든 상품이나 사물이 동등한 감성 구조의 기호를 발산하는 것이 아니라 소비 주체들로 하여금 차별적으로 선택하게끔 배려하며, 그 차별적 선택은 최종적으로는 감성능력에 따라서가 아니라 지불능력에 따라 이루어진다. (…) 요컨대 신세대 신화는 기호소비의 차별적 갈등을 은폐함으로써 최종적으로는 사회적 갈등들(혹은 모순들)을 봉쇄하는 효과를 체계화한다. (…) 이러한 '신세대적 주체 형태'는 80년대 세대들이 사회변혁의 문제를 고민하였던 치열한 싸움들을 전면적으로 공중분해시키면서 90년대 세대들을 변혁과는 무관심하도록 철저히 단절시키며, 탈역사화와 탈정치화와 탈사회화로 오로지 육체의 문드러짐만 남겨놓는, 왜곡된 개인주의적 생태학의 이데올로그로 생산하고 있다.[9]

신세대의 문화는 탈권위주의 의식으로 모든 위계와 특권을 거부하는 듯하지만, 이러한 카니발적 의식은 제도화된 소비문화의 문법을 벗어나지 못하며 신세대론 자체가 내부의 차이를 균질화하고 사회적 갈등들(계급, 경제, 지역, 민족 등)을 가리는 이데올로기적 효과를 유발한다는 지적이다.

신세대론은 분명 (탈이데올로기적) 이데올로기로 작용했다. 신세대론은 과잉소비를 담당할 주요계층으로서 젊은 세대를 호출했다. 패션산업(의류, 액세서리, 신발), 육체산업(성형, 다이어트, 화장), 영상산업(영화, 비디오, MTV) 그리고 계열화된 소비공간(패스트푸드체인점, 편의점, 커피전문점)은 모두 이들을 주요 고객층으로 삼았다. "내가 나인 이유", "난 바로 이 세상", "지구는 나를 중심으로 돈다", "남들과는 다른 나만의 것" 같은 소위 신세대식 광고 카피들은 젊은 세대의 소비를 부추겼다. '나' 타령의 광고는 이전까지의 사회적 억압에 대한 반대급부로서 개성, 감성, 자유 같은 젊음의 어휘를, 이윽고 일탈, 해방, 혁명 같은 정치적 어휘를 되는 대로 긁어모아 상품을 치장하고, 그러면서 체제에 '탈정치화'라는 부수물을 진상했다.

신세대 문학론에 대해서도 권성우는 "신세대 문학의 경박한 상품성으로의 투항을 조장하는 위험한 논리"에 대해 조심할 것을 권하고,[10] 임규찬은 소위 새로운 세대의 문학적 주장을 "보편적 지도 이념과 덕목들을 상실한 후, 일체를 자기와의 관련 속에서만 표현하기 시작한 세대들의 등장"이라는 문맥에서 살펴본 뒤 "주관성 과잉"이라는 병적 징후를 진단했다.[11]

세대론들의 시작

오늘날 기성 세대는 규율에 익숙해져 있는 반면 신세대는 가족관계, 학교규율 등에 대해 일탈을 추구하는 경향이 커지고 있다. 신세대에게 일상이 된 이 일탈은 규율에서 벗어난 것처럼 보이지만 사실상 새로운 습속이다. 일탈은 스타일화되어 있는데, 이 스타일의 대부분은 수입된 모방품이다. 일종의 혼성모방으로 최근의 레게나 힙합스타일처럼 흑인이나 원주민의 스타일을 백인이 수용하여 상품화한 것을 다시 일본의 신세대 스타일로 전환한 것을 국내 상품화한 것이다. 새로운 스타일을 채택하는 이런 하위문화가 진보적인 정치적 실천과 결합될 가능성은 그렇게 커 보이지 않는다. 스타일의 만연은 차라리 개발의 압축, 지구적 시공간의 압축이 만연되면서 외국의 문화적 환상들의 즉각적 소비가 가능해진 것과, 이와 함께 영화나 비디오, TV와 같은 화면 중심 대중매체의 확산으로 소비주의적 정체성이 형성되는 것과 더 깊은 관련이 있다. 오늘 신세대가 추구하는 소외, 일탈 등이 근대적 규율을 극복하는 탈주로 보이지 않는 것도 그런 이유 때문이다. 중요한 것은 일탈이 아니라 규율의 탈피, 중심적 규율 체제의 해체일 것이다.[12]

『문화/과학』은 1997년 가을호 특집을 '21세기 한국문화 어디로'로 삼았고 편집진은 「21세기 한국문화를 기획한다」를 작성했다. 이 글은 신세대론이 부상해 4년여 지난 시점에 나왔다. 1997년 겨울 IMF 사태의 발발과 함께 신세대론은 급속히 사그라드니 그 끝자락이었다. 그사이 신세대의 일탈은 저항도 탈주도 아니며 신세대의 스타일은 자본주의와 소비주의의 발전 형태에 조응한 부산물이라는 『문화/과학』의 논조는 더욱 짙어졌다.

1990년대 초중반을 풍미했지만 후반을 넘기진 못한 신세대론은 분명 1990년대적 산물이었다. 1980년대 변혁 담론에서 주체가 민중과 노동자계급이었다면, 신세대론은 1990년대 지식장을 재편하려는 젊은 세력들의 시도가 가장 가시적이고 집단적인 수준에서 표출된 사례였다. 여기에는 경제 호황으로 이제 먹고살 만해졌으니 자유와 삶의 질을 중시하자는 시대인식, 민주화 요구를 넘어 다양화된 개인의 욕망 실현이 중요하니 대중문화와 일상생활을 저항의 거점으로 삼자는 상황판단이 깔려 있었다. 그 최전선에 신세대가 자리했던 것이다. 한편 일군은 신세대야말로 소비자본주의 사회로의 본격 진입을 알리는 실례이며, 문화산업의 자장에 포획된 존재라는 견해를 내놓았다.

　　이 중 어느 쪽 시각이 타당했던 것일까. 이 물음에 답하기는 어렵다. 다만 분명한 것은 신세대론이 1990년대에 여러 방식으로 변주된 세대 담론을 선취했다는 사실이다. 신세대론 이후로 X세대부터 IMF세대에 이르기까지 세대에 대한 각종 명명과 구별짓기가 활발해졌다. X세대는 1993년 가을, 아모레가 신세대를 타깃으로 삼은 남성용 화장품브랜드 트윈엑스 광고에서 언명된 뒤 새로 출현한 미지의 세대라는 뉘앙스를 풍기며 인기를 모았다. 1990년대 중후반에는 엔터프리너Enterpreneur의 첫머리 글자를 따서 20대 젊은 벤처기업가들을 주목하는 E세대, 컴퓨터Computer와 사이버Cyber 그리고 카드Card를 갖춘 C세대, 인터넷을 자유자재로 활용하는 N세대도 잠시 유행했다. 이런 식으로 이 시기에 대학을 다닌 이들 대부분이 세대 명명에 호출된 경험을 갖게 되었다. 비록 각종 세대 담론들은 얼마 지나지 않아 용도 폐기되곤 했지만, 1990년대를 거치며 세대는 계급과 더불어 가장 중요한 사회 변수로 자리 잡게 되었다.

단명한 신세대론, 장기집권하는 386세대론

신세대론은 그 자신보다 오래 살아남았던 386세대론을 예비한 담론이기도 했다. 386세대론은 신세대론보다 늦게, 1990년대 후반에 등장했다. 1997년 대통령선거를 앞두고 '30대, 80년대 학번, 60년대생'을 줄인 '386세대'라는 말이 등장했을 때, 그 명명은 '최신형 486, 586급 PC'와 같은 성능을 갖추지 못한 시대에 뒤떨어진 세대라는 자조적 뉘앙스를 풍기면서도, 80년대 대학생활 동안 사회변혁을 경험하고 이끌었다는 자긍심도 담겨 있었다.[13] 이 중 앞의 뉘앙스는 신세대와의 비교에 따른 것이었으나, 시간이 지나며 뒤의 의미 부여가 강해졌다. 1990년대 초중반 신세대론이 기세등등할 무렵 1980년대와 작별하는 후일담 문학이 부상했다면, 1990년대 후반 신세대론이 위력을 잃어갈 무렵 30대인 기성 세대가 1980년대를 긍정적으로 회상하며 자기서사를 구축한 것이다. 386세대론은 신세대를 탈정치적이고 개인적이고 소비지향적인 세대로 담론화하는 과정에서 그들과 변별하며 자신의 출현을 예비하고 있었다. 이후로 10대와 20대에 관한 세대론은 짧고 다양하게 변주되었지만, 386세대론은 486, 586세대론으로 업데이트되며 끈질기게 살아남았다.

이는 1980년대에 대학에서 민주화를 요구했던 세대가 1990년대에는 기업 등 각종 조직에서 자리를 잡고 2000년대에는 정치계에서 세대교체를 이뤘지만, 그들의 다음 세대는 불안정이 삶의 조건이 되었다는 사회경제적 배경과 무관하지 않다.

실제로 젊은 세대 담론은 IMF 사태로부터 10년 뒤에 나온 88만 원 세대를 비롯해 희망고문 세대, 배틀로얄 세대, 끝장 세대, 막장 세대, 삼포 세대, N포 세대, 잉여 세대처럼 사회경제적 어려움을 담는 내용으로 이어졌다. 자유로운 영혼들이 사회 부적응자로, 조직의 획일적 문화를 거부하던 청년 세대가 조직에 속할 기회를 박탈당한 비정규직 아르바이트 자원으로 내몰렸다. 그러더니 2000년대에 들어서는 청년 세대가 문화적 취향을 상실하고 보수화되었다거나, 지배 문화를 내면화하고 탈정치화된 속물이라거나, 사회적 차별에 동조하는 혐오 세력이라거나 하는 평가가 뒤따랐다.[14] 이처럼 호황기에서 불황기로 넘어가며 젊은 세대 담론은 내용이 판이하게 달라졌다. 공통점이라면 어느 쪽이든 기성 세대가 젊은 세대를 대상화하고 평가하는 방식이었다는 점이다.

그사이 386세대는 IMF 사태를 거치며 산업화 세대들이 떠난 자리를 차지하며 세대 간 권력교체에 성공해 이후로 장기집권을 이어갔다. 만일 한국경제가 1990년대 말에 그처럼 급속한 추락을 겪지 않았고 사회불평등이 그토록 심화되지 않았다면, 신세대론의 운명도 이후의 젊은 세대 담론과 386세대론의 양상도 많이 달라졌을 것이다.

디지털,
가능해진 것과
가려진 것

07

한국 문화의 시작, 1990년대

정보화의 빛과 어둠

정보화는 세계화와 함께 1990년대 중반부터 회자되었다. 역시 정부발 담론이었다. 중요 기점은 1994년이다. 이해에 정부통신부가 신설되고 45조 원을 투입해 '건국 이래 최대 국가사업'인 초고속 정보통신망을 구축하겠다는 계획이 발표되었다.

정보화 담론은 빠르게 뻗어나갔다. 1995년 『조선일보』는 "산업화는 늦었지만, 정보화는 앞서자"고 선언하며 '정보화 운동'에 나섰다. 정보미디어와 직접 연관된 전자업체는 물론이고, 학계도 정보통신기술이 가져다줄 청사진의 미래를 예의주시했다. 정보화는 세계화와 더불어 일류국가로 진입하기 위한 필수 단계처럼 선전되었다. 하지만 사회적 합의 과정을 결여한 채 정부와 기업이 추진한 정보화 역시 세계화가 그러하듯 사회적 갈등의 소지를 내포하고 있었다. 특히 잡지들은 사생활 침해 및 감시 강화, 공권력의 검열을 둘러싸고 논점을 형성했다.

일찍이 사회적 논란거리로 부상한 것은 전자주민카드였다. 정보통신기술을 활용한 국민의 사생활 감시 문제가 그 핵심이었다. 정부는 1995년 4월, 주민등록증을 근간으로 의료보험증, 운전면허증, 국민연금증, 주민등록등·초본, 인감, 지문 등 7개 증명 41개 항목을 통합하는 전자주민카드제도의 시행계획을 발표했다. 주무부처인 내무부는 전자주민카드 도입으로 등초본·인감증명 발급업무 비용의 경감효과, 행정효율성 증대 그리고 비메모리 분야의 정보산업 성장효과 등으로 7조 원에 달하는 경제적 가치를 예상했다.[1]

하지만 전자주민카드는 수많은 개인신상 정보를 담고 있어 정보 유출에 따른 악용 가능성으로 시민사회에서 반발이 일어났다. 1996년 10월 '통합전자주민카드 시행반대와 국민의 프라이버시권 보호를 위한 시민사회단체공동대책위원회'가 구성되어 활동했고, 일련의 논란과 반발로 인해 정부는 전자주민카드사업을 포기하고 기존의 주민등록증을 플라스틱 형태로 일제 경신하겠다고 발표했다. 이에 따라 1999년 5월 말부터 17세 이상의 성인에게서 사진 확보와 지문 채취를 시작했는데, 이 또한 인권 침해의 소지가 있기에 지문날인 거부운동이 전개되었다.

2000년에 등장한 논란거리는 인터넷 내용물 등급제였다. 독자적 기준에 따른 정부 기관의 온라인 검열 문제가 그 핵심이었다. 인터넷 내용물 등급제는 모든 홈페이지에 등급을 부여하거나 내용 제공자가 자체적으로 등급을 명시하도록 유도하고 검열 소프트웨어를 사용해 특정 등급의 정보를 차단하는 조치였다. 주된 명분은 유해물로부터 청소년을 보호하겠다는 것이었다. 청소년보호위원회는 인터넷 포르노물을 19세 미만 청소년은 접속할 수 없는 '청소년 유해 매체물'로 정하고 해당 인터넷 사이트들을 관보에 게시해 이 사이트들이 청소년을 상대로 영업하는 것을 인터넷 서비스 사업자가 원천적으로 차단하도록 했다. 이 방안에 대해 청소년보호위원회는 "국경이 없던 사이버 공간에 일종의 국경을 설치하고 인터넷 서비스 사업자에게 국경 초소의 역할을 부과"하는 조치라고 설명했다.[2]

인터넷 등급제 논란에 앞서 김종엽은 인터넷이 열어놓은 포르노그래피 소비의 새 지평을 이렇게 환영한 바 있다.

우리는 예전처럼 청계천 상가들을 배회하며 망설일 필요가 없다. 포르노그래피를 파는 상인들이 그것을 사러 온 우리들에게 보이는 표정에서 '그래, 나는 네 욕망을 알아' 하는 말을 읽어낼 필요도 없어졌다. 혹은 친구들과 키들거리면서 욕망의 미세한 차이를 무시하고 자신의 욕망을 보통명사화하려고 할 필요도 없다. (…) 요컨대 포르노그래피가 우리들의 손에 들어오는 순간, 우리가 그것과 접촉하는 순간에 우리가 겪어야 하는 당혹, 그것을 보기 위해서는 타자의 시선을 겪어야 한다는 사실(그것은 아무리 짧은 순간이라고 해도 '고통'스러운 것이다. 왜냐하면 그 순간 나는 음란성의 주체에서 대상으로 바뀌어버리기 때문이다)이 사라진 것이다. 그저 마우스를 열 번 남짓 클릭하기만 하면 그것이 푸른 무중력의 공간으로부터 도래하는 것이다. 왕림하는 것이다.[3]

인터넷 등급제는 국경 없는 인터넷 시대에 역행하는 조치로 여겨질 소지가 컸다. 이에 백욱인은 「인터넷 내용 등급제와 검열의 정치」,[4] 홍성태는 「사이버공간에 국경을? ─ 윤리의 정치학과 표현의 자유」[5]를 써서 과연 인터넷 공간에 국경선을 설치할 수 있을지, 이런 조치는 포르노물 차단을 빌미로 표현의 자유가 가장 폭넓게 구가되는 인터넷 공간을 합법적으로 규제하려는 것은 아닌지를 따졌다.

디지털 글쓰기와 통신문학

인터넷 이전에 PC통신이 있었다. PC통신의 시대가 있었다. PC통신은 PC, 모뎀, 전화선, 접속 프로그램만 갖추면 누구나 할 수 있다. 1980년대 후반 시작된 PC통신은 컴퓨터 보급과 모뎀 속도 향상으로 1990년대 중반에 이르자 널리 확산되었다. 광역성, 실시간성, 익명성이 대중화에 큰 역할을 했다. 이리하여 비대면인 채로 자신의 관심사를 남들과 집단적으로 공유할 수 있는 최초의 대중적 수단이 생겨났다. 오늘날의 빅데이터도 근원을 찾는다면 통신 게시판에 올라온 수많은 게시물일 것이다. PC통신은 아날로그 문명에서 디지털 문명으로 넘어가는 숨가쁜 과도기를 일반인이 거부감 없이 받아들이도록 한 완충지대였다.

PC통신은 기술적 매개체일 뿐 아니라 문화 콘텐츠가 생산되고 취향의 공동체가 형성되는 장이었다. 천리안과 하이텔에 접속하면 PC통신의 상징과도 같은 파란 화면에서 'GO' 명령어 하나로 채팅방에 들어갈 수 있다. 취향을 공유하는 사람들이 주제별 통신동호회를 만들고, 토론방에서는 각 분야 고수들이 자신의 지식을 자랑하고, 그걸 얻기 위해 사람들이 모여들었다. 서태지와 아이들, HOT의 소녀팬들이 팬클럽 활동을 벌였고, 하이텔의 '메탈동'(메탈음악 동호회)을 통해 여러 인디밴드가 탄생했고, 붉은 악마 역시 PC통신에서 몸을 풀었다.

PC통신에서는 연철, 격음화, 유아적 발음, 생략법 등을 통해 참가자가 아니면 이해하기 힘든 독특한 단어와 문장 구성이 생겨났다. 네트워크와 시티즌의 합성어 '네티즌', '반갑습니다'와 '당연하다'의 줄임인 '방가'와 '당근'도 PC통신에서 나온 신조어였다. 채팅을 통해 "진기함, 참신함, 마술적임, 진지함, 짜릿함, 긴장, 고조나 심지어는 어눌함, 무표정, 넌센스, 그로테스크"[6]의 말맛을 즐길 수 있었다.

PC통신을 비롯한 새로운 통신 양식의 도래에 잡지계는 반응하지 않을 수 없었다. 종이 책으로 저장·보급되는 문자언어가 가장 중요한 정보소통 방식으로 군림하는 시대가 막을 내린 건 아니지만 전자통신기기가 주요 정보교환 수단으로 활용되자 글쓰기 지형에 변화가 일어났다. 무엇보다 문학은 글자로 만들어내는 예술장르이기에 문학계가 동요했다.

김병익은 「컴퓨터는 문학을 어떻게 변화시킬 것인가」에서 컴퓨터 글쓰기가 '문학에 대한 개념 자체를 바꿀 수 있다'고 예견했다. 컴퓨터의 등장은 문자의 발명, 인쇄술의 발명에 비견할 만큼 환경을 바꿔놓을 수 있다. 구비에서 문자로의 전환은 문학 텍스트에는 필자의 이름이 기록되어야 하고, 그 자체로 완결된 것이기에 함부로 변형되어선 안 된다는 인식을 낳았다. 인쇄술의 발명과 근대적 조판은 이해하기 쉬운 문체, 정확한 문장을 사용하도록 이끌었다. 하지만 컴퓨터 글쓰기로 '누구나 작가가 될 수 있다', '텍스트는 자유로이 고쳐질 수 있다', '문학은 언어만의 것으로부터 풀려난다'는 인식이 생겼다. 아울러 김병익은 그 위험성도 우려하는데 문학의 민주화는 바람직하지만 문학의 저급화는 경계해야 하며, 문학이 열린 텍스트가 되어 수정이 자유로워지는 것은 흥미롭지만 작가의 아우라가 사라진다는 것은 슬픈 일이며, 문학이 언어에서 풀려나는 것은 새로운 가능성이지만 문학의 독자적 위엄을 잃어버리는 것은 인간 징신을 위해 비극적이라고 보았다.[7]

이후 전개된 상황을 보면, 그의 우려 섞인 기대가 모두 들어맞은 것은 아니다. 작가의 예외성, 텍스트의 완결성, 언어의 우위성에 관한 기성 인식은 여전히 공고했다. 그럼에도 PC통신을 통해 전에 없던 양상의 작품들이 등장했다. 서사 장르에서는 기성 문단과 달리 SF, 무협, 판타지, 추리, 연애물, 성애물들이 통신문학의 주역이었다. 이우혁의 『퇴마록』은 하이텔 '공포/5도' 게시판에 연재되던 판타지 소설로서 단행본으로도 나와 1,000만 부(전체 20권)나 팔렸다. 이영도의 『드래곤 라자』도 온라인에서 태어나 오프라인 책시장을 휩쓸었다. 영화《엽기적인 그녀》(2001)와《동갑내기 과외하기》(2003) 역시 나우누리에서 인기를 끌던 소설을 영화화한 경우다. 출판사의 발 빠른 편집장들은 하이텔이나 천리안의 문학동호회에 들어와서 아마추어 작가들의 연재소설을 살펴보며 출판 가능성을 타진했다.

'새로운 문학'은 도래하는가

잡지계도 통신문학을 주목했다. 신생 잡지인 『리뷰』의 창간 기획은 'PC통신, 그 한계와 가능성', 『오늘예감』의 창간 특집은 '누가 PC통신을 장악할 것인가?'였다. 이 밖에 『동서문학』 1994년 봄호, 『소설과 사상』 1994년 봄호, 『문학정신』 1994년 5월호, 『창작과 비평』 1996년 봄호, 『문화/과학』 1996년 봄호, 『오늘의 문예비평』 1997년 여름호와 겨울호가 전자적 글쓰기, 디지털 글쓰기, 컴퓨터 글쓰기에 관한 글들을 내놓았다.

　　이 방면에서 중요한 잡지는 1996년 창간된 『버전업』이다. 『버전업』은 '사이버문학'을 표방하는 통신문학 전문 계간지였다. PC통신비평 그룹 '버전업'이 통신공간 '버전업'과 계간지 『버전업』을 함께 내놓았다. 이용욱이 작성한 『버전업』의 창간사 「양치기 소년과 버전업」을 보자.

우리는 '통신문학'이라는 용어를 거부하고 통신공간 안에서 이루어지는 새로운 문학행위를 '사이버문학'이라 제안하고자 한다. 그리고 나아가 사이버문학은 현재형이 아니라 미래형이라 확신

한다. 사이버문학은 주변이 아니라 중심이 될 것이며, '위기'에 대한 '대안'이 될 것이다. (…) 사이버문학은 폐쇄적인 문단구조의 해체를 겨냥한다. 뿐만 아니라 이러한 문단구조를 시장경제의 원리로 위협함으로써 '범람'을 통한 문학의 가치하락을 주도해온 출판시장의 상업성과도 그 경계선을 분명히 한다. 사이버문학은 제도로서의 문학, 상품으로서의 문학이라는 현존하는 문학행위의 양 측면을 모두 해체하려는 새로운 도전이다. (…) 따라서 '사이버문학'은 단순히 통신망 내에서 유통되는 문학행위라는 매체적 요인이나 공간적 지엽성만으로 규정될 수 있는 것이 아니며, 오히려 문단제도와 출판시장에 의해 직접, 간접으로 억압되고 왜곡되어왔던 상상력과 정서의 '해방', 소통구조의 '다성성'을 통한 새로운 문학패러다임의 구축을 염두에 둔 이념적 지향태로 기능할 것이다.[8]

여기서 주목할 단어는 수차례 강조된 '사이버문학'이다. 이용욱은 사이버문학이 "단순히 글쓰기 환경 자체의 문제와 새로운 작가군의 출현의 담론적 기반에 국한되어지는" 통신문학을 넘어서는, "문학의 기저를 이루는 상상력의 문제에까지 전자언어가 삼투되어 들어감으로써 형성되어진 새로운 문학패러다임"[9]이라고 강조한다. 통신문학이 기존의 종이책을 대립항으로 설정하는 다소 협소한 범주라면, 사이버문학은 아날로그적 인식 방식 및 표상 체계와 대비되는 디지털적 세계이해 및 표상작용을 통해 기성의 문단을 해체하고 문학을 대중에게로 해방하리라는 것이다.

　창간호에 계간총평으로 실린 한정수의 「비트bit로 문학하기」도 옮겨보자.

사이버스페이스에서, 더구나 비트화된 문자를 통해 '문학한다는 것'은 따라서 매우 특별하다. 눅눅한 원고지와 만년필의 지사적志士的 부담감 따위는 없어도 좋다. 일정한 상상력만 준비되었다면 이후, 손끝의 세련된 달그락거림과 몇 가지의 디지털 작업을 통해 하나의 '문학작품'이 작성될 수 있다. 완성된 '문학작품'은 임의의 가상공간 속으로 신속하게 전송되며, 마침내 그것은 불특정 다수에 의해 동시다발적으로 검색된 후 적당히 처분된다. 아뿔싸! 문학이 '작성'되고 '전송'되고 '검색'된 후 '처분'되어야 한다니! 문학을 영혼과 바꿔야만 하는 무엇이라고 믿었던 파우스트들에게 뉴미디어 시대란 말법시대末法時代와 동의어다.

비트언어의 입말적 속성과 그로부터 비롯한 특유의 쾌활함은 '비트로 유통되는 문학'에서조차 동일하게 관철된다. 사이버스페이스는 바야흐로 '문학'을 고고한 권력의 반열에서 '언중言衆의 놀이터'로 다시 끌어내리는 통쾌한 모반의 선두에 섰다. 사이버스페이스에서는 실로 많은 사람들, 실로 다양한 사람들이 여하한 합법적(?) 등단 절차도 거치지 않은 채로 자신의 작품을 자유롭게 발표하고, 일단 발표된 작품은 역시 자유롭게 검색되고 운반된다 (즉 유통된다). 사이버문학은 '검증되지 못한 문학'이다. 따라서 '여기부터가 진정한 문학이다'라는 식의 편협한 검열질로부터도

통쾌히 열외된다.[10]

사이버문학론이 멈춘 자리

이렇게 기존 잡지, 신생 잡지가 대거 주목하여 통신글쓰기, 사이버문학을 둘러싼 논의가 고조되었다. 그 논점은 익명, 탈영역, 탈권력의 속성을 지닌 가상공간이 글쓰기에 미치는 영향에서부터 작가의 출현, 작품의 소통, 창작과 비평의 관계가 어떻게 변화할지 등에까지 걸쳐 있었다.

이 중 조금 더 짚어보고 싶은 논점은 리얼리즘에 관한 것이다. 가상공간이 비현실이 아닌 또 하나의 현실이라고 한다면, 현실의 본질을 규명하고자 했던 기존 문학의 이념태인 리얼리즘으로 새로운 시대의 리얼리티를 담아낼 수 있을 것인가. 가상현실의 도래 앞에서 문학적 상상력과 문학적 쓰기는 어떠한 형질변화를 겪어야 하는가. 『버전업』 1998년 여름호에서 김우필은 리얼리즘을 대신하고 버추얼리얼리티도 넘어선 사이버리즘을 제안했다.

리얼리즘은 모더니즘과 함께 20세기 문예미학의 핵심이며 소위 말하는 문학적 전통문법의 중심부를 지켜왔다. 그러기에 리얼리즘의 미덕을 만약 사이버문학이 포착, 발전시킬 수 있다면 그것은 곧바로 '본격문학'에 대한 최대의 저항이자, 위협이 될 것이다. 노쇠해진 것처럼 보이는 리얼리즘이 만약 사이버문학을 통해 새롭게 젊음을 되찾을 수 있다면, 그것은 앞으로 몇 년 뒤 맞게 될 21세기 문예미학에 대한 적극적 암시이자 포석이 될 것이다. 장은수가 지적한 버추얼리얼리티가 아닌 바로 리얼리티 그 자체를 필자는 사이버문학판 안으로 끌어들이고자 하며, 이러한 '아우르기'의 최종심급으로 필자는 '사이버리즘'Cyberism이라는 개념을 먼저 제안하는 바이다.[11]

또 하나의 논점은 가상공간에서의 실시간·쌍방향·광역 소통이 작가와 독자의 상호관계에 미치는 영향에 관한 것이다. 문학 체험에서 작가의 몫과 독자의 몫은 엄연히 다르며, 서로의 고유한 영역은 존중되어야 한다고 믿었던 것이 전통적 묵시다. 그런데 앞서 김병익이 예견했듯이 등단과 같은 기성 제도의 인정을 거치지 않고서도 누구나 쓰고 올릴 수 있고, 집필과 동시에 독자와의 긴밀한 소통이 이뤄지고, 그로써 텍스트는 끊임없이 고쳐 써지는 열린 공간이 된다면 작가와 독자의 위계, 나아가 경계는 사라지는 게 아닌가. 이로써 문단과 시장을 넘어선 문학이 구현될 수 있지 않겠는가.

문단제도 아래서 작가는 등단 절차를 거쳐 탄생한다. 시장 속에서 작품은 상품가치를 인정받아야 책으로 나올 수 있다. 그리고 독자는 소비자로서 구매하고 수용자로서 감상한다. 하지만 통신 게시판에는 자격도 절차도 상품기획도 없다. 이제 통신문학, 디지털문학, 사이버문학은 문학을 문단으로부터 해방시킬 것이다. 당시 논의는 여기까지 나아갔다.

하지만 이런 도전의식과 실험정신이 1990년대 말 이후 제대로 결실을 보지는 못했다.

『버전업』 봄호는 지난 호들에 비해 면수가 많이 줄었다. 특히 창작물들이 눈에 띄게 줄었다. 그러나 이는 요즘 만병통치약처럼 통용되고 있는 IMF라는 '내핍의 자기정당화 논리'와는 아무런 상관이 없다. 사이버문학을 표방한 『버전업』의 정체성을 분명하게 보여줄 만한 좋은 작품을 싣지 못할 바엔 공백으로 남겨두는 것이 차라리 정직하다는 판단에 따라 면수를 줄인 것뿐이다. 얇아진 『버전업』은 '이론'과 '작품'의 괴리라는 현 단계 사이버문학의 딜레마를 여실히 보여주고 있으며, 우리는 이 쓸쓸한 현실을 인정하고 겸허하게 받아들이고자 한다.[12]

『버전업』은 1998년 봄호에서 마음 같지 않은 현실을 쓸쓸히 인정했다. 그리고 이듬해 여름호로 사라졌다. 『버전업』만이 아니다. 1990년대 말과 2000년대 초에 걸쳐 지금까지 거론한 많은 잡지가 사라졌다. 잡지를 통한 통신글쓰기, 사이버문학에 관한 논의도 거기서 멈췄다. 하지만 "결국은 그렇게 끝났다"라는 허무한 서사로 남겨둘지, 아니면 "거기까지 사고했구나"라며 당시 논의로부터 사고과제를 건져낼지는 과거 잡지를 대하는 지금 독자의 몫이다.

인터넷 신문 그리고 포털의 시작

PC통신이 종이 잡지와 늘 경쟁관계에 있는 것은 아니었다. PC통신이 활성화되었다고 잡지에 대한 관심이 그만큼 줄어든 것은 아니었다. 통신글쓰기는 잡지글쓰기와 달랐지만 보완적 측면도 있었다. 양쪽을 오가며 활발해진 논의와 논쟁도 많았다. 하지만 인터넷 포털의 위력은 장기적으로 종이 잡지를 위기로 내몰았다. 숙주였던 PC통신도 먹어치웠다.

1990년대 말에서 2000년대 초 하이텔, 천리안 등 PC통신 업체들은 유료회원을 수익 기반으로 한 자신들과 달리 포털의 무료 서비스는 사업성에서 어려움을 겪으리라고 보았다. 그러나 실상은 달랐다. 인터넷 포털 시장을 선점한 다음, 네이버, 야후는 빠른 속도로 성장을 거듭했다. 한 시대를 풍미한 PC통신은 역사의 뒤안길로 점차 사라졌다.

통신문학, 사이버문학도 운명을 함께했다. 하지만 인터넷을 매개로 한 디지털 저널리즘은 이제부터가 시작이었다. 초기 인터넷 신문은 종이 신문에 실린 기사를 그대로 옮겨놓은 종속형 인터넷 언론이었다. 1995년 3월 2일 개통한 『중앙일보』의 조인스닷컴이 그 시발이고 『조선일보』, 『한겨레』, 『동아일보』 등도 줄줄이 홈페이지를 구축했다. 하지만 이른바 닷컴 신문은 모회사인 종합 일간지의 콘텐츠를 인터넷 공간에 옮겨놓았을 뿐 상호작용성, 멀티미디어성, 속보성 등 인터넷의 특징을 제대로 살리지 못했다. 1990년대 후반 인터넷 공간의 주변부에서 튀어

나온 이른바 독립형 인터넷 언론들은 전혀 달랐다. 1997년 11월에 창간된 『보테저널』은 개인이 디지털 공간에서 발간한 최초의 정기간행물로 알려져 있다. 천리안의 게시판에서 보테아저씨라는 닉네임을 쓰던 최진훈이 창간한 매체로서 비속어를 자유롭게 활용하고 사회를 직설적으로 비판하는 패러디로 큰 관심을 받았다. 열성 독자들이 직접 글을 기고하기도 했다. 『보테저널』 이후 『망치일보』, 『백수신문』, 『보일아동』 등 다양한 패러디 저널리즘이 이어졌다. 그중 가장 인기를 끈 것은 1998년 7월 김어준이 창간한 『딴지일보』였다. '딴죽'이라는 말에서 유래한 '딴지'와 신문을 뜻하는 '일보'를 결합해 제호를 만들었다. 『딴지일보』는 보수정당과 『조선일보』 등 기득권에 대한 도발적인 패러디, 조롱, 독설로 선풍적인 인기를 모았다. 창간일에 방문자는 두 명이었지만, 두 달이 지나자 100만 명이 넘었고, 창간 1년도 되기 전에 조회수 1,000만을 돌파했다.[13]

　『딴지일보』 현상을 두고 백욱인은 『당대비평』 1999년 봄호, 홍성태는 『문화/과학』 1999년 겨울호에 각각 「생산적 패러디를 위하여 —『딴지일보』를 보고」, 「웹진의 매력, 그 황홀한 가능성 —『딴지일보』의 경우」를 써서 성공 요인을 분석했다. 두 글이 공통적으로 주목한 지점은 『딴지일보』가 기존 언론이 보여주는 (객관성과 엄숙성을 가장한) 가식성을 떨쳐내고, 울분과 불만과 조롱의 형식으로 배설되던 B급 풍자 언어들을 공식 석상에 대거 유통시켰다는 것이다.[14] 『딴지일보』의 탄생과 성공은 인터넷 정보기술의 혁신, 괴짜이며 불온한 김어준이라는 개인, 시대풍자의 비틀기 언어, 기성 정치에 대한 염증, 대중들의 스트레스 해소 욕망이 만나 이룩한 미디어 혁명이었다.

그리고 『딴지일보』가 창간된 이듬해인 1999년이 중요하다. 『대자보』, 『세이월드』, 『넷피니언』 등 독립형 인터넷 신문들이 대거 등장했다. 그중 1999년 1월 창간된 『대자보』는 나우누리, 하이텔 등의 통신에서 개혁적인 목소리를 내던 논객들이 모여 만든 칼럼형 뉴스사이트로서 "인터넷의 고유한 특성인 쌍방향성에 입각해 이 땅의 정보 공유를 앞당기고 전자 민주주의를 구현하는 데 선도적 역할을 담당"하겠다고 선언했다. 『대자보』는 심층 비평 기사를 통해 가벼운 패러디 저널과의 차별화를 꾀했으며, 진보와 개혁을 앞세운 대표적인 대안언론으로 평가받았다. 이후 『서프라이즈』, 『브레이크뉴스』 등이 나와 인터넷 논객 사이트의 원조가 되었다.

1996년 6월에는 국내 최초라고 알려진 문화비평웹진 『스키조』가 창간준비호를 내놓았다. '스키조'는 정신분열증이란 뜻이다. 창간준비호는 동성애, 창간호는 민족주의, 2호는 반과학기술주의를 특집으로 내놓으며 매달 특정 이슈에 집중해 사회적 통념에 도전했다. 이후 1년 반 사이에 웹진은 200여 개로 폭증했다. 1999년 6월에는 사회비판웹진 『더럽지』가 등장해 기존 미디어에서 다루지 않았던 논쟁적 의제들을 꺼냈다.

1999년 10월에는 시민기자제도를 본격 도입한 『뉴스보이』가 등장했다. 기성 언론이 보도한 사실을 재료로 삼아 풍자나 논평을 하는 형태를 벗어나 자체적 취재를 진행했다. 그리고

1999년이 끝나기 전 12월, 뉴스게릴라들의 뉴스연대와 시민기자를 표방한 『오마이뉴스』가 인터넷에 올라왔다. 정식 창간은 2000년 2월 22일 2시 22분이었다. 『말』지 기자를 그만두고 『오마이뉴스』를 만든 오연호는 이렇게 선언했다. "20세기 언론문화와의 철저한 결별을 선언합니다. 우리는 신문의 생산·유통·소비문화를 한꺼번에 바꾸려 합니다. 모든 시민은 기자입니다." 다양한 직업의 시민기자들이 생활현장에서 알게 된 사실들을 기사로 올리는 '뉴스게릴라제도'는 『오마이뉴스』의 차별화에 크게 기여했다. 기사에 댓글을 달 수 있게 해서 쌍방향 소통을 꾀하는 댓글제도도 도입했다. '열린 진보'를 표방하고 뉴스 소비자를 직접 생산자로 참여시킨다는 발상의 전환은 큰 호응을 얻어 『오마이뉴스』는 2000년 11월 『시사저널』지 선정 '매체 영향력 10위'에 이름을 올렸다.

하지만 권력은 포털로 서서히 넘어가는 중이었다. 한국에서는 1997년 야후를 시작으로 포털 사이트 서비스가 시작되었다. 이후 다음, 네이버, 드림위즈, 엠파스, 네이트 등이 개설되었다. 포털 사이트가 뉴스시장에 진입한 것은 1998년이었다. 포털 사이트에서 사람들은 검색을 통해 광범위한 정보를 얻고, 특정 이슈를 두고 여러 사람과 의견을 나눌 수 있었다. 기성 미디어에서는 해보지 못한 체험이었다. 포털 사이트가 대세를 장악하는 결정적 계기는 2002년 한일월드컵이었다. 이해에 네이버는 지식인(iN) 서비스를 시작하고 공격적인 마케팅 전략을 펼쳐 2004년에는 야후를 제치고 1위 포털 사이트로 자리매김했다.

이 무렵부터 포털은 한국 디지털 생태계에서만 찾아볼 수 있는 독특한 포식자로 자리 잡았다. 인터넷 활동 대부분이 포털에 의존하게 되면서 비영리 목적으로 이뤄지던 인터넷상의 실천들이 시장교환 체계 속으로 편입되었다. 정보를 습득하는 인지적 행위, 호혜적인 정보 교환 행위, 정치적 토론 행위 등은 포털이 만들어놓은 상업적 공간 속에서 트래픽을 증가시키고 잉여가치를 창출하는 소재로 변환되었다.

지식인,
흔들리고 갈라지는

08

냉전문화이래시, 1990년대

적이 사라진 시대의 지식인

이들은 "위기의 사실을 인정하고, 그것을 제대로 인정하라. 내가 새로운 대안을 제시할 것이니 들어보라"고 외친다. 그러나 이들은 어제 자신이 한 말과 오늘 한 말이 다르다는 것에 대해 한마디 변명도 없이, 끊임없는 자신의 항해에 몰두해 있다. (…) "나의 고민이 곧 세계의 고민"이라고 자랑했던 서구의 지성들에게 이러한 자세는 문제될 게 없었다. 그러나 보편의 중압감에 눌려 살면서 끊임없이 자신을 그것에 맞추려 해온 우리의 슬픈 역사 속에서 볼 때 이런 지적 항해는 우리를 언제나 꽁무니만 쫓아가는 주변적인 존재로 남겨둘 것이다. 인간은 언제든지 자신이 풀 수 있는 문제를 제기할 때만 역사의 진보를 앞당길 수 있기 때문이다. (…) "지식인이란 어떤 면에서 다리가 없고, 머리만 존재하는 불구자"란 말이 지금처럼 실감있게 와닿던 시기도 없었던 것 같다. 즉, 지식인은 세상 사람들과는 달리 발을 통해서 머리를 움직이는 것이 아니라, 머리를 통해 발 디딜 곳을 찾는 기형적 인간인 셈이다. (…) 발로 고민하고 발로 느끼는 사람들에게 머리로 훈계하니 그 훈계가 먹혀들어갈 리 있겠는가? 정치가에게 능멸당하고 관료에게 우롱당하는 교수님, 운동 세력을 힘 빠지게 하는 '이론가', 강단에서만 소리 높이는 맑스주의자. 대체로 이런 모습으로 나타날 수밖에 없지 않을까.[1]

1990년대는 변화의 시대였고 지식인 자신에게도 그러했다. 민주화 이후 한국사회가 냉전의 종식과 소비주의화 그리고 세계화, 정보화, 신자유주의화를 거치는 가운데 지식인 또한 자기 존재를 다시 규정할 필요가 생겨났다. 잡지계에서도 여러 양상의 지식인론, 지식인비판론이 개진되었다. 인용문은 1992년 시점 지식인을 향한 김동춘의 성토인데, 지식인들의 거대 담론증과 청산주의를 신랄하게 문제 삼고 있다.

어떠한 맥락일까. 1980년대 중후반 한국의 비판적 지식인들은 군사파시즘의 억압 상황에 맞서기 위해 불과 수년 사이에 네오마르크스주의에서 마르크스주의로 사회주의 이론사를 거슬러 오르며 이론적 무장을 했다. 하지만 동구 사회주의권이 무너지자 그들은 마르크스주의 노선에서 급격히 이탈했다. 그럼에도 거대 담론 애호는 사라지지 않았다. 더구나 김동춘이 보기에는 그 경향이 청산주의를 내포하고 있었다. 철학을 현실화하는 게 아니라 현실을 철학화하고, 실천적으로 개입하면 다소나마 실효를 거둘 수 있는 상황에서 추상적으로 사유한 나머지 전면적 회의를 내비치며 자기만족적 관념에 빠져 있는 모습, 1990년대 초반 김동춘은 사회주의권 몰락 이후 지식인에게서 그것을 본 것이다.

시간을 10년 건너뛰어 2001년, 강수택은 『다시 지식인을 묻는다』를 출간해 해방 이후 한국사회에서 제출된 바 있는 지식인론을 시대별로 검토했다. 1950년대의 '창백한 인텔리'로 상징되는 도피적 지식인상, 1960년대의 근대화 인텔리겐치아론과 비판적 인텔리겐치아론으로 양분된 참여적 지식인론, 1970년대 민중적 지식인론, 1980년대 마르크스레닌주의와 접목된 진보적 지식인론, 그리고 1990년대 포스트 담론 및 시민사회론의 영향하에서 등장한 새로운 비판적 지식인론 등 시기별로 대표적인 지식인상을 추적했다.[2]

이처럼 10년 단위의 시대 변화에 따라 지식인상이 달라졌다는 서술은 역사적 사실에 얼마나 부합하는지를 떠나 1990년대를 거치며 지식인상이 분화하자 이전 시기들을 소급적으로 되돌아본 정리 방식일 것이다. 사실 같은 시대에도 여러 지식인상이 각축한다. 보통 주류는 상징자본과 문화자본을 갖춘 교수, 관료, 언론인, 의사, 변호사 같은 기능적 지식인이다. 그들은 학벌연고주의를 통해 한국사회의 각 영역에서 엘리트 재생산구조를 형성하고 있다. 다른 한편에 민중을 위해 헌신하는 저항적 지식인이 있다. 저항적 지식인은 문인과 지사를 존중하는 문화 전통과 식민통치-군부독재로 이어진 근현대사 과정에서 생겨난 지식인상으로서 20세기 내내 이어져왔다. 이들은 대항할 힘도 발언할 지식도 부족한 민중들이 강권자에게 억눌려 있을 때 이들을 대변하는 사회적 책무를 짊어진다. 하지만 1980년대 후반 민주화를 거치며 큰 적이 사라지고, 민중이 다양한 이해집단인 시민으로 분화되고 발언할 지식과 자유를 확보하게 되었을 때 저항적 지식인은 무엇을 해야 하는가. 이것이 1990년대 사상계에 던져진 한 가지 물음이었다.

지식인상은 왜 변화했는가

1990년대 지식인의 자기 규정은 1980년대 지식인상과의 일정한 결별을 내포하고 있었다. 김진균은 1980년대를 "위대한 각성의 시대"라고 불렀다.[3] 1980년대는 민중을 계급 주체로서 재발명한 시대였으며, 민중과 함께하고 민중을 대변해서 반독재·민주화에 헌신하는 지식인상이 입지를 굳힌 시대였다. '비판성'과 '실천성'을 갖춘 저항적 지식인은 경제개발에 기능하고 정권에 편입해 체제를 옹호하는 기능적 지식인과 대척적인 존재였다.

1980년대에 저항적 지식인 집단은 복수의 경로를 통해 형성되었다. 먼저 1970년대 유신 체제에서 자유언론실천을 주창하다가 『동아일보』, 『조선일보』 등에서 해직당한 다수 언론인이 투쟁위원회를 조직했다. 1974년에는 문학탄압 속에서 '자유실천문인협의회'가 결성되었다. 그리고 역시 결정적 사건은 광주항쟁이었다. 광주항쟁은 1980년대 지적 조류의 향방을 결정했을 뿐 아니라 지적 주체를 형성하는 모태가 되었다. 1980년 5월 광주항쟁의 여파로 70여 명에 이르는 교수가 해직당했다. 1970년대 중반 유신 체제에 반대한 교수들의 1차 해직사태에 이은 두 번째 대량 해직사태였다. 해직교수들은 해직교수협의회를 설립하고 1984년 복직 이후에는 복직교수협의회로서 활동을 이어가다가 1987년에는 시국교수협의회를 만들어 힘을 결집했다. 또한 저항적 지식인은 노동현장에 몸담았거나 노학연대에 헌신했던 학출활동가, 반독재민주화운동을 거치며 형성된 재야인사로부터도 공급되었다.[4] 대학 바깥에서 저항적 지식인은 민중론·민중사·민중사회학·민중신학 등 민중주의 학문을 개척하고, 개인의 업적주의를 지양해 공통된 목적의식에 기반하는 학문공동체를 일궈냈다. 그리고 해직언론인이 운영한 출판사는 진보적 담론의 확산을 위한 물적 토대를 제공했다.

1980년대는 1970년대의 낭만적 운동 시기를 벗어나 이른바 '과학적' 운동이 강조되고 한국사회과학이 꽃피운 시대였다. 그만큼 지식인들의 사회참여가 활발하고, 한국사회성격논쟁 같은 지식인들의 논의도 뜨거웠다. 저항적 지식인은 현실참여적일 뿐 아니라 현실을 바꿔내는 선도적 존재라는 자기의식을 가질 수 있었다.

하지만 1990년대로 넘어가자 1980년대 지식인상은 유지되기 어려워졌다. 사회주의권 해체로 사회의 구조적 모순을 꿰뚫는 마르크스주의의 적합성과 그에 기반한 이론적 실천에 대해 더 이상 희망을 품고 있을 수 없었다. 더욱이 민주화를 거쳐 시민사회가 성장하고 다양한 언로가 확보되자 위임의 필요가 줄어들었다. 나아가 대중매체 보급과 통신수단 발달로 지식 획득 비용이 낮아지면서 대중은 지식인 집단의 우월성을 전처럼 자명시하지 않았다. 발언할 지식과 방법을 갖추게 된 대중은 더 이상 민족의 나아갈 길을 가리키는 안내자, 민중을 해방시키는 선도자로서의 지식인을 필요로 하지 않았다. 이제 지식인들은 권위주의적 정치권력과 맞설 수 있도록 대중이 부여한 대변인 지위를 반납해야 할 때가 되었다.

지식인 자신도 전망이 불투명해진 가운데 지적 혼돈에 빠졌다. 『문학과 사회』 1994년 겨울호는 지상 토론 '한국 지식인의 위상과 역할'을 개최했는데, 이 자리에서 정과리는 「벌거숭이 지식인」을 통해 지식인들이 정치 앞에서의 위기, 대중 앞에서의 위기, 기술 앞에서의 위기라는 3중의 위기에 직면하고 고뇌의 빈곤, 논리의 빈곤, 현실성의 빈곤, 수의 빈곤이라는 4면의 빈곤에 빠져 있다고 자성했다.[5]

한편 소비사회로의 본격적 진입을 거치며 학계의 젊은 연구자군은 계급 문제와 경제적 착취라는 딱딱한 사회현실보다는 부드러운 문화 현상에 관심을 기울이는 경향이었다. 그들이 제기한 신세대론이나 민족·민중문학 비판론은 계급 분석에 기초한 사회이론과의 결별을 의미했다. 그들은 저항적 지식인의 이상과 거기에 내포된 지식과 실천 간의 유기적 관계도 함께 거부했다. 거기에 김영삼 정권 들어 세계화 담론이 풍미하자 기성 지식인들도 세계화와 시장질서 속에서 어떻게 국가경쟁력을 기를 것인지를 주요 쟁점으로 삼게 되었다. "한국사회는 무엇이 문제인가"보다 "한국은 어떻게 일류국가가 될 수 있는가"가 화두였다. 일각에서는 자본주의, 민주주의, 계급, 국가, 노동운동, 빈곤, 통일 등을 이야기하면 "아직도 그런 것을 논하나"라는 눈총이 따랐다. 가령 1996년 OECD 가입은 정책적 결정 이전에 학계에서 제대로 논의해야 할 쟁점이었으나 대우경제연구소의 「한국에서 멕시코 사태 가능성 진단」 같은 보고서 말고는 자본시장이 개방될 경우 무슨 일이 일어날지를 냉철하게 파고드는 논의도 논문도 거의 찾아볼 수 없었다.[6]

시장경쟁력과 신지식인

그러다가 엄청난 위기가 정말로 터지고 말았다. IMF 사태는 일반 사회와 더불어 지식 사회에도 큰 당혹감을 안겼다. 송호근은 "IMF 사태를 겪는 한 지식인의 변명"을 부제로 단 책에서 "IMF 사태와 국가부도의 위기를 아무런 예측과 준비 없이 맞게 되었음은 '한국사회과학의 대실패'일 뿐 아니라 사회과학을 하는 사람의 존재 이유까지도 무너뜨리는 엄청난 일"이라고 자괴했으며,[7] 손호철은 "한국의 사회과학은 외환위기로 표상되는 최근의 위기의 진단 예측에 실패함으로써 비판을 통한 사회의 '조기경보장치'로서의 제구실을 전혀 하지 못했다"면서 1990년대의 한국사회과학은 "사회의 건강한 부위보다 문제점을 지적하고 비판하는 것, 비판을 통해 사회에 자기정정의 기회를 제공하는 일종의 의사적 임무"를 포기해왔다고 반성했다.

이는 ①한국사회와 마찬가지로 보수 일변도의 반쪽 사회과학이 지배해온 80년대 이전의 '전통적 시기', ②80년대와 90년대 초까지의 진보적 사회과학의 폭발기에 이어 ③소련, 동구 몰락과 함께 찾아온 90년대 사회과학, 즉 '포스트post 민중적 사회과학기'의 특징과 밀접한 관련이 있다.

특히 이는 소련, 동구 몰락 이후 때를 만난 듯 목소리를 높이며 우리 사회를 미화하기에 바빴던 보수적인 주류 사회과학의 헤게모니에 가장 큰 책임이 있지만 이에 못지않게 과거의 비판적 사회과학의 합리적 전통까지도 내동댕이쳐버리고 청산주의의 입장에서 포스트주의의 새로운 유행의 설교자로 변신한 첨단주의자들, 나아가 과거 좌파의 입장을 고수하면서 변화하는 현실에 대한 설득력 있는 구체적인 분석을 내놓지 못한 '전통좌파'들 모두에게 해당된다고 하겠다.[8]

　　IMF 사태는 비판적 지식인의 자기성찰을 요구하는 한편, 그들과 대척적인 지식인상도 탄생시켰다. 이름하여 '신지식인'이었다. 이것은 지식계나 시민사회가 아닌 정부발 지식인상이었다.

　　신지식인이라는 개념은 1998년 12월 4일 열린 제12차 경제대책조정회의에서 「신지식인」의 필요성과 사례」가 보고된 이후 사회적으로 회자되었다. 김태동 청와대 정책기획수석은 신지식인을 "지식을 활용하여 부가가치를 능동적으로 활용하는 사람, 기존 사고의 틀에서 벗어나 새로운 발상으로 자신의 일하는 방식을 개선·혁신한 사람"으로 규정했으며,[9] 김대중 대통령은 보고된 신지식인 사례를 높이 평가해 이를 적극 홍보하도록 지시했다. 이에 12월 8일에는 대통령 정책기획비서실 정책비서관이 반장, 정부 각 부처의 담당국장이 구성원, 정보통신정책연구원이 전담기관이 되는 범정부 차원의 '신지식인운동추진반'이 짜여 정보통신부를 중심으로 '신지식인 운동'을 추진했다.

김대중 정부가 제안한 신지식인의 핵심 개념은 '가치 창출'과 '생산성 향상'이었다. 비판적 지식인상이나 인문적 지식인상은 경쟁력을 상실한 '구지식인'으로 격하되고, 신자유주의 이데올로기를 체현하고 시장경쟁력을 갖춘 지식인상이 새로운 시대에 걸맞은 지식인으로 승인되었다.

지식계에서는 반발의 목소리가 만만치 않았다. 김동춘은 신지식인론은 통치 헤게모니가 국가에서 자본 측으로 이전되었음을 보여준다며 "신지식인운동은 '지식인'의 개념을 새롭게 정의함으로써 '이성'과 '계몽'과 '공동체'를 압박하려는 신자유주의의 공세"라고 규정했다.[10] 전상인도 신지식인론은 "비판적 이성이 거세된 '전문가 지식인' 양성으로 지식사회를 순치시키려는 거시적 사회기획의 일환"이라고 판단했다.[11] 문성학 역시 "관제 국민 가요"라고 일축했다.[12]

신지식인론은 국가가 일방적으로 지식인상을 들이밀고, 앞장서서 지식인 집단의 상징적 지위를 끌어내린다는 혐의를 풍겼기에 지식계에서는 비판이 거셌고, 심형래 감독을 1호 신지식인으로 선정해 화제가 된 것 말고는 별다른 구체적 성과도 내지못했다. 하지만 돌아보면 이 소요는 지식인 사회가 재편되는 서막이었다. 서동진은 신지식인운동이 이데올로기적 동원에 실패하고 지식인 집단으로부터 경멸을 샀지만, 지식 기반경제의 주체성이란 무엇인가를 표상하는 담론 공간을 열어놓았다는 점에서 이후 다양한 통치 프로그램이 받아들여질 수 있는 터전을 닦아놓았다고 평가한다.[13]

전투적 지식인의 출현

1990년대 후반에는 또 다른 지식인 조류가 등장했다. 이들은 언론에서 소위 '전투적 지식인', '게릴라 지식인', '아웃사이더 지식인', '언더그라운드 지식인' 등으로 불렸다. 이들은 논객을 자처하고 개성과 상상력을 밑천 삼아 '전투적 글쓰기'로 첨예한 논쟁을 일으켰다. 그 비평 대상은 보수기득권, 연고주의, 패거리주의 등의 권력 문제였는데, 학벌주의와 논문중심주의에 빠진 지식인 사회도 예외는 아니었다.

　이 전투적 지식인, 아웃사이더 지식인의 주장, 그들을 둘러싼 논의를 살펴보기에 앞서 소개해야 할 잡지가 『현대사상』, 『인물과 사상』, 『아웃사이더』다. 등장 순서대로 보자면 『현대사상』은 1997년 봄, "현실과 소통하는 지식인 문화의 열린 장"을 슬로건으로 내세우며 계간지로서 창간되었다. 『현대사상』은 대중의 압력 또는 유혹에 거리를 두는 "독립적 지성지 또는 인디펜던트저널"을 지향하고 지식인의 지식인성 문제에 천착했다. 사실 『현대사상』은 특별증간호 '1998 지식인 리포트'가 더 유명했다. 짜임새는 권두에 매 주제에 어울리는 지식인들을 불러 좌담을 꾸리고, 2부와 3부는 각 개인의 글을 싣는 형태였다. 총 3권이 나왔는데 그 내용을 살펴보면, 1권에서 소위 '아웃사이더 지식인'으로 총칭되는 자유주의자들의 좌담을 내놓으며 "지식 사회에 속해 있으면서도 아카데미즘의 고민과는 다른 방향으로 사유해온 이들의 생생한 목소리와 지식 사회의 중심이라고 할 수 있는 대학의 고민들을 교차시키려"[14]고 기획했다고 밝힌다. 2권 제목은 "좌파들의 목소리"로 마르크스주의 후퇴가 분명한 시점에 좌파 지식인들의 자성 어린 목소리를 듣고 있다. 3권 주제는 "지식 게릴라"이고 권두좌담은 "또 다른 지식인 문화를 찾아서 — 삐딱이 정신에서 틈새주의까지"였다. '다르다', '삐딱이', '틈새주의', '불협화음', '탈주' 등이 전복적 지식인에 관한 수식어로 쓰였다.

이어서 『인물과 사상』이다. 『인물과 사상』은 1997년 1월 계간지 형식의 강준만 1인 저널리즘 매체로 시작했다가 1998년 4월 창간준비호를 시작으로 월간지로 전환한다. 강준만은 '출판의 언론화'를 꾀했다. 현장성과 기동성이 부족한 책의 한계와 일간지 중심 속보저널리즘의 한계를 동시에 극복하는 대안으로 새로운 형식의 잡지 개념을 창안해 이를 '저널룩'이라 불렀다. 월간으로 전환되며 강준만이 작성한 「'지식 권력' 교체는 불가능한가?」에는 『인물과 사상』의 3대 목표가 제시되어 있다.

첫째, 언론의 오만과 방종을 응징합니다. 이념과 정치적 성향은 얼마든지 다를 수 있으며 우리는 남의 이념과 정치적 성향을 존중해야 할 것입니다. 우리가 문제 삼아야 할 것은 최소한의 도덕성입니다. 언론의 위선, 기만, 월권, 음모를 비판하고 바로잡아야 할 것입니다.

둘째, 지역차별, 학력차별, 성차별, 장애인 차별 등 모든 종류의 부당한 차별에 대해 투쟁합니다. 차별에 대한 문제의식조차 없이 차별에 대해 침묵하는 언론과 지식인들을 비판합니다. 지금 우리 사회엔 구체적인 차별을 외면하면서 추상적인 사회정의를 역설하는 사람들이 너무 많기 때문에 그런 비판은 반드시 필요하다고 봅니다.

셋째, 성역과 금기가 없는 실명비판의 문화를 우리 사회의 주류문화로 정착시킵니다. 우리 사회에서 권리만 누릴 뿐 책임은 전혀 지지 않는 유일한 집단이 바로 지식 권력입니다. 언론은 상호비판을 금기시하는 이른바 '침묵의 카르텔'을 형성해 우리 사회의 패거리 문화를 유지시키는 주범입니다. 그 카르텔을 반드시 깨부수겠습니다.[15]

격월간 비평전문지 『아웃사이더』는 1999년 11월에 창간되었다. 『아웃사이더』는 『인물과 사상』처럼 '성역 파괴의 글쓰기'를 위주로 한 논쟁적 잡지였지만, 인물보다는 텍스트와 콘텍스트를 아우르는 문화와 사회의 구조에 시선을 집중했다. 그리고 강준만이 자유주의자를 자처했다면, 『아웃사이더』 편집위원들은 좌파라는 자기규정을 공유하고 있었다. 더구나 국가주의와 민족주의에 대해 비판적 시각이 투철한 좌파였다. 『아웃사이더』의 지면은 특이하게 거의 연재물로 채워졌다. 창간호는 편집위원들과 외부 필자들의 연재물 열세 꼭지 ─「세느에서 한강까지」(홍세화), 「문학이 삶에게」(김정란), 「진병장의 진중일기」(진중권), 「이념의 속살」(임지현), 「홍월이의 개소리」(홍월이), 「김영진과 영화 속으로」(김영진), 「여마의 미디어 서핑」(노엄화), 「아웃사이더를 찾아서」(김규항), 「그 신문의 20년」, 「최호철의 생활그림」(최호철) 등으로 짜였다.

『비평과 전망』 2001년 하반기호는 '참호 속의 지식인들'이라는 특집을 마련해 「모반의 언어, 혹은 성聖과 속俗의 사이에서: 도올철학의 발생론적 의의」, 「지식인들의 지식인: 강준만론」, 「'똘레랑스'의 밀알을 심은 비판적 지식인: 망명자 지식인 홍세화의 실천적 글쓰기에 대해」, 「생명사상과 가치의 전도: 김지하와 91년 5월에 대한 단상」을 수록하여 네 지식인에 주목했다.

이 중 강준만에 관한 내용을 살펴보자. 김상철은 「지식인들의 지식인: 강준만론」에서 강준만을 '지식인들의 지식인'이라 명명했다. 지식인의 담론과 실천을 비춰보는 거울로서의 역할을 하고 있다는 것이다.[16] 강준만은 확실히 지식인 사회에서 열광과 냉소라는 양극단의 평가를 일으켰다. 거기에는 문체적 특징도 작용한다. 이른바 '강준만식 글쓰기'는 실명비판을 취해 대상자에게 모욕감을 안기는 독설로 평가받기도 했다. 강준만의 실명비판이 점점 치열해지자 비판과 반박과 재반박이 일종의 말꼬리 잡기식으로 번져가고 가십화되어 '선정적 상업주의'라는 딱지가 붙기도 했다. 강준만과 논쟁을 벌이던 홍윤기는 "강준만은 타도나 응징이나 적발이 아니라 모욕에 너무나 많은 지면과 정력을 소모하고 있다"[17]고 비판했으며, 권성우도 "격문이라고 주장할 정도의 직설적인 비판이, 대화를 염두에 둔 비판보다, 더욱 소중한 논쟁의 성과를 획득하고 상대방의 모순을 제대로 드러낼 수 있을까"[18]라고 지적했다.

비판의 문체보다 더욱 첨예한 대목은 비판의 대상이었다. 강준만은 학연, 지연, 혈연을 동원해 이해관계로 뭉친 기득권의 카르텔과 위선적 문화권력을 주로 공략했다. 강준만의 유격전 중 가장 유명세를 탄 것은 '『조선일보』 제몫 찾아주기'였지만, 그의 창끝은 보수세력과 진보진영을 가리지 않아 우군이 될 수도 있는 개인과 집단을 적으로 만들기도 했다.

'전투적 논객'으로 회자된 또 다른 인물은 김정란이다. 그는 1990년대 문학계에서 상징주의와 초현실주의를 중시하던 시인이자 문학평론가였다. 그런 그가 "문학생산이 문예지 중심에서 출판사 중심으로 옮겨가면서 문학논리가 출판논리(상업성)에 포섭되었다"[19]고 문제 삼자, 그것은 내부 고발자의 목소리처럼 들렸다. 그는 1990년대에 들어 중심의 와해 속에서 각각의 문학

진영이 시장논리에 좌우되는 출판시장으로 내몰렸으며, 비평가가 여기에 편승해 문학적 역량이 검증되지 않은 젊은 스타 작가들을 양산하고, 이것이 한국문학의 부실화를 초래했다고 짚었다. 그런데 문학계의 관행을 내부에서 인지하고 있던 그가 작가로서 지닌 상징자본의 파산을 각오하고 구체적인 출판사와 매체 간의 유착 문제를 꺼냈다면 그 효과는 다를 수밖에 없었다. 그는 『조선일보』의 문화면을 문학동네의 신간이 자주 장식하고, 『조선일보』가 주관하는 동인문학상 심사위원에 『문학동네』 편집위원이 포함되곤 한다는 사실을 거론하며 둘 사이의 유착 관계를 꼬집었다. 이로 인해 빈축도 샀다.

'전투적 글쓰기'를 둘러싼 논쟁에서 부상한 또 한 명의 논자는 진중권이다. 그의 주된 공격 대상은 그의 표현에 따르면 '파시스트'였다. 그는 우파 지식인과 문인의 텍스트 ─ 조갑제의 『내 무덤에 침을 뱉어라』, 이인화의 『인간의 길』, 이문열의 『선택』, 박홍 등의 『레드바이러스』, 김진명의 『무궁화꽃이 피었습니다』를 그의 전매특허인 인용과 반박, 풍자와 야유로 해체했다. 상대방이 펼치는 논리의 자가당착을 집어내거나 상대방이 사용한 언어를 집요하게 물고 늘어져 상대의 창을 이용해 상대를 찌르는 식이었다.

김정란, 진중권과 함께 『아웃사이더』를 창간한 사람은 김규항, 홍세화다. 먼저 김규항은 1998년부터 쓴 칼럼들을 모아 2001년 『B급 좌파』라는 책을 냈는데, 'B급 좌파'는 그를 가리키는 대표적 별칭이자 정체성이었다. 그는 자신의 표현으로는 '순혈주의 좌파'와 거리를 두었으며, 그의 전투적 글쓰기는 좌파진영, 좌파엘리트도 겨냥했다. "그들이 진보운동에 미치는 좀 더 치명적인 해악은 청년들이 진보운동에 접근하는 것을 차단하는 것이다. 요컨대 그들은 그들의 주장과 행태를 통해 90년대 이후 청년들이 진보운동에 대해 두 가지 편견을 갖게 했다. 하나는 '진보운동이, 이제 끝났거나 더 이상 필요하지 않다'는 것이고, 둘째는 '진보운동에 투신하는 사람들은 결국 그것을 제 일신의 안위를 위해 사용한다'는 것이다."[20]

　홍세화는 한국사회에서 묵과되는 온갖 관행화된 불합리성과 여전히 건재한 극우보수주의 이데올로기를 강도 높게 비판했다. 그가 비판하는 각도와 내용은 "이방인이되 엑스트라 이방인이었고 또 삼중의 이방인"[21]이란 자신의 실존적 조건과 무관하지 않았다. '삼중의 이방인'이란 남조선민족해방전선 사건으로 한국을 떠나야 했으며, 망명지인 프랑스 파리에서는 아시아계 이방인이었으며, 간첩활동 혐의로 망명지의 한국인사회에서도 배척받아야 했던 사정을 가리킨다. 이러한 '삼중의 이방인'에 대한 자의식은 그로 하여금 한국사회와 비판적 거리를 확보하고, 한국사회에 누적된 갖은 모순을 직시하도록 이끌었다.

　끝으로 박노자를 거론할 필요가 있다. 그의 본명은 티코노프 블라디미르이며, 소련 출신의 역사학자로서 2001년에 귀화했다. 그는 1990년대 후반 대한민국 사회에 만연한 국수주의, 쇼비니즘, 파시즘을 파헤쳤다. 양심적 병역 거부, 인종주의 같은 사회문제도 선구적으로 다뤘다. 그는 홍세화와는 또 다른 외부적 시각으로 내부의 문제들을 깊게 파고들었다. 그 논고들을 모은 『당신들의 대한민국』(2001)의 논제는 글제목으로 보면 이렇다. 「전근대적이고 극단적인 '우상숭배'」, 「사대주의와 멸시가 공존하는 사회」, 「한국의 종교와 패거리 문화」, 「아직도 폭력이 충만한 사회」, 「'진보' 꺼풀 속에 숨은 근대성」, 「대학교수, 또 하나의 코리안 드림」, 「상아탑에 드리워진 망령들」, 「한국 민족주의의 진면목, 국가주의」, 「일그러진 증오와 멸시의 논리」 등.

1990년대 말, 2000년대 초에 이러한 전투적 지식인, 아웃사이더 지식인들은 기존 지면을 활용하거나 새롭게 매체를 만들어 활동하며 기득권의 카르텔, 대중의 국수주의, 언론의 보수주의, 지식계의 허위의식을 세차게 공격했다. 이에 대해 보수언론은 '지식인사회 위기론'을 펼치며 반격에 나섰다.

2001년 『중앙일보』는 "우리 지식사회는 정파적 논쟁으로 지난여름을 뜨겁게 보냈다. 그러나 그 논쟁이 남긴 것은 지식사회의 위기였다. 지식을 정파적 무기로 삼아 벌어진 비판과 반비판은 지식사회가 존립하기 위한 최소한의 바탕을 무너뜨린 결과만 낳았다. 이런 우려와 함께 이제 지식사회는 '성찰'이라는 화두를 자기 자신에게 던지고 있다"[22]라고 기획 취지를 밝히며 연재기획 '위기의 지식사회에 묻는다'를 내놓았다. 『중앙일보』는 오늘의 지식인 사회의 논의들이 천박하고 폐쇄적이며 비지성적으로 전개되고 있다고 비판한다. 그 핵심은 '양극화' 혹은 '편가르기'에 대한 우려였다. 그리고 1990년대 이래 혁명적 거대 담론의 해체라든가 신자유주의의 지배 이후 지식인 사회의 무력화와 지식의 상품화를 그 원인으로 들었다. 현실적으로 무력화된 지식인들이 일종의 인정투쟁으로서 선정주의적 행태를 보인다는 것이다.

같은 해 『조선일보』도 '위기의 지식인사회'라는 지상캠페인을 전개했다. 당시 『조선일보』는 격렬해진 이념적·정치적 공방의 주요 당사자였다. 머리기사 제목은 "긴급진단/위기의 지식인 사회: '동지 아니면 적' 극단적 편가르기"였고, 첫 번째 글은 이진우가 쓴 「자기 무덤 파는 양극화」였다.

지식인은 언제부터인지 우리에게 싸움꾼으로 인식되고 있다. 방향 없이 질주하는 속도의 시대에 '납득할 수 있는' 역사적 방향을 설정하고, 끊임없이 분화하는 탈중심 사회에 '합의할 수 있는' 중심을 잡아줄 수 있는 이성적 지식인은 온데간데없고, 자기 입장에 동의하지 않으면 적이라는 이분법적 사고로 무장한 대중적 지식인만이 판을 친다. 양극단의 벼랑 타기를 두려워하는 중간 스펙트럼의 지식인들은 할 말이 없을 뿐만 아니라 말할 수 있는 기회와 능력을 박탈당한 것처럼 보인다.

(…) 사회주의 체제의 붕괴라는 현실에 배반당한 이데올로기적 지식인들은 90년대 이래 '이념'보다는 공격적인 '언어'를 가지고 체제를 비판하는 경향이 있다. 그들이 교조적으로 매달렸던 사회주의 이데올로기가 세계화 현상에 직면하여 속수무책이긴 하였지만, 기존 체제에 대한 증오마저 버릴 수는 없지 않았겠는가? 이때부터 지식인의 말言에는 이성적 논論이 없어지게 된다. 현실을

읽어내려는 치열한 이론적 작업과 역사의 방향을 제시할 이념의 생산 대신에 냉소와 비아냥거리기가 언제부터인지 만연하고 있다. 그러나 말을 앞세우는 지식인들의 패러디가 "속시원하다"는 대중들의 맞장구에 신이 날 때에도, 그것은 이미 자기파괴의 세균을 배양시킨다.[23]

지식 기반 사회에서 지식인의 운명

1990년대 말은 각종 지식인론이 분출했던 시기일 뿐 아니라 지식생산의 조건 자체가 전환되던 시점이었다. 애초 정부발 신지식인운동은 두 가지 대형 국책 프로젝트와 연관되어 있었다. 하나는 정보통신부가 주관하는 CYBER KOREA21(창조적 지식 기반 국가 건설을 위한 정보화 비전)이며, 다른 하나는 교육부가 주도하는 BRAIN KOREA21(두뇌한국21)이다. 전자는 "국민의 정부 임기 내에 21세기 지식·정보화 선진국으로 발돋움할 수 있는 기틀을 마련"하여 "2002년 세계 10위권의 지식·정보화 선진국으로 발전"시킨다는 목표를 설정하고 있었다. 후자는 "21세기 지식 기반 사회 대비 고등인력양성사업"이라는 확장명을 갖는데 제도교육을 바꿔 기업형 주체를 양성한다는 목표가 저변에 깔려 있었다.

두뇌한국21 사업은 1996년 한국이 OECD에 가입하며 이 기구가 한국 지식생산 기반의 취약성을 지적한 보고서를 내자 그 이후 시행되었다. 해당 보고서는 지속적 성장과 저물가·저실업이라는 1990년대 미국의 경제적 발전을 이상화해 얻어진 결론을 향후 다른 사회가 따라야 할 성장 모델로 제시했는데, 이 보고서에서 빈번히 강조된 개념은 '지식 기반 경제', '지식 기반 사회'였다.

지식 기반 사회의 지식이란 생산성과 직결된 가용적 지식이자 대중이 접근 가능한 범용적 지식이다. 과거 지식은 소수가 생산하고 향유하는 정신적 산물로 여겨졌다. 한국사회에서 특히 언론은 대학교수가 지식인을 대표한다는 통념을 만들어냈다. 여기에는 한국사회의 오랜 문사적 전통도 자리하고 있다. 그런데 지식 기반 사회에서는 이러한 통념이 흔들린다. 문사철의 지식은 가장 중요한 지식이 아니다. 지식은 대학교수를 비롯한 지식인들만의 소유물이 아니다. 여기에 인터넷을 비롯한 미디어 환경의 변화가 대중들의 미디어 이용 행태를 바꿔놓아 지식의 생산과 소비 과정, 담론의 형성과 확산 과정의 경로가 복잡해졌다. 여론 형성에서 지식인의 개입 여지는 줄어들었고, 여론 형성 과정을 추적하기란 한층 어려워졌다.

『문화/과학』 2003년 여름호 특집은 '한국의 지식, 지식인'이었다. 2002년은 한일월드컵, 여중생 추모 촛불시위 그리고 노무현 대통령 당선의 장면에서 보듯이 대중이 거대한 흐름으로서 분출한 해였다. 이 무렵 대중과 지식인의 관계를 바꿀 사건도 일어났다.

2003년 봄, 서울의 지하철에는 재미있는 광고물이 나붙었다. 대한민국 최대의 '지식거래소'를 추구하는 한 인터넷 검색엔진 회사를 선전하는 광고물이다. 그 내용은 다음과 같다.

"교수님! 여자를 잘 꼬시는 남자를 왜 '제비족'이라고 하지요?

지식인이 그것도 모르세요?

박사님! 머리를 맞으면 왜 낮에도 '별'이 보이나요?

지식인은 죽었다 깨어나도 모른다.

원장님! 똥침을 잘못 맞으면 죽을 수도 있나요?

대한민국 지식인도 엠파스에 물어본다."

지식인이라는 말 자체는 지식을 가지고 있는 사람, 또는 지식을 많이 가지고 있는 사람을 뜻할 뿐이다. 이런 말 자체의 뜻으로 보자면, 지식인은 유별날 것이 전혀 없는 존재이다. (…) 지식인이라는 말 자체와 그 통념 사이의 어긋남을 이렇게 재미있게 이용하게 된 배경에는 '지식의 대중화' 또는 '대중-지식인'의 등장이라는 커다란 사회적 변화가 자리 잡고 있는 것으로 보인다. 고등교육의 대중화에 바탕을 두고 이루어진 인터넷의 대중화가 이런 변화를 이끌고 가는 새로운 동력이라는 것은 다시 말할 필요가 없을 것이다. 이런 변화를 '지식인의 종언'으로 보거나 '대중의 반역'으로 보는 사람도 있다. 그러나 관점을 달리해서 보면 이런 변화는 '지식(인)의 민주화'로 여겨질 수도 있다. 이처럼 관점에 따라 평가는 크게 달라질 수 있다. 그러나 아무튼 지식인의 위상에서 큰 변화가 일어났다는 사실은 부정할 수 없을 것이다.[24]

지식인의 죽음인가

오늘의 현실에서 고전적 의미에서의 '인문학적 지식인'이라거나 작가의 위상은 한없이 축소되는 한편, 기술관료적 성격을 띤 '테크노크라트'는 그 영향력을 가히 확대해가고 있다. 게다가 낡은 유형의 지식인과 작가들은 지식생산의 대중화와 이를 추동하고 견인했던 정보기술 혁명의 진전에 따라 새롭게 출현한 시민적 지식인에 의해 그 권위를 위협받고 있다.

지식인은 말할 수 있는가. 미디어에 흔하게 등장하는 것은 대다수가 지식인들처럼 보이지만, 그들의 말은 대체로 시스템에 의해 관리된 언어들이다. 방송사마다 경쟁적으로 선보이고 있는 토론 프로그램에서 지식인들이 자못 열띤 표정으로 논의하고 있는 발언들은, 태도의 진정성과는 무관하게 게시판의 댓글에서 네티즌들에 의해 조롱의 대상으로 전락하는 것이 흔히 목격되는 바이다.[25]

『비평과 전망』은 2005년 하반기호에 '지식생산 시스템의 안과 밖' 특집을 꾸렸는데, 그 발간사 「지식인은 말할 수 있는가」에 담긴 내용이다. 미디어 환경의 변화에 따라 잡지의 논문이나 신문의 칼럼으로 지식인이 발언하더라도 그 영향력은 예전 같지 않다. 인용문에 따르면 방송에 출연해야, 즉 지면이 아닌 화면에서야 비로소 지식인은 대중들과 만날 수 있으나 그 발언은 관리된 언어일 뿐이라는 것이다. 어떤 지식인이 언제 어떤 이슈로 이야기할지는 언론(사)이 정하기 때문이다.

2000년대에 들어서자 지식인의 텔레비전 출연은 확실히 잦아졌다. 처음에는 미디어가 유명 교수와 문인들에게 후광을 입혀 전문가로 등장시켰다. 그러다가 시사평론가, 정치평론가로서 자신의 앎을 대중적으로 잘 포장해내고 말을 잘 다룰 줄 아는 담론 기술자라면 굳이 교수이거나 문인일 필요가 줄어들었다. 특히 미디어 환경의 변화에 따라 빠르고 강하게 달변하는 기술이 중요해졌다. 시청률 경쟁에서 교수나 문인은 그다지 능력을 증명하지 못했다. 그것이 점차 변호사를 필두로 한 전문직 지식인의 방송 비중이 커지는 조건이 되었으며, 그들이 1990년대 이후 미디어 대중들이 가장 자주 접하는 지식인 유형이 되어갔다. 그사이 지식인들이 지식을 내놓고 담론을 형성하던 잡지, 특히 사회비평지는 대거 사라졌다. 『비평과 전망』도 2005년 하반기호가 종간호였으며, 『현대사상』도 『아웃사이도』도 계간 『인물과 사상』도 이때는 이미 사라진 잡지가 되었다.

2008년 『경향신문』은 이른바 '87년 체제'를 성찰하기 위해 『민주화 20년, 지식인의 죽음』을 기획출간했는데 서문에서 편집자는 '지식인의 죽음'을 선언하며 네 가지 현상을 사례로 들었다.

1. 군사정권의 소멸과 현실사회주의권의 동시 몰락으로 선악 이분법의 전선이 사라졌다. 이에 따라 '반체제'로 상징되는 저항적 지식인 역시 역사의 물결에 휩쓸려 사라졌다.
2. 지식인은 민주화 과정을 통해 공고하게 구축된 지배질서를 전

복하려 하지 않고, 오히려 이 체제를 지탱하는 가장 강력한 보루가 됐다.

3. 지식인은 그들의 어깨를 짓눌렀던 시대적 소명의식 혹은 도덕적 의무감으로부터 벗어나 '지식의 해방'을 만끽하고 있다.

4. 아이러니컬한 것은 지식인의 죽음조차도 이제는 사회적 논란거리가 아니라는 점이다. 지식인의 자기배반, 혹은 자기모멸행위는 한국에서 일상적으로 일어나는 일이기 때문이다.[26]

　　지식과 지식인의 사회적 존재론에 대한 고전적 이상이 사라지지는 않았으며, '지식인의 죽음'은 과도한 수사적 카피지만 위의 인용구는 사회의 새로운 과제와 지식/권력 관계의 변동 속에서 지식인이 자신의 위상과 역할을 정립하지 못한 채 혼돈에 빠져 있음을 보여준다. 다만 현상은 네 가지가 나열되었지만, 1과 2는 1990년대 초반부터 지식계가 재편되는 양상이며, 3과 4는 1990년대 중후반부터 드러난 그 귀결로 봐야 할 것이다.

　　1987년 이후 보편적 입법자의 권위를 가졌던 저항적 지식인은 개별화된 유기적 지식인, 시민적 지식인, 독립적 지식인 등으로 분화했다. 현실사회의 구조적 모순을 파고드는 이론의 힘에 관한 믿음이 꺾이고, 그에 기반한 이론적 실천을 지속하기가 어려워진 상태에서 이론과 실천의 유기적 결합을 지향하던 저항적 지식인은 고전적 지식인상이 되어 퇴조했다.

　　한편 1980년대 학술운동을 주도했던 구성원이 점차 제도권 학계에서 자리 잡으며 지식인의 '전문성'이 강조되는 경향이 심화되었다. 1990년대 지식계의 조정 과정은 결과적으로 통치에 적합한 지식생산 체제의 성립에 지식인 자신이 내부적으로 협력하는 메커니즘을 만들어냈던 것이다.[27] 아울러 1990년대에 민간정부를 거치며 지식인들이 정권에 직접 참여하거나 각종위원회의 위원 등으로 관여하며 체제 내 지식인과 비판적 지식인 사이의 경계가 무너지고, '대항지식'은 '정책지식'의 형태로 일정하게 변모했다.

김영삼 정권기에는 비판사회학의 대부였던 한완상과 1970, 80년대 노동운동을 대표했던 이태복이 총리와 장관에 임명되고, 김대중 정권기에는 정책기획위원장을 맡은 최장집이 '국민의 정부'의 민주성을 상징하는 지식인이었다. 2000년대 노무현 정권에 이르러서는 '운동권의 청와대 장악'이란 말이 나올 만큼 유시민을 비롯한 운동권 지식인이 대거 제도권에 진입했다. 군사정부가 무너져 자유주의 개혁 세력이 집권하고 마침내 1980년대 운동을 이끌었던 386그룹이 주축이 된 정부까지 탄생한 것이다. 이렇게 주류와 비주류, (현재의) 체제 세력과 (과거의) 반체제 세력이 뒤섞인 결과 국가경영 논리와 사회운동 논리가 충돌했다. 둘 사이의 긴장을 어떤 방식으로 관리할 것인지는 1990년대 이후 정치권만이 아니라 지식계에도 가중된 문제였다.

진보,
재장전과 분열

09

진보와 혁명

역사의 한 순환이 끝나고 새로운 순환이 시작하고 있다. 인류 진보의 대안을 제시했던 현실사회주의가 몰락하고 세계는 자본주의 단일 체제로 전환하고 있다. 이제 지배 세력인 자본은 전 지구적으로 별 저항도 받지 않고 그 지배를 강화할 수 있게 되었다. 전 세계 진보 세력은 심대한 위기에 처해 있으며 우리라고 해서 예외가 아니다. 국내 진보 진영은 이론과 실천 양 측면에서 침체의 늪에 빠져 일부는 '청산'의 길을 가기도 한다. 그러나 역사는 끝나지 않았다. 위기 속에서도 새로운 모색과 창조를 위해 고통을 감내하는 민중이 있기 때문이다. 자본의 전 지구적 지배로 인류 문명이 더 큰 위기에 빠진 지금이야말로 역사의 또 다른 순환을 위한 새로운 기획을 세울 때다. 우리는 『문화/과학』으로써 이 기획에 동참하고자 한다.[1]

『문화/과학』은 1992년 진보 세력에게 닥친 심대한 위기 상황을 창간의 배경으로 삼았다. 1987년 민주화로부터 불과 5년 뒤, 진보진영과 비판적 잡지계에는 엄중한 위기의식이 드리웠던 것이다. 그사이 무슨 일이 있었던 것일까.

1980년대 말에 등장한 진보지식계의 주요 학술지는 '이론과 실천의 결합'을 내세우는 경향이었다. 1987년 『역사비평』 창간호를 보면 윤대원이 「시론: 실천적 지식인상 정립을 위한 제언」에서 비판적 지식인의 임무는 사회운동을 이론적으로 해명하고 지배 이데올로기에 맞서 운동이념을 전파해 기층 민중운동의 즉자적 저항을 대자적 저항으로 전환해내는 것이라고 밝혔다.[2] 이듬해 산업사회연구회도 '진보적 학술 계간지'임을 내세우는 『경제와 사회』 창간호를 펴내면서 보수적 학계가 외면한 연구주제에 대한 과감한 접근, 한국근대사의 총체상을 정립하기 위한 거시이론틀 확립, 분과학문의 경계를 뛰어넘는 긴밀한 학제적 연계 등을 제시했다.[3]

하지만 1989년부터 1991년에 이르는 세계사적 지각변동은 당시까지의 역사에서 가장 활발하고 가장 대중적이었던, 그래서 진보 그 자체로 여겨졌던 마르크스주의적 사회주의가 약속했던 해방의 실현은커녕 억압을 동반한 역사적 퇴보로 귀결되었다는 인식을 낳았다. 나라 안팎 현실의 급변화로 진보 세력은 사회주의에서 사회민주주의, 포스트마르크스주의, 신사회운동, 시민사회 등의 주제로 흩어지면서도 모색을 이어나갔다.

사회운동 진영으로 눈을 돌린다면, 김원은 「90년대 사회운동의 회고」에서 1980년대 운동의 특징을 이렇게 정리한 바 있다.

우리는 80년대 운동의 특징을 거칠지만 다음과 같이 정리해볼 수 있다. ①국가권력과의 정면 대결을 통한 국가권력 타도 전략(이른바 '국가중심주의적 투쟁전략'), ②운동의 전개에 있어서 전위 정당을 중심으로 한 노동자계급의 헤게모니(혹은 영도성)의 인정('전위 정당'과 '프롤레타리아트 헤게모니론'), ③가두투쟁을 중심으로 한 운동조직 간의 정치적 차원의 연대가 중심적(이른바 '도시대중봉기 전략'), ④연대의 형태에 있어서 특정한 사건이나 정치조직들 간의 연대, 다른 식으로 표현하자면 위로부터의 조직적 연대가 주된 형태, ⑤전선을 이끌어내고 대중을 가두투쟁에 동원해내기 위한 전선체 사이의 네트워크가 주된 연대의 조직형태였다.[4]

도식적인 기술이기는 하나, 1990년대 운동은 분명 1980년대와는 전개되는 양상이 달랐다. 1987년 6월 민주항쟁과 7, 8월 노동자 대투쟁은 국가의 억압에 저항하는 시민사회의 자율성을 현저히 확대했다. 그 결과 정치적 민주화와 경제적 불평등이라는 오래된 쟁점들에 더해 여성, 환경, 교육, 소비자, 생활문화 등의 영역에서 새로운 쟁점들이 부각되어 노동운동, 농민운동, 통일운동 등 기존 사회운동들뿐만 아니라 여성운동, 환경운동, 전교조운동, 소비자운동, 생활문화운동이 급성장했다.

학생운동을 비롯한 저항 세력은 1987년 이후로도 투쟁을 멈추지 않았다. 특히 1991년 5월 시위 중 경찰의 폭력에 의해 대학생 강경대, 김귀정이 사망한 것을 계기로 더욱 격화되었다. 분신자살과 투신자살 등 극단적인 방법을 포함한 저항이 이어졌다. 이에 노태우 정권은 유서대필 의혹 사건을 조작하는 등 강경 대응에 나섰다. 결과적으로 1991년 5월 투쟁은 대중적 호응을 얻는 데 실패했다. 학생운동 진영은 침체의 위기에 직면해 어떻게 해야 지배 이데올로기를 극복하고 대중의 지지를 이끌어낼 수 있는가를 과제로 짊어지게 되었다. 1992년 『문화/과학』은 이러한 사회적 동향 속에서 창간되었다.

진보와 개혁

1993년 김영삼 문민정부의 등장도 한 가지 분기점이었다. 진보 진영이 대오를 결집해 맞서야 할 군부독재정권이 이제 눈앞에서 사라졌다. 민주화를 성취하자 이제 진보의 활동이 무엇을 향해야 하는가라는 물음에 직면하게 되었다. 이러한 시대적 맥락에서 '진보와 혁명'이 아닌 '진보와 개혁'이 주요 쟁점으로 부상했다.

　김영삼 정부가 출범한 1993년부터 한국사회는 정부발 개혁 논의가 사회적 화두였다. 삼당 합당을 통해 등장한 김영삼 정부는 민주화의 완성 수단으로서 '개혁'을 내세워 정당성을 확보하고자 했다. 국제환경이 '무한경제 전쟁시대'로 접어들어 국가의 생산성과 효율성 제고가 최우선 과제가 되었다는 시대인식 아래 '민족의 존망'이 걸린 선진국으로의 도약을 한국사회에 만연한 한국병이 가로막고 있다고 진단했으며, 여기에 처방된 것이 국가 주도의 개혁이다. 정치 영역에서는 부정부패 척결과 정경유착 근절을 위한 '사정개혁'을, 경제 영역에서는 재벌의 소유구조 분산, 대기업의 문어발식 확장 제한, 금융실명제 실행 같은 '경제개혁'을, 사회 영역에서는 노동억압적 제도 개선, 교육 제도 개선 같은 '제도개혁'을 역설했다. 그러나 기업에 대한 정부의 통제력 약화 및 보수세력의 반격으로 개혁은 지지부진했고, 그러자 새로운 국가전략으로 '국제화'에 이어 '세계화'를 내놓았던 것이다.

 김영삼 정부가 출범하자 진보적 학술잡지는 국가에 대한 전략과 전술에서 수정 내지 분화를 겪게 된다. 서중석은 『역사비평』 1993년 봄호에 실린 「문민화시대로의 변화와 개혁의 논리」에서 "현재 상황에서 극우반공 체제, 극우반공 이데올로기를 무력하게 하고, 기본민주주의가 지켜지고 법치주의와 제도화가 실현되는 것이 극우 세력을 제외한 모두에게 바람직하다면, 그것이 일견 부르주아적으로 보이는 것을 강화시키더라도 진보진영은 그것에 적극 참여해야 한다"라고 밝혔다.5 유팔무는 『경제와 사회』 1993년 여름호의 머리말 「새로운 보수와 새로운 진보의 움직임」을 통해 진보의 기치를 내려놓지 않되 유연성을 발휘해야 한다며 향후 『경제와 사회』의 지향성을 제시했다. "교조주의의 낡은 모습은 버리되 한국자본주의의 고통스러운 본질을 개혁하는 진보성을 지키는 '신진보'로 진보하는 것 (…) 현실성 있는 다단계 변혁 전략과 운동 방식, 대중에게 위화감을 주지 않는 진보의 면모 등을 통해 이제 진보 세력도 새로운 전략과 운동 방식으로 무장해야 한다."[6] 박영호도 『동향과 전망』 1993년 가을호 「김영삼 정부의 개혁정책과 진보 세력의 과제」에서 개혁에 대한 비판적 지지론을 내세워 "진보 세력은 현 정부의 개혁정책이 기존 질서 속에서 지배구조를 재편, 보완하여 총체적 위기를 극복해보고자 하는 보수적 개혁이란 점에서 개혁비판적 입장을 견지해야 하지만, 개혁을 반대하거나 거부해서는 안 될 것"이라는 입장을 표명하였다.[7] 이렇듯 1980년대 말, 1990년대 초에 창간된 사회과학계 학술지는 곧바로 현실사회주의권 해체, 문민정부 출범을 거치며 지향성을 수정하거나 적어도 논조를 조정해야 할 상황에 맞닥뜨렸다. 거기서 불거지게 된 것이 '혁명에서 개혁으로', '민주화에서 개혁으로'라는 노선 전환의 문제였다.[8]

1990년대의 개혁은 1960, 70년대의 근대화, 1970, 80년대의 민주화와 맞먹는 일종의 시대정신이 되었다. 개혁은 정부발 담론이었으나 모든 영역으로 촉수를 뻗어갔다. 국가개혁, 헌정개혁, 정치개혁, 정당개혁, 의회개혁, 행정개혁, 경제개혁, 사회개혁, 의식개혁, 노동개혁, 의료개혁, 사법개혁, 검찰개혁, 군부개혁, 입시개혁 등. 1990년대에는 모든 사회현상과 문제에 개혁이라는 접미어가 달렸다. 지식인들도 그 작업에 대거 가담했다. 하지만 개혁이란 말은 남발된 만큼 실질이 닳아서 모호해졌다.

또한 국가 영역에서는 관념적 과잉개혁이, 사회 영역에서는 실질적 과소개혁이 나타나 국가개혁과 사회개혁은 접합점을 찾지 못한 채 한쪽은 권력 확보, 다른 한쪽은 생존권과 기득권을 망라하는 이익 확보를 기조로 하여 겉돌게 되었다.[9]

중산층 이데올로기

사회주의권 붕괴, 문민정부 출범 이상으로 1990년대 진보주의가 힘겹게 마주해야 했던 현실적 추세는 중산층(의식)의 확산이었다. "나는 중산층이다." 1990년대는 한국사회에서 이렇게 생각하는 국민의 비율이 가장 높이 올라갔던 시대다.

중산층은 사회계층의 범주로서 자주 등장하는 용어지만, 합의된 기준이 없어 엄밀한 분석 개념이라 보기는 어렵다. 경우에 따라서는 고소득 전문직과 관리자부터 성공한 기업가와 자영업자 그리고 직급이 낮은 직원과 고용이 불안정한 노동자 모두가 중산층에 속하기도 한다. 객관적 척도로 중산층을 구획하기는 어렵고, 스스로를 중산층으로 여기는 '체감 중산층' 비율의 변화 양상이 중산층이라는 지표의 중요 기능이라 할 수 있을 텐데, 이 비율은 1980년대 후반부터 1990년대 중반 사이에 70~80퍼센트까지 올라갔다. 압축성장의 과실이 골고루 분배되어 항아리처럼 중간 계층이 두터워졌다기보다는 사회이동의 가능성이 열려 있어 열심히 일하면 오늘보다 내일이, 자신보다 자식들이 나을 거라 믿을 수 있었기 때문이다.

그런데 확산되는 중산층 의식은 사회의식상의 두 가지 변화를 동반했다. 첫째, 더 소유하고 잘 소비하는 것이 '좋은 삶'으로 여겨지게 했다. 현대식 주택, 기왕이면 넓은 평형의 아파트를 장만하고 그 안에 백색가전과 냉난방시설을 갖추고 집 밖에는 마이카를 세워두고 저축과 주식, 채권과 보험 같은 자산들이 두둑하면 더욱 좋다. 그리고 둘째, 중산층이 되어 '좋은 삶'을 누리는 것은 개인적 선택과 노력의 결과로 여겨지게 했다. 더 열심히 공부하고 일하고 경력을 쌓아 돈을 모을수록 중산층의 꿈은 가까워진다.

1987년 이후 두터워진 중산층은 한국의 정치적 민주화를 견인하는 사회적 원동력이었다. 하지만 중산층 의식 자체가 점차 보수화되었다. 1990년대 중반부터 민간아파트 단지는 고급 상품으로 브랜드화되었고, 이는 사회계층의 위계를 가시화하는 구별짓기의 주요 방편으로 활용되었다. 중산층에 관한 첫 번째 이미지는 e-편한세상(대림산업), 래미안(삼성물산), 푸르지오(대우건설), 자이(GS건설), 롯데캐슬(롯데건설), 아이파크(현대개발), 센트레빌(동부건설), 더샵(포스코건설), 홈타운/힐스테이트(현대건설)처럼 재벌 로고가 찍힌 고층 아파트에 사는 자들이었다. 중산층에 대한 두 번째 이미지는 집 안에 고급스러운 백색가전을 갖춘 자들이었다. 1997년 4월 삼성전자는 고급 양문형 냉장고 '지펠'을 출시했다. 1998년 9월 LG전자도 한 발 늦게 '디오스'를 브랜드로 내걸고 고급 양문형 냉장고 시장에 뛰어들었다. 이 두 브랜드는 대형화와 성능 개선에 초점을 맞추던 기존의 고급화 전략과는 방향을 달리하면서 국내 생활가전 시장의 지형을 재편하고 일반 가정의 주방 경관을 변모시켰다. 지펠은 "완벽한 품질Zero defect로 지성Intelligent과 명예Prestige를 중시하는 고객에게 우아하고Elegant 품격 있는 생활Lifestyle"을 약속하며, 디오스는 '디럭스'Deluxe, '인텔리전트'Intelligent, '옵티멈'Optimum, '사일런트'Silent 등의 영어 단어 첫 알파벳을 조합했다는 것이 회사 측 설명이었다.[10]

중산층 의식이 확산되자 생산관계 내 계급의식이 희석되었다. 처지는 노동자이더라도 바람은 중산층인 자들. 중산층 의식을 통한 욕망의 창출과 생활의 포섭은 생산현장의 노동통제보다 강력한 이데올로기적 통제기제로 작동했다. 자본주의 타도, 체제변혁 같은 구호도 자연히 사람들의 관심에서 멀어졌다. 보잘것없는 월급, 몇 평 안 되는 집, 얼마간의 저축이라도 그것을 갖고 있다면, 그 가치를 지키거나 올려줄 수 있는 자본의 운동에 편승하면 편승했지 대항하기는 어려워진다. 그 기업의 주가가 오를 수 있다면 철거용역, 정리해고, 산업재해, 환경파괴에 적당히 눈감을 수 있다. 노동자도 자산을 불려 중산층으로 나아가는 경쟁에서 뒤처지지 않으려고 애쓰느라 보편적인 노동착취를 인식하고 함께 저항할 겨를이 없다. 생산현장에서의 노동과 자본 간 모순은 임금인상으로 무마된다. 진보진영조차 분배를 위해서는 경제발전을 우선시해야 한다는 정부의 주장을 대중들 앞에서 전면 부정하기는 어렵다.

더욱이 1990년대에는 대중들을 금융적으로 포섭하기 위한 신용거래 수단이 크게 발달했다. 소비자신용의 확대와 주택 금융의 활성화로 대중들은 대거 '부채 경제'에 뛰어들었다. 금융권에서 융자받은 돈을 다시 금융상품에 쏟아부음으로써 자산의 가치는 금융시장의 변동과 결부되어 매우 불안정해졌다. 증시 전문가들이 목에 핏대를 세우며 동시간에 여러 채널에서 활약한 것은 이때부터였다. 혹시라도 종목을 잘못 골라 손해를 보면 이를 만회하기 위해 더욱 투자하게 되었다. 이리하여 자산 증식을 통해 중산층이 되려는 자들은 유동성, 부채, 과로에 시달리다가 다수가 결국 도태되었지만, 중산층 이데올로기는 투자 손실과 몰락은 자기 책임이라고 판정했다. 중산층 이데올로기에 빠져 어느덧 우리는 착취를 당하며 우리를 착취하는 체제에 투자하게 되었다.

진보의 재장전

1990년대는 '옳은 것'보다는 '가능한 것'을 좇는 실용주의 시대였으며, 사회과학계에서는 노동, 계급, 국가 등의 주제군에 대한 접근능력이 약화되고 있었다. 손호철은 그런 주제들을 거론하면 거대 담론이라고 죄인시되는 분위기를 토로했다.[11] 한국자본주의의 성격에 대한 총체적 분석은 1993년 김수행이 한국자본주의의 성격을 분석하면서 기존 자본주의 이론들을 비판한 이

후 좀처럼 등장하지 않았다.[12]

그런데 IMF 사태가 터졌다. 이는 1990년대에 들어 문민정부 출범, 경제성장, WTO·OECD 가입 등을 거치며 무뎌진 비판력의 쇄신을 요구하는 사건이었다. 임현진은 세계 자본주의체제의 국제분업 속에 내재한 위계적 불평등성과 지배·종속현상을 설명하는 종속이론의 문제의식이 여전히 유효하다며 "종속이론은 죽었는가?"라는 도전적 물음을 내놓기도 했다.[13] 세계사적 전환이 일어난 1989년 이후 10년 만에 전 세계적으로 불어닥친 경제위기의 야만적 비극성을 겪고 혹독한 대가를 치르면서 진보적 사회과학지 또한 정체성과 역할을 냉정하게 돌아보지 않을 수 없었다.

『경제와 사회』 1998년 봄호 특집 '우리 시대 진보란 무엇인가'에서는 사회주의 붕괴와 신자유주의 범람 속에서 지적 방황을 거듭하는 진보적 지식인들이 새로운 진보운동의 가능성을 탐색하며 다차원적 진보의 개념을 모색했다. 『문화/과학』은 1998년 겨울호 특집 '21세기와 진보의 새로운 전망'에 「노동거부의 사상 ― 진보를 위한 하나의 전망」, 「진보 개념의 경계: 근대적 진보 개념을 넘어서」, 「생태위기와 생태론적 전환 ― 새로운 생태사회를 향한 전망」을 수록해 새로운 진보적 논제들을 선취했다. 『현대사상』은 1998년 9월 특별증간호를 통해 2부에 '진보의 설 자리, 갈 길'을 기획해 「지식인의 무책임성에 대한 자기반성과 제안」, 「이념의 진보성과 삶의 보수성」, 「새로운 비판 담론의 정립을 위하여」, 「세기적 전환기와 진보 세력의 과제」, 「김대중 정권의 신자유주의 구조 조정 정책 비판」으로 다방면의 모색에 나섰다. 『동향과 전망』 1999년 여름호에서 조희연은 「비판성과 실천성의 2000년대적 회복을 위하여」를 작성해 1990년대 '지식인의 탈민중화'를 청산하고 '비판성'과 '실천성'을 회복하는 지향성을 제시했다.[14]

　　이 맥락에서 중요한 잡지가 1998년 창간된 『진보평론』이다. IMF 이후 경제불황 심화, 대량 실업자 발생, 제국주의적 종속 강화를 겪은 한국사회는 어떤 점에서 마르크스주의로 설명되어야 할 상황이었다. 하지만 마르크스주의 사회과학은 기력이 쇠한 상태였다. 그런 가운데서 '진보의 새 장을 열기 위해' 『진보평론』이 창간되었다. 마르크스주의를 이어가되 거기에만 머물지 않기로 했다. 창간사 「현장에서 미래를」에서 김진균, 손호철, 최갑수는 새로운 진보를 "자본주의 극복을 포기하지 않는 입장. 계급적 착취와 억압만이 아니라 모든 형태의 억압과 착취 및 배제에 반대하는 입장. 모든 사회적 문제들에 대한 '근본적인' 분석과 해결을 지향하는 입장"이라고 요약했다.[15] 『진보평론』은 종래의 사회변혁론이 대중적 설득력을 상실했으며 사회적 관계의 변혁을 계급정치로 환원할 수 없음을 인정하고는 적대의 복수성을 승인해 지적·성적·민족적 관계 등 다양한 사회적 층위로 연구 영역을 확장했다.

안티조선과 적 앞의 분열

진보의 재장전에서 중요한 또 하나의 잡지가 2000년에 등장한 『아웃사이더』다. 창간사를 보면 "우리는 현재 한국사회의 가장 큰 문제가 극우집단주의라는 데, 한국지식인의 가장 중요한 임무가 극우집단주의와 싸우는 일이라는 데 전적으로 뜻을 같이했다"고 지향성을 분명히 밝혔다. 그리고 다음의 문장이 이어진다. "극우집단주의를 말할 때 우리는 그 본산이자 결정체로 『조선일보』를 적시하지 않을 수 없다. 우리에게 극우집단주의와의 싸움은 곧 『조선일보』와의 싸움이기도 하다."[16] 그러고는 '그 신문의 20년'을 창간호부터 연재 코너로 배치했다. 왜 『아웃사이더』의 창간사는 특정 신문사를 이런 식으로 거론했을까. 『조선일보』와의 싸움에서 대체 무슨 일이 벌어졌을까. 이 물음을 따라가보자. 그리하면 『조선일보』에 대한 대처를 둘러싸고 진보적 잡지계에서 공방이 일어나는 장면과 마주하게 된다.

권력과 언론이 존재한 이래 권언유착은 존재해왔다. 언론은 권력에 봉사하고 권력과 이익을 나눴다. 그런데 1990년대에 들어 나타난 현상 앞에서는 권언유착이란 개념으로 불충분할 수 있다. 언론자본의 성장과 기자 집단의 권력 진출 등으로 한국언론은 한국사회에서 스스로 핵심적인 정치권력기구로 자리잡았기 때문이다.[17]

1987년 6월 항쟁 이후 1990년대까지 세 차례 대통령 선거를 치르면서 일부 언론사는 자신들이 대통령을 만들고 통치에 참여할 수 있다는 오만함에 젖었다. 교묘한 여론조작과 편파보도를 통해 기득권 측에 서서 특정 후보를 노골적으로 밀어줬다. 언론은 '선출되지 않은 권력'에서 나아가 '규제받지 않는 권력', '책임지지 않는 권력'으로 무소불위의 권력을 휘둘렀다. 그중 핵심이 조중동의 조, 『조선일보』다. 임동욱은 「『조선일보』와 『한겨레신문』의 사회적 의미: '교묘한 선정주의'와 '진보적 대중지'」에서 『조선일보』의 판매전략을 이렇게 정리했다. 분단 상황과 한국전쟁으로 인해 남한 사람들에게 남아 있는 북한에 대한 적개심을 부추겨 상품화하는 행위(안보상업주의), 사상 검증을 한답시고 개인의 사상을 편파적으로 공격하는 행위(공적 기준 없는 폭로적 사상 검증), 지역감정을 교묘히 이용하여 지역 간 갈등을 부추겨 부수 올리기(지역감정의 상품화) 등.[18]

이 중 안보상업주의와 폭로적 사상검증이 결합되어 분출한 사태가 이른바 최장집 사건이다. 『월간조선』 1998년 11월호가 「'대통령자문정책기획위원장' 최장집 교수의 충격적 6·25 전쟁관 연구」를 통해 최장집의 한국전쟁 관련 논문을 두고 "일관되고 유기적인 반反대한민국적 시각", "수정주의 이론보다 더 친북적이고 좌파적", "대한민국과 국군이 미국의 식민지이고 괴뢰라는 북한식 인식" 등으로 평가하며 이념 공방을 일으켰다. 이어서 『조선일보』가 10월 21일부터 11월 5일까지 1면, 2면, 3면을 활용해 최장집 공격에 가담했다. 이른바 냉전주의적 이념 공방을 일으키기 위해 당시 김대중 정부의 정책기획위원장이었던 최장집을 희생양으로 삼은 것이었다.

최장집은 결국 자리에서 물러났지만, 이 사건은 이른바 '안티조선운동'이 확산하는 계기가 되었다. 44개 시민단체가 1998년 11월 19일 '『조선일보』 허위·왜곡보도 공동대책위'를 구성해 『조선일보』 취재 거부, 구독 거부, 보도자료 안 보내기 등을 내걸고 안티조선운동에 시동을 걸었다. 여기에 1998년 강준만이 '1인 언론'을 표방하며 출간한 월간 『인물과 사상』이 초기부터 '『조선일보』 제몫 찾아주기'를 주창하고, 네티즌들의 조직적인 움직임으로 1999년 12월 안티조선사이트 '우리모두'를 만들고, 2000년에는 『아웃사이더』가 가세했다. 안티조선운동은 지식인, 문인만이 아니라 독자의 주권을 지키려는 일반시민 사이로 확산된 '아래로부터의 언론개혁운동'의 성격을 띠었다. 이 운동은 '우리모두' 말고도 '『조선일보』 없는 아름다운 세상', '서프라이즈' 등 웹 공간으로 확산되어 2000년대 온라인상의 대중지성 활동을 선취했다.

이리하여 1990년 후반 사회비평 잡지계에서 『조선일보』는 그 자체로 하나의 화두였다. 『인물과 사상』과 『아웃사이더』는 언론개혁 및 안티조선운동과의 직간접적 연관 아래서 창간되었다. 다른 진보적 잡지들도 자유로울 수 없었다. 『조선일보』의 영향력으로부터도 안티조선운동의 사정권으로부터도 말이다. 안티조선운동은 '『조선일보』 절독'뿐 아니라 인터뷰 및 기고 거부 등을 실천사항으로 제시했다. 진보적 지식인들의 기고가 『조선일보』의 극우적 속성을 희석하니 기고를 거부하고 인터뷰에 응하지 않는다면 『조선일보』의 영향력도 줄어들 것이라는 이유였다.

하지만 모든 진보적 잡지가 『인물과 사상』의 입장을 취할 수는 없었다. 과연 안티조선운동이 전체 진보 지식인운동으로 확대되어야 하는지, 특정 신문사에 대해 공통의 입장을 취해야 하는지, 『조선일보』에 대한 거부운동을 하더라도 인터뷰 및 기고 거부의 형태로 해야 하는지, 『조선일보』가 '제몫을 찾는다'고 하여 한국사회의 반공주의, 국가주의, 시장주의, 냉전수구 이데 올로기가 결정적 타격을 입을지 등의 논점이 남아 있었다.

『아웃사이더』 창간사를 보더라도 "그 신문에 기고하는 일 은 옳지 않다는 입장이지만 아직은 우리의 입장이 최소한의 사 회적 합의에 이르지 못한 현실을 인정한다"고 밝히고 있다. 김 진석이 주도하던 『사회비평』은 기고 거부의 입장을 취했으나 『사회평론』은 편집위원 전상인이 『조선일보』에 기고하여 논란 이 되었다. 안티조선운동은 『조선일보』에 기고하는 진보적 지 식인들을 실명 비판했다. 강준만은 『조선일보』에 협조적인 지 식인들의 명단을 『인물과 사상』에 게시했다. 그리고 2000년 9월호「왜 여론을 쓰레기로 만들려 하는가?: 황석영, 박완서, 김 용택, 임지현, 이문열, 그리고 『조선일보』」에 이렇게 적었다.

우리는 여기서 『조선일보』에 대한 생각에 있어서 지식인들 가운 데 다섯 가지 유형이 있음을 보게 된다. '황석영형'과 '박완서형' 과 '김용택형'과 '임지현형'과 '이문열형'이 그것이다. '황석영형' 은 진실과 정의를 위해 살신성인을 택한 것으로 다른 지면에서 이미 자세히 말씀드린 바 있기에 재론하지 않겠다. '박완서형'은 왜 『조선일보』가 문제가 된다는 것인지 그걸 전혀 이해하지 못하겠다는 유형이다. '김용택형'은 무조건 침묵으로서 일관하면서 계속 『조선일보』를 상종하는 유형이다. '임지현형'은 『조선일보』의 문제는 잘 알지만, 바로 그렇기 때문에 자신이 『조선일보』를 상종해서 『조선일보』 독자의 일부라도 올바른 방향으로 이끄는 것이 자신의 '사회적 책무'라고 주장하는 유형이다. '이문열형'은 『조선일보』처럼 좋은 신문을 왜 사지 못하게 구느냐고 항변하는 형이다.[19]

여기서 가장 미묘하고 길게 언급된 임지현과 강준만 사이에서 논쟁이 오갔다. 강준만은 『인물과 사상』 2000년 2월호에 「임지현, 당신의 『조선일보』관이 일상적 파시즘이다」를 써서, 임지현이 『조선일보』에 체 게바라 관련 글을 기고하고 『조선일보』 편집국에서 강연한 것을 두고 "『조선일보』의 극우 이데올로기와 양립할 수 있는 주제로 글을 기고해 『조선일보』의 상품성을 높여줘도 괜찮다고 보는 생각"이라며 비난했다.[20]

이에 임지현은 3월호에 「두더지의 슬픈 초상」이라는 반론을 써서 강준만의 '『조선일보』관'을 '조잡한 지면 결정론'으로 폄하하고 "글쓰기를 통해 『조선일보』 독자의 일부라도 전유하는 것은 지식인으로서의 사회적 책무를 짊어지는 것이라 생각한다"[21]고 반박했다.

다시 강준만은 4월호에 「임지현 교수의 반론에 답한다」를 써서 좌파 지식인의『조선일보』기고를 유신 또는 5공 정권 참여에 비유했다.[22] 이러한 논전은『인물과 사상』과 임지현이 편집위원으로 있던『당대비평』간의 대립으로 확장되었다.

『조선일보』는 '진지전으로서의 파시즘'에 대한 전면적인 전선의 드러난 일부일 뿐이다. 반면『조선일보』에 반대하는 운동은『조선일보』와의 대치선을 전면에 내세우고 그 토대에 대한 고민을 충분히 보여주지 않는다는 점에서 우리와 인식의 차이가 발생하기 시작한다. 이 차이는 상호 대화와 비판을 통해서 해소될 수 있는 차이일지 모른다. 그러나 우리가 우려하는 것은 이 운동이 스스로의 인식을 절대화하면서 스스로를 또 하나의 성채의 정치 안에 가두는 양상을 보이고 있다는 점이다. (…)『조선일보』에 글을 쓰거나 인터뷰를 하지 않는다는 이들의 방법론은 존중되어야 할 선택임이 분명하다. 그러나 그것이 타자에게 강요되거나 그 요구에 따르지 않는 이들을 공격할 명분이 될 수는 없다. (…) 언제나 그렇듯이 악에 반대한다는 이유만으로 스스로의 정당성이 확보되지는 않는다. 그 정당성은 실천의 걸음마다에서 어렵게 구성해야 하는 무엇이다.[23]

『당대비평』은 '진지전'을 유난히 강조하지만 막상 구체적인 대안은 내놓지 않는다.『조선일보』기고 거부가 '단순논리'라면, 언론 개혁을 위해『당대비평』은 무엇을 어떻게 할 것인가 자문해본 적이 있는가. 그들이 이에 대한 해답이라고 내놓은 것이 위의 제시문에 나온 대로 『조선일보』가 지닌 "수구논리에 대한 한결 정치한 분석"과 "그것의 대중적 토대에 대한 성찰"을 통해 "『조선일보』를 변화시킬 방안에 대한 고민"과 전망을 찾는 일이라고 한다. (…) 이미 극우언론을 넘어서 수구적 권력임이 판명된 『조선일보』의 대중적 토대에 대한 성찰과 수구논리에 대한 분석이 또 필요하다면 그것은 전문적인 지식인들, 정확하게 말하면 자신들이 독점적으로 할 수 있는 몫이 될 것이다. 즉 자신들은 전문적인 지식인으로서 책상에 앉아 『조선일보』를 학문적으로 분석하는 일에 전념하겠다는 뜻으로 읽혀진다.[24]

빼앗기는 진보의 말들

1990년대는 진보의 시각에서 되돌아보자면, 1987년 체제가 구체제를 극복하지 못한 채 구체제와의 타협에 기초한 균형이 지속된 시대였다. 그래서 조희연은 1990년대를 민주화 체제로의 전환이 타협적 경로로 전개되는 '수동혁명적 민주화 체제'라고 정의한 바 있다.[25] 1990년대에 들어 진보는 뻗어나가지 못했다. 막히고 휘고 끊기고 갈라졌다.

또한 1990년대는 진보의 시각에서 되돌아보자면, 진보적 이념을 구성하는 진보적 개념들도 위기에 처한 시대였다. 진보 진영의 사회적 힘은 미래 가치를 담은 개념을 창안하고 확산하는 데서 나온다. 그런데 개혁을 기치로 내세운 실용주의 정부 그리고 무엇이든 게걸스럽게 삼킬 수 있는 대중매체는 보다 인간다운 미래로의 변화를 기약하기 위해 힘든 싸움 끝에 만들어내고 오랜 노력을 통해 사회화시킨 진보적 개념들을 헐값에 써먹었다. 그간 국가의 발전을 위해 개인의 자유를 제한하는 '억압적 권위주의', 민생복지보다 경제개발을 우선시하는 '성장지상주의', 북한을 주적으로 삼는 '반공주의', 미국과의 관계를 절대시하는 '친미주의'에 기대온 보수 진영마저 진보적 개념에 손을 대기 시작했다. 그 목록에는 정의, 해방, 생태, 생존권, 지속가능성, 대안 등이 포함된다. 진보적 개념들은 점점 내실이 닳아버렸고, 진보라는 개념 자체가 타락을 피할 수 없었다.

1995년 9월 1일 반도패션은 LG패션으로 상호를 옮기며 주요 일간지 한 면을 광고로 장식했다.

레닌이 무너졌습니다.
변신을 몰고 왔던 주역들은 이제 새로운 세상을 꿈꿉니다.
변화한다는 것은 진보한다는 것.
국내 패션의 역사 — 반도패션도 20여 년 쌓아온 것을 과감히 접고 새로운 변신을 시도합니다.
반도패션의 새로운 변신, LG패션 — 그 변신의 몫은 당연히 고객께 돌려져야 할 것입니다.

혁명이라는 말도 예외는 아니었다. 금융 혁명, 인터넷 혁명, 가사 혁명, 교육 혁명, 교복 혁명 등으로 변주되며 혁명의 뇌관이 제거되고 거의 아무 의미도 갖지 않게 되었다. 길게 본다면 '상생정치', '녹색성장', '지속가능한 발전' 등이 정부의 공식 용어로 채택되었다. 1990년대에 혁명을 비롯한 진보적 개념들은 더 이상 위험하지도 위협적이지도 않은 수사로 과잉 소비되고, 그 연관어들을 잃고 만 진보라는 말은 정치적 기호에 따른 여론조사상 분류 영역이 되어갔다.

국가,
억압하고
또 욕망되는

10

영화 속의 시대, 1990년대

세계화, 일류국가화 그리고 종속화

1990년대는 화化의 시대였다. 변화의 시대였고, 변화하고 있다고 변화해야 한다고 여겨지던 시대였다. 민주화 이후 세계화, 정보화, 디지털화 그리고 신자유주의화가 뒤따랐다.

그중 세계화는 1990년대 초 사회주의권 붕괴 이후 서방 선진국들이 자본과 시장을 전 세계로 확대하고자 자유무역질서 체제를 구축하며 급속히 전개되었고, 한국사회에서는 쌀 수입 협정으로 논란이 뜨거웠던 우루과이라운드UR로 가시화되었다. 1993년 12월 15일, 제네바에 모인 116개국의 무역협상대표가 UR 협정문서에 서명함으로써 7년 3개월에 걸친 UR 협상이 공식 마무리되었다. 그리고 1995년 1월 1일, 50년 가까이 국제무역질서를 관장해온 관세무역일반협정GATT 체제의 뒤를 이어 세계무역기구WTO가 출범했다. WTO 체제는 공산품뿐 아니라 농산물·서비스 교역까지를 아우르며 포괄적이고 강제적인 자유무역 규정을 두었는데, 이는 보호무역주의 시대로부터 자유 경쟁 시대로 전환될 것임을 예고했다.

김영삼은 애초 '쌀 시장 개방 절대 반대'를 선거 공약으로 내세우고 당선되었으나 UR에서 자신의 공약을 저버려 국민들의 반발이 거셌다. 그러자 쌀 시장 개방의 필연성을 밝히고 새로운 비전을 내놓고자 세계화 전략을 제시했다. 김영삼은 1995년 1월 6일 새해 기자회견을 하면서 26분간의 회견문 낭독에서 '세계화'라는 용어를 16번 사용했다. 그 내용은 20세기 초 한국사회의 불행은 쇄국 탓이었으니 이제 제2의 개국으로 신한국을 건설하자, 근대화와 산업화를 통해 세계무대의 주변국가에서 중간국가로 올라섰으니 이제 세계화를 통해 세계 중심국가로 발돋움하자, 1995년을 '세계화 원년'으로 삼자는 것이었다.

정부의 세계화는 세계의 표준에 따르는 일류국가화라는 이데올로기로 표출되었다. 언론도 이에 편승하여 『중앙일보』는 「세계화 속에 내일이 있다」와 「세계화 이제는 실천이다」라는 기획기사를 내고, MBC는 1994년 11월 29일에 아홉 시간, KBS는 1995년 3월 3일에 종일 세계화 특집 방송을 내보냈다. 재벌기업들도 나서서 '세계일류'(삼성), '세계경영'(대우), '현대의 세계화, 세계의 현대화'(현대), 'LG의 고객은 세계입니다'(LG) 등의 슬로건을 제작했다.[1] 거기에 대우는 '세계화측정지수'를 발표하고, LG는 영어웅변대회와 '세계 LG인의 밤' 행사를 개최하고, 현대는 '세계화 적응 연수'와 '세계화 체험 교육'을 실시하며 세계화 담론의 확산에 앞장서고 자신의 해외 진출을 정당화했다.

『문화/과학』은 1995년 봄호를 발간하며 "지금 우리 사회는 '세계화'라는 신종국가 이데올로기로 덮여 있다"며 "각종 사회적 문제와 모순은 그 밑에 깔려 제대로 숨도 쉬지 못하고 있는 형편"이라고 토로했다.

이 '세계화'라는 언사가 우리 사회의 모든 문제를 해결해줄 것 같은 만능키처럼 역설되고 있을 때, 사회 한편에는 보수정치의 준동과 외국인 노동자에 대한 '국제적' 차원에서의 착취, 그리고 소박한 상식을 비웃는 각종 대형 사고가 줄줄이 이어졌다. 예부터 집이건 나라건 안의 문제를 해결하지 못할 때 일어나는 불만은 밖으로 눈길을 돌리게 하라는, 책략 아닌 책략이 있었던 것을 모르는 바는 아니다. '세계화'라는 신종 이데올로기가 여전히 이런 낡은 방법의 연장선 위에 있다는 사실은 그것의 허구를 논하기 앞서 오히려 처연함을 일게 한다.[2]

　　한편 비판적 사상계에서는 지구화라는 개념이 쓰였는데, 이는 소련·동구의 몰락에 따른 명실상부한 전 지구적 자본주의의 출현, WTO 체제로 상징되는 새로운 단계의 자본 확산, 정보화 혁명에 따른 시공간 압축, 환경 문제 부상에 따른 인류적 상호의존성 증대처럼 차원을 달리하는 복합적 현상을 총괄적으로 지칭하는 것이었다.[3] 세계화가 "일류국가가 되자"라는 슬로건과 가까웠다면, 지구화는 세계 체제 속 한국의 종속적 지위를 보다 의식하는 개념이었다. 어느 개념이 더 적실했는지는 IMF

사태를 거치며 적나라하게 드러났다. 사실 세계화는 정부의 공식적 영문 표기가 globalization도 internationalization도 아닌 segyehwa였으며, 거기에는 일류화·합리화·일체화·한국화·인류화라는 다섯 의미가 담긴다는 정부 측 설명에도 애초 명료하지 않은 개념이었다.[4]

　　1980년대 진보적 사회과학계에는 종속이론이나 식민주의의 틀로 한국경제를 해석하려는 시도가 존재했다. 해외직접투자, 수입개방 및 자본시장개방, 수출의존 비율 등이 외국에 예속되어 있다는 증표로 제시되곤 했다. 그렇지만 1990년대 중반까지 이어진 호황기로 인해 주류 학계에서는 한국을 종속이론에서 벗어난 모범국으로 간주하더니, IMF 사태로 글로벌한 종속이 다시금 그 모습을 똑똑히 드러냈다. 냉전기의 반공에 버금가는 국시國是처럼 떠받들어지던 세계화도 그 거품이 꺼지고 말았다.

박정희 신드롬이 뜻하는 것

백 년 동안 우리 민족은 너무 많이 헤어졌고, 너무 많이 울었고, 너무 많이 죽었다. 선은 악에 졌다. 독재와 전제를 포함한 지난 백 년은 악인들의 세기였다. 이렇게 무지하고 잔인하고 욕심 많고 이타적이지 못한 자들이 마음 놓고 무리져 번영을 누렸던 적은 역사에 없었다. 다음 백 년의 시작. 21세기의 좋은 출발을 위해서

라도 지난 긴 세월의 적들과 우리는 그만 헤어져야 한다.[5]

　이제『당대비평』을 제대로 소개할 때가 되었다. 창간사「무산된 꿈, 희망의 복원」에는 세태를 두고 한탄이 이어지는데, 다만 경제위기는 언급되지 않는다.『당대비평』은 1997년 11월 21일, IMF 구제금융 신청 직전에 계간지로 창간되었다. 소설가 조세희, 소설가 윤정모, 시인 문부식이 주역이었다. 제호에 대해서는 문부식이『현대사상』과의 인터뷰에서『당대비평』을 발행한 당대출판사의 사명을 두고 "'당대'라고 하면 현대contemporary라는 의미가 있긴 하지만 서구의 단선적인 시간관에서 비롯된 '현대'와는 다른 '시간과 인간 사이의 긴장감을 이루는' 의미가 내포돼 있지요. '당대'라는 말이 투항의 비겁함보다는 '시간을 바라보겠다'라는 자존심이 살아 있는 말처럼 보였어요"[6]라고 답하고 있다.

　『당대비평』은 1997년 창간해 2005년 휴간하기까지 29호에 걸쳐 다양한 분야의 논자들이 대거 참여해 전방위적으로 사회문제를 검토했다.『당대비평』이 다룬 사회문제를 분야별로 가늠한다면 탈식민주의, 위안부 문제, 친일파, 역사주의, 역사 갈등, 교과서의 국민화 책략 등 민족주의와 역사 인식에 관한 논의를 이어가고, 박정희 시대의 폭력, 1980년 광주, 친일파, 민간인 학살 등의 한국의 과거사 문제를 들춰내고, 대북정책, 통일 전략, 반공주의, 북핵, 탈북자 등 분단 체제의 현실을 조명하고, 세계화, 신자유주의, 금융자본, 시장질서, 재벌개혁, 노사관계,

실업문제 등을 쟁점화해 경제민주화의 방향을 모색하고, 가부장주의, 가족주의, 군사주의, 학력주의, 관료주의, 지식권력, 언론권력·종교권력 등 한국사회의 어두운 이면을 파헤치고, 인문학의 위기, 생명공학, 한류, 월드컵 열풍 등을 주목해 당대 한국사회를 비평하고, 시민운동, 노동운동, 평화운동, 장애운동, 동성애운동, 병역 거부운동 등을 주목해 실천의 방향을 탐구했다.

『당대비평』은 이처럼 다양한 논제들을 꺼냈지만, 그중 다른 것들을 아우르는 상위 논제이자 『당대비평』이 끈질기게 붙들었던 논제는 국민들에게 내면화된 국가 이데올로기다. 거기서 기인하는 국가에 대한 맹종, 집단에의 복속 논리, 반공 절대주의, 경제 제일주의를 한국사회의 주요 병인으로 지목했다.

이와 관련된 당시 사회현상이자 『당대비평』과 『아웃사이더』에서 자주 거론된 소재가 이른바 박정희 신드롬이다. 박정희는 1996년 12월 공보처 조사에서 '역사적으로 가장 존경하는 인물' 1위, 1997년 3월 『동아일보』 조사에서 '역대 대통령 중 직무를 가장 잘 수행한 대통령' 1위, 1998년 7월 『조선일보』와 한국갤럽의 '대한민국 50년의 50대 인물' 조사에서 정치 분야 1위, 1999년 12월 『한겨레』의 20세기 20대 뉴스 '한국의 인물' 조사 1위를 차지했다. 1997년 4월에는 박정희를 영웅시한 이인화의 『인간의 길』이 2권까지 선보이자 보수신문들이 대서특필하고 나섰다. 『인간의 길』의 광고 카피는 이랬다. "살아서는 온 세상이 놀랄 일세의 인걸로 살고 죽을 때는 귀신도 울 만큼 참혹하게 영웅으로 죽으리라", "한 인간의 일생을 통해 불타오른 고독과 우수의 마키아벨리즘", "그는 따뜻한 인간의 마을을 지나쳐버리며 고독에서 고독으로 걸어갔다. 다른 누구보다도 더 깊이 죄악 속으로, 야수의 발자국이 새겨진 미지의 길을 따라 점점 더 차갑고, 점점 더 결정적인 고독을 향해 나아갔다. 자식들의 앞날을 걱정하는 대신 어떠한 비극을 무릅쓰더라도 가난과 절망에 빠진 한 민족을 위대한 번영으로 이끌기를 열망했다."

『한겨레』 1997년 5월 13일자는 박정희 관련 특집 기사 제목을 "박정희 유령이 떠돌고 있다"로 뽑고는 그 '유령'이 김영삼의 처참한 실패로 얼룩진 민주화와 개혁의 무덤 위를 떠돌고 있다고 비평했다.[7] IMF 사태를 겪으면서도 박정희 신드롬은 사그라들지 않았는데, 김정란은 『당대비평』 1999년 봄호에 「누가 영웅을 찾는가」를 써서 이 현상을 해석했다.

때아닌 영웅들이 20세기 말의 어지러운 한국사회를 어슬렁거리고 있다. 『조선일보』에서는 지식인들의 항의에도 불구하고 계속 박정희 평전을 연재하고 있고, 박정희 일대기를 소설화한 작품이 발간되는가 하면, 이순신 장군도 무덤으로부터 불려나온다. (…) 그때는 좋았었는데, 몸은 고달팠지만, 그때는 이렇게 별 볼 일 없지는 않았는데. 따라서 이들이 박정희를 그리워한다면, 그것은 박정희 개인을 그리워하는 것이 아니라, 박정희가 대통령이었던 시대, 즉 그들이 허리띠를 졸라매고 가난을 극복했던 그 시대의 자부심을 그리워하는 것이다. 그들이 그리워하는 것은 박정희가 아니라, 그들이 역사의 주역이었던 그 시대에 가능했던 삶의 생

생한 현존이다.[8]

김정란은 이러한 대중들의 정서를 정치가들과 일부 언론이 이용해 박정희 향수를 증폭시킨 측면이 크다고 짚었다. 18년 동안 장기 통치를 했던 박정희는 한국인들에게 '근대화 욕망을 실현하는 주체로서의 국가'라는 인식을 내면화시켰다. 그의 말처럼 가난의 기억을 지닌 한국인들에게 박정희식 근대화는 자기 삶의 서사 일부를 구성하고 있었으며, 그 기억은 경제위기 가운데서 다음 세대에게 전승되었다. 한편 박정희식 근대화가 초래한 국가 권력의 행위에 대한 맹목적 추종, 국가 폭력에 대한 윤리적 무감각증, 효율성에 대한 과도한 맹신, 물신주의에 대한 성찰 결여라는 폐단 또한 한국사회는 20세기를 넘겨서도 떨쳐내지 못했다.

욕망하는 민족주의

국가의 억압, 동원, 검열만이 국가주의의 논제는 아니었다. 국가는 욕망의 대상이기도 했다. 이 지점에서 국가주의는 민족주의와 교차한다.

1980년대에 진보 진영에서 민족주의는 민주주의와 긴밀히 결부된 가치 지향이었다. 군부 종식과 권위주의 정권 청산을 위해서는 외세 지배와 분단 체제 극복이 동반되어야 한다는 의식이 강했다. 따라서 민족은 통일과 사회변혁의 주체로 호명되었다. 이를 저항적 민족주의라고 명명해두자. 그리고 한편으로는 경제성장을 통해 국가 발전을 도모하자는 체제 친화적 민족주의 역시 대중들 속에 자리 잡고 있었다. 이를 발전주의적 민족주의라고 명명해두자. 다만 저항적 민족주의와 발전주의적 민족주의의 경계가 뚜렷하지는 않으며 서로 간에 전이되기도 한다. 가령 1987년 민주화운동은 저항적 민족주의의 성격이 짙었으나, 그 열기는 1988년 서울올림픽을 통한 국제적인 지위 상승의 경험 가운데 발전주의적 민족주의로 옮겨갔다. 2002년 여름 한일월드컵 시기 국가대표팀의 선전으로 고무된 발전주의적 민족주의는 그해 겨울 미군 장갑차 여중생 압사 사건으로 생겨난 촛불 광장의 저항적 민족주의와 접목되었다.

그럼에도 1990년대는 저항적 민족주의에 비해 발전주의적 민족주의가 힘을 키운 시대였다고 말할 수 있다. 1990년대 초 탈냉전의 국면으로 한국인들은 전과 다른 세계를 만나게 되었다. 냉전의 종언 이전, 한반도는 체제 대립의 분절선이자 최전선, 냉전의 발원지이자 냉전의 고도孤島로 남아 있었다. 그러나 세계적인 탈냉전의 추세는 동아시아의 분단 체제를 이완시켰고 한국은 중국, 러시아, 몽골, 베트남과 같은 과거 '적성국가'들과 국교를 맺어 전과 다른 지역상을 획득할 수 있었다. 나아가 국제화된 시장으로서의 세계를 인식하고 경험하게 되었다. 경제성장의 자신감에 차 있던 1990년대 초중반에는 세계 속에서 민족의 지위를 끌어올리자는 발전주의적 민족주의론이 힘을 얻었다. 더불어 한국 민족의 전통, 한국적인 것에 대한 관심이 확산되었다. 1991~1992년에는 역사 인물을 조명한 『소설 동의보감』, 『소설 목민심서』, 『소설 토정비결』이 베스트셀러에 오르고, 광고 카피 "우리의 것은 소중한 것이여"가 당대 유행어가 되고, 노래 <신토불이>가 선풍적인 인기를 모았다. 『조선일보』는 1990년부터 3년 연속으로 '한민족 뿌리찾기' 특집 기사를 연재하고, 1993년에는 전시회 《아! 고구려》를 개최해 1년간 총 358만의 관람객을 동원하여 만주 벌판으로 뻗어나가는 제국의 판타지마저 아른거리게 했다.[9]

이렇게 고무된 민족주의는 체제에 대한 저항성을 그다지 띠지 않으며, 한반도의 남쪽만을 시야에 둔 것이었다. 이러한 경향은 1990년대 중반 '제2의 개국', '제2의 근대화'라고 수식된 세계화 담론과의 결합을 거쳐 1990년대 후반 경제위기 가운데서의 국난 극복 서사로 전개되었다. '단군 이래 최대의 위기'로 회자된 IMF 사태 가운데 언론은 '금 모으기 운동'을 '제2의 국채보상운동'으로 선전하고, 기업도 '국산품 애용운동'을 펼쳤다. 한국 콜라 회사가 '콜라독립 8·15'를 선보이고, 한글과컴퓨터사는 '한글 8·15판'을 내놓았다. 프로스펙스의 광고 "당신은 달러를 신고 있습니까?", 로케트전기의 광고 "내 삐삐에서 달러가 나간다"는 보다 노골적이었다. 많은 국민이 여기에 호응했다. 다만 그들이 국난 극복에 애쓰는 동안 누가 국난을 불렀는지에 대한 물음은 잊혀져갔다.

이윽고 박찬호, 박세리 같은 스포츠 스타에 대한 국민적 열광이 일었다. 박찬호가 미국 메이저리그에서 승수를 올릴 때마다 국민적 위안거리이자 자랑거리로서 뉴스의 앞자리를 차지했으며, 공익 광고에서 박세리가 물에 빠진 공을 걷어 올리는 장면은 국난 극복을 다짐하게 했다. 언론은 그들의 개인적 성취를 국민 통합과 경제 재건의 메시지로 옮겨내느라 부심했다. 경제 위기는 대리 만족을 통한 보상 심리를 더욱 부채질했다.

그리고 한류가 시작되었다. 한류는 또 한 번 발전주의적 민족주의를 자극했다고 할 수 있을 테지만 유례없는 현상이었다. 드라마를 중심으로 한국 대중문화가 중국 시장에 진출해 성공을 거두자 중국 언론은 1999년 무렵 한류韓流라는 용어를 쓰기 시작했다. 이윽고 2000년대 초반 《겨울연가》를 통해 일본에서 '욘사마 신드롬'이 일어났다. 생경한 문화 현상을 둘러싸고 지식계·언론계에서 논의가 뜨거웠다. "한국적인 것이 세계적인 것이다"라는 민족주의 담론, 한류 열풍을 계기로 한국 브랜드의 아시아 시장점유율을 높이자는 수출주의 논리, 한류의 아시아 시장 진출은 변형된 문화제국주의에 불과하다는 탈식민주의 시각 등이 교차했다. 조한혜정은 한류에서 "경제 이윤을 남길 수 있는 호기를 최대한 활용하자는 수출제일주의, 미국 문화의 독점적 영역을 이제 우리가 점거하기 시작했다는 식의 제국주의적 근대화주의, 그리고 '반만 년 역사'를 거론하는 본질적 민족주의를 읽어낸다면 지나친 비약일까?"[10]라고 논평했는데, 결코 비약이 아니었다. 하지만 일부 비판적 지식인들의 논설을 제외하곤 경제주의와 결합된 발전주의적 민족주의가 한류 담론의 주된 흐름이 되었다. 이 시기에는 임지현의 『민족주의는 반역이다』 (1999)를 비롯해 탈민족주의 담론이 힘차게 등장했지만 사상계를 넘어 대중화되기에는 역부족이었다. 민족주의와 국가주의의 결합에 대한 비판과 자성의 목소리가 일각에서 나오다가도 중국의 동북공정, 일본과의 독도분쟁을 접하면 국가주의적 민족주의의 벽에 가로막히곤 했다.

이주노동제도, 한국판 노예제

한류가 세계 속 한국의 문제라면, 이주노동자는 한국 속 세계의 문제였다. 1990년대에 들어서자 이주노동자가 한국사회로 대거 유입되었고, 2000년대부터는 외국인 결혼이주자와 북한 이탈주민이 크게 늘어났다. 극소수의 화교를 제외하고는 외국인과 공존한 역사가 없던 한국인에게 낯선 경험이었다. 한국사회 내 국적 구성이 다양해지고 단일민족 관념도 흔들렸다. 하지만 『아웃사이더』 2002년 9월호 특집이 '한국판 노예제 철폐를 위해서'였던 데서 엿보이듯 이주노동자의 노동조건과 생활조건은 무척 열악했다. 『당대비평』도 2002년 봄호 연속기획 '한국사회의 편견과 차별의 구조 4'로써 '외국인 이주노동자'의 문제를 짚었다.

이주노동자 증가는 어떤 의미에서 1987년 민주화의 효과였다. 한국은 오랫동안 노동력 송출국이었지만 노동자 대투쟁

열기가 뜨거웠던 1980년대 후반을 거치며 국내 노동자들의 임금이 상승하고 권익이 향상되자 3D 업종을 중심으로 저개발국가의 노동자들을 유입했다. 1980년대 후반에는 외국인 노동자의 불법체류를 묵인하다가 1991년 해외투자 법인을 통해 현지법인연수생을 들여왔고, 1994년부터 본격적으로 '산업연수생'이란 편법으로 외국 인력을 받았다. 산업연수생은 1년의 연수과정을 거쳐 2년간 국내에서 취업할 수 있었는데, 연수생이라는 모호한 지위로 인해 산재보상 등 근로기준법상 일부 조항만을 적용받을 수 있었다. 사실상 노동자이지만 기술을 배우러 온 학생처럼 대한 것이다.

산업연수생들은 비자 발급 비용, 브로커 비용 등으로 빚을 내서까지 한국으로 들어왔지만, 임금은 한국노동자에 비해 턱없이 적었고 장시간 노동 강요, 임금 체불, 고용주의 폭력 같은 횡포가 있어도 직장을 옮길 수 없었다. 취업기간이 만료되면 이들은 상시적으로 출입국관리사무소의 단속과 강제추방의 위협에 시달렸는데, 이들의 불리한 조건을 악용하는 사업체들이 여권 압수, 외출 금지, 감금 노동, 성폭력 등 인권 침해를 저지르기도 했다. 그러다 국내외 비난에 떠밀려 2004년부터 실시된 '고용허가제'도 사업주에게 고용을 허가하는 제도이지 '노동허가제'가 아니었다. 이주노동자는 노동조건이 부당해도 고용주의 동의를 얻어야 일터를 옮길 수 있었다. 이주노동자들은 사업장에서뿐만 아니라 한국사회의 일상에서도 인종주의적 편견과 차별에 노출되었다. 유럽계 백인들을 향한 흠모의 태도와는 거꾸로 비서구 저개발국가 유색인에 대한 차별의 시선은 한국사회의 뒤틀린 식민성을 반영했다.

한국사회 속 미국과 일본

민족주의는 타자를 매개한 자기인식이다. 한국의 민족주의는 북한, 미국, 일본, 중국 등 타국, 타지역을 향한 국민적 인식에 의해 복합적으로 구성되고 변동한다. 1990년대에 이들 주요 주변 국가들에 대한 인식은 어떠한 것이었을까.

냉전기 분단 체제 아래서 한국은 친미 반공 독재국가로서 미국의 군사적 보호를 받으며 경제적 근대화에 경주할 수 있었다. 따라서 1980년 광주항쟁을 거친 이후 1987년까지 미국에 대한 비판은 반공주의 그리고 독재 체제에 대한 비판과 궤를 같이했다. 자유주의자들은 미국의 독재정권 지원 정책을 비판했고, 저항적 민족주의자들은 미국이 분단을 고착화시킨 외세이자 제국주의 국가라고 폭로했고, 좌파 진영은 미국을 한국 민주화를 가로막는 결정적 세력으로 지목했다. 하지만 미국을 무조건적인 동맹국이자 시혜적인 우방국으로 여기는 기득권 세력과 대중들의 인식도 쉽게 무너지지 않았다. 그것은 친미를 넘어서 숭미에 가까운 것이었다.

1990년대 초중반은 냉전이 끝났으나 분단 체제가 유지되는 가운데 문민정부가 등장하고, 미국 주도의 세계화가 패권적

196

으로 관철되기 시작하던 무렵이었다. 따라서 세계화를 대하는 한국사회의 반응에는 미국을 바라보는 입장이 투영되어 있었다. 지배 세력과 기성 언론은 세계화가 국경과 관세 장벽의 경계를 허물어 국제적 생산과 교역을 활성화해 상호 번영의 혜택을 제공할 것이며, 그로써 한국은 미국처럼 선진사회로 진입할 수 있으리라고 내다봤다.

　　당시 한국사회에서는 미국 선망이 세계화 바람에 실리며 '영어 조기교육' 열풍이 일었다. 『조선일보』는 이른바 '세계화 선언'으로 불리는 1994년 11월 17일 김영삼의 시드니 기자회견 직후 '세계화는 말이다', '세계화 경쟁력', '일류시민을 키우자' 등의 기획기사를 쏟아냈는데, 그 첫 번째 기사의 제목은 "영어 조기교육이 국민경쟁력"으로 전 국민의 영어 능력 향상을 강조하는 내용이었다.[11] 1994년 출간된 영어학습서 『꼬리에 꼬리를 무는 영어』는 3년 동안이나 베스트셀러 10위권 안에 머물렀다. 영어 발음을 좋게 하려고 혀를 들어올려 설소대를 절단한 후 다시 유착되지 않도록 가로로 봉합해주는 설소대성형술을 유아에게 하는 경우도 있었다. 1994년 미국 비평서 『미국분 미국인 미국놈』이 화제가 되기도 했지만, 1997년 삼성생명이 청소년들을 대상으로 한 "다시 태어나면 어느 나라에서 태어나고 싶은가"라는 물음에 64퍼센트가 한국 이외의 나라를 택했으며, 그중 미국은 29퍼센트로 압도적인 1위를 차지했다.[12]

　　반면 세계화는 반미적 민족주의 담론의 기제이기도 했다. 세계화로 인해 경제적으로 미국 등 선진국 자본이 민족자본을 흡수하고, 문화적으로는 미국 등 중심부의 소비주의적 대중문화가 다양한 토착문화를 잠식함으로써 미국적 획일주의가 초래되리라는 우려 또한 존재했다. 1999년 무렵에는 이러한 문제의식이 '맥도날드화'라는 개념으로 집약되었다.

전 지구적 세계화와 한국사회 내 반미주의가 결합하는 이유는 또 있었다. 지난 반세기 동안 누적된 주한미군의 범법적 행위, 그리고 1999년 드러난 미군의 노근리 학살 사건, 2002년 미군 장갑차에 두 소녀가 압사당한 사건, 그럼에도 불평등한 주한미군지위협정SOFA 말이다. 거기에 2003년 미국이 이라크에서 학살에 가까운 전쟁을 벌이고 한국정부에 파병을 요청하면서 일어난 논란은 촛불시위로 이어지며 반미주의를 하나의 대중적 정서로 키워놓았다.

이제 미국에 이어서 일본이다. 1990년대 한국사회에서 일본은 어떠한 대상이었던가. 대동아공영권이 해체되고 나서 냉전 체제가 초래한 적대성의 이중화와 은폐작용은 일본과 이웃 국가들의 관계를 복잡하게 만들어놓았다. 냉전의 분단선으로 인해 일본과 중국, 북한의 관계는 냉전 대치의 이쪽과 저쪽으로 분할되어 적대성이 이중화되었고, 일본과 한국, 타이완은 같은 서방 진영에 놓이면서 냉전 이전의 적대성이 은폐되었다. 따라서 1990년대 초 냉전의 종결은 필연적으로 한일관계의 질적 변화를 예고했다.

냉전기에 한일 양국 정부는 경제발전과 반공이라는 공동의 목표를 앞에 두고 있었기에 식민지 시기의 과거사를 그다지 문제 삼지 않았고, 기본적으로는 1965년 한일기본조약에 의해 법률적으로 매듭지어졌다는 입장이었다. 그런데 탈냉전에 접어들자 냉전 체제로 억압되어 있었던 냉전 이전의 역사 기억이 회귀하면서 어지러운 기억의 전투가 펼쳐졌다. 특히 1992년 '종군위안부' 문제가 터져나와 한일 간 외교문제로까지 커졌다. 1990년 정신대연구회 발족 전까지 종군위안부의 목소리는 오랫동안 침묵 속에 가라앉아 있었다. 일본에 의존하지 않을 수 없었던 역대 정권은 식민지 잔재의 청산은커녕 군위안부 문제를 제기할 능력도 의지도 없었다. 하지만 김학순 할머니가 스스로 구일본군 위안부였음을 밝히자 한국, 북한, 중국, 타이완, 인도네시아, 필리핀 등 곳곳에서 피해자가 자기 존재를 드러내기 시작했다. 위안부만이 아니라 강제 연행, 징용, 원폭 피해, BC급 전범 등 역사 속 여러 피해자들이 목소리를 내기 시작했다. 여기에는 한국, 타이완, 필리핀, 인도네시아 등 과거 일본의 침략이나 식민지배를 받은 나라들이 1980년대 후반을 전후하여 군사 독재정권으로부터 민주화되었다는 정치적 맥락도 자리 잡고 있다.

한편 전여옥이 도쿄 특파원 시절에 겪거나 관찰한 일을 담은 기행문 형식의 책 『일본은 없다』가 1993년 11월 출간된 이후 밀리언셀러가 되었다. 책 내용은 '일본인들은 이지메가 심하다', '일본에는 부모에 기대어 사는 애 같은 어른이 많다', '일본 남자들은 마마보이다', '일본 여자들은 미성숙한 일본 남자보다 백인이나 흑인 남성을 좋아한다'처럼 자극적인 일본인론 일색이었는데, 과거 제국이자 현재 선진국인 일본을 상대화하여 대중적

인기를 얻었다.

1990년대 후반이 되자 일본문화개방 문제가 사회적 이슈가 되었다. 사실 편견과 표피적 인식으로 가득한 『일본은 없다』의 대중적 성공은 이웃나라이자 역사 관계가 뒤얽힌 일본에 대해 의식은 많이 하지만, 정보와 지식은 부족하다는 조건에서 가능한 것이었다. 그런 가운데서 『일본은 없다』만이 아니라 『일본은 있다』(1994), 『일본은 있다 없다를 넘어서』(1996) 같은 책들이 이어지고 또 화제가 될 수 있었다.

이제 시대가 달라졌다. 1998년 10월 문화관광부는 일본대중문화를 단계적으로 개방하겠다고 발표했다. 그로써 일본영화와 비디오, 출판, 만화 중 일부를 즉시 개방하게 되었다. 가령 영화는 세계 4대 영화제 작품상과 감독상을 받은 작품, 한일 공동제작 영화(20퍼센트 이상 출자하거나 한국인이 감독, 주연 등으로 참여한 경우), 한국영화에 일본배우가 출연한 작품을 수입하는 것이 가능해졌다.[13]

이러한 정부의 개방 결정에 대해 찬성하는 쪽은 이미 한국의 방송문화마저 모방에서 완전 표절에 이르기까지 일본화되어 있으며, 일본 대중문화 수입을 금지시킬 수도 없다는 현실론을 이유로 들었다. 해적판 만화가 돌고 있고, 위성방송을 통해 방송이 들어와 있고, 더욱이 인터넷을 타고 오는 정보들을 차단하기란 거의 불가능했다. 반면 개방 결정에 대해 반대하는 쪽은 일본 대중문화산업의 덩치를 우려했다. 당시 일본의 영화시장과 가요시장 규모는 세계 1위 미국에 버금갔다. 여기에는 민족주의적 경계심도 작용했다. 일본 대중문화 개방 조치가 취해진 1998년을 전후로 해서 일본을 정벌한다는 『무궁화꽃이 피었습니다』와 『남벌』이 큰 인기를 모았다.[14]

한편 1990년대 후반 사상계에서는 과거사와의 조우, 탈민족주의적 연대의 모색, 패권주의적 국가주의의 극복을 위한 일본 사상계와의 교류가 활발해졌다. 그중에서도 한국과 일본 지식인 간의 중요하고도 지속적인 의제는 역시 '민족주의'였다. 민족주의 문제는 식민화와 근대화, 역사주의와 국민주의 등과 얽혀 있는 학적 난제이며, 위안부 문제·친일파 청산·영토분쟁·역사분쟁과 닿아 있는 현실상의 논제다. 그리고 2001년 후소샤판 역사교과서 검정과 발행, 그리고 이를 둘러싼 양국 시민사회 차원의 교과서 불채택운동처럼 사회적 동향으로부터 지속적으로 논의의 동력을 공급받았다.

북한 인식의 이면

이제 북한이다. 1987년 민주화 과정에서 민주주의와 더불어 고양된 저항적 민족주의는 노태우 정부 취임 이후 남북한 관계 개선과 통일 논의를 이끌어냈다. 노태우 정부는 1988년 7·7선언과 1989년 9월 한민족공동체통일방안을 발표해 북한을 '적'이 아닌 '동포'이자 '동반자'로 규정하고, 남북교류 증진과 점진적 통일 방안이라는 변화된 대북정책의 틀을 마련했다. 북방외교의 성공으로 북한에 비해 외교적으로 우위에 섰다는 자신감에 근거한 조치였다. 남북관계 진전은 1990년 9월 남북고위급회담 개최, 1991년 9월 남북한 유엔 동시 가입, 1991년 12월 남북 화해와 불가침 및 교류 협력에 관한 합의서 채택과 한반도 비핵화 공동선언 등으로 이어졌다.

하지만 김영삼 정부가 들어선 뒤 북한 핵문제가 불거지더니 1993년 3월 북한이 핵확산금지조약 탈퇴를 선언하며 남북관계가 경직되었다. 이를 두고는 1992년 한중수교가 이루어지며 북중동맹이 이완되자 북한이 자위 차원에서 핵개발을 서둘렀다는 분석이 일반적이다. 1994년 7월 김일성 주석이 사망하자 일부 재야인사와 학생들이 조문 의사를 표했는데 정부가 이를 제지했다. 이 사건을 계기로 북한은 남한 정부를 비난했고, 남북관계는 다시 냉각되었다. 김정일은 북한의 최고지도자가 되자마자 극심한 흉년과 기아 사태가 지속되는 '고난의 행군'에 나서야 했다. 1995년부터 1997년까지 3년 동안 주민 100만 명 이상이 굶어 죽었다는 설도 나왔다. 김영삼 정부는 남한의 경제력 우위를 바탕으로 흡수통일의 의지를 밝혔으나 김정일 체제는 경제적 시련 가운데서도 점차 안정화되었고 남북관계는 진척을 보지 못했다.

김대중 정부에 들어서 남북관계가 진척되었다. 김대중 정부는 1999년 연평도 부근의 북방한계선에서 남북한 마찰이 일어난 가운데도 민간인의 북한 방문을 권장하는 등 햇볕정책으로 대변되는 대북 포용정책을 펼쳤다. 그리고 2000년 6월 분단 이후 처음으로 남북정상회담이 성사되어 6·15 남북공동선언이 발표되었다. 6·15 공동선언 이후 남북 간 이산가족 상봉이 이뤄지고, 문화·예술·언론 등 여러 분야에 걸쳐 교류가 진행되었다. 특히 철도·도로 연결 사업, 개성공단 건설 사업, 금강산 관광 사업 등 3대 경제 협력 사업은 남북교류의 상징이었다. 하지만 남북관계는 이어진 북한의 핵실험과 2001년 9·11테러 이후 부시 행정부가 북한을 '악의 축'으로 지정하는 등 북미 갈등으로 말미암아 지지부진해졌다.

이렇게 1990년대에 걸쳐 남북관계가 호전과 악화를 거듭하는 동안 1990년대 초 통일을 바라는 국민적 열기는 평화적 상태에 대한 바람으로 옮겨갔다. 1993년 북핵 위기, 1994년 전쟁 위기, 그리고 뒤이어 북한이 '고난의 행군'을 겪으면서 한국에서는 우월감을 갖고 북한을 후진국으로 대하는 인식이 확산되었다. 한국의 민족주의는 남한만의 민족주의로 옮겨갔으며, 그 내용은 한반도 통일보다는 한국의 경제발전을 향했다. 그리하여 1990년대 한국사회에서 대중들의 북한 인식은 핵개발 같은 안보 이슈를 좀처럼 넘어서지 못했다. 이와 같은 북한 인식의 결락은 북한에 대한 오리엔탈리즘적 시선, 근대화론적 접근, 이념적 거부감, 강대국 중심의 사고방식 등을 바닥에 깔고 있었다.

1990년대가 끝나갈 무렵에는 탈북자의 존재가 언론에 오르기 시작했다. 그들은 1990년대 초반까지 10명 이내의 적은 인원이었으나, 1994년 김일성 사망을 기점으로 증가해 2000년 무렵에는 600명을 넘어섰다. 탈북자들은 국제법상의 보호를 받는 난민으로 인정받지 못했다. 유입 초기에는 이들에 대해 호기심과 동정심을 보였지만, 북한의 열악한 경제 상황으로 유입자가 늘어나자 관심이 옅어졌다.[15] 『당대비평』 2001년 가을호는 쟁점기획으로 '우리에게 탈북자는 누구인가'를 꾸렸는데, 그 취지를 보자.

북한의 심각한 궁핍화를 보면서, 혹은 탈북 유민이 처한 처참한 실태에 대해 들으면서 우리 대부분은 어떤 형태로든 체제 우위에 대한 자긍심에 뿌듯해했고, 그러한 우월감은 자동적으로 탈북자를 열등한 존재로서 대상화하는 사유 과정으로 이어졌다. 이러한 우리의 우월의식은 그들이 우리 사회 안으로 진입하고자 할 때 그들에게 충분한 시민권을 공여하지 않으려는 무의식적 노력으로 이어진다. 그것이 바로 우리 속에 도사리고 있는 편견 메커니즘의 속내다.[16]

한국사회에서 탈북자 문제는 하나의 객관적 실체라기보다는 사회적 구성물로 접근해야 할 필요가 있다. 다시 말해 탈북자들의 부적응 탓이라기보다 한국정부와 사회가 만들어낸 측면이 없지 않다. 호칭만 봐도 그렇다. 북한에서 온 자들은 시대와 상황에 따라 월남귀순자, 귀순용사, 귀순북한동포, 북한이탈주민, 자유북한인 그리고 탈북자 등으로 불렸다. 이 중 탈북자는 고향을 버리고 도망쳐온 사람이라는, 아픔을 정면으로 건드리는 표현이었다.[17]

이러한 호칭의 변화는 한국사회에서 탈북자 활용 방식의 변화를 반영한다. 반공 이데올로기를 통치수단으로 삼던 군사 정권 시절에는 탈북자들이 북한 체제의 호전성과 비인간성, 남한 체제의 우월성을 입증하는 정치적 가치가 큰 존재였다. 그런 까닭에 1990년 이전의 탈북자들에게는 전폭적 지원이 주어졌다. 그러나 1990년대에는 반공 이데올로기의 효용성과 함께 탈북자들의 정치적 가치가 줄어들어 1990년대 후반부터 들어온 탈북자들 상당수는 정착 단계에서 실업과 빈곤 등으로 고통을 겪게 되었다.[18]

통제,
사상에서 일상으로

11

새로운 공개시, 1990년대

병영국가와 병역 거부

당시 잡지들은 오래되고 또한 정황에 따라 달라지는 국가주의 문제를 어떻게 접근했던가. 『당대비평』의 경우 시민의 인권과 자유를 중시한다는 관점을 견지하면서도 새로운 주제군을 선보였다. 가령 당시까지 제대로 가시화되지 못한 병역 거부 문제를 주목했다. 2002년 봄호 머리글이 「2002년 봄, 평화와 인권을 생각하며: '병역의무'의 정치학」이었고, 2002년 여름호 특집 1 「폭력의 문화를 거슬러: '양심적 병역 거부'의 의미를 묻는다」가 이어졌다. 여기에 수록된 좌담 「양심적 병역 거부의 자유는 있는가」에서 오간 이야기의 한 자락을 들어보자.

김기중: 그래서 대부분 군대 가는 사람들이 피해의식 때문에 군대 가지 않은 사람들에 대한 분노에 젖어 있다고 볼 수 있는 건가요?

(…)

신윤동욱: 제가 느끼기에 한국사회에는 애국 혹은 공공선이라는 개념이 있어요. 그사이에서 한 개인이 얼마만큼 애국 혹은 공공 선으로부터 벗어나 있을 수 있느냐 하는 문제가 생깁니다. 어쩌 면 1980년대 한국의 학생운동이 양심에 따른 병역 거부를 상상 하지 못했던 것도 당시 운동사회를 휩쓸었던 '애국주의' 열풍에 상당한 이유가 있지 않나 생각됩니다.[1]

여호와의 증인 신도들의 병역 거부가 오랫동안 반복되어왔 지만 기성 언론은 눈길을 주지 않았다. 이 좌담에 참가한 신윤 동욱 기자가 『한겨레 21』 2001년 2월 15일자에 「차마 총을 들 수가 없어요」라는 2쪽짜리 기사를 올린 것이 한국 언론의 최초 보도 사례였다. 집총을 거부해 감옥에 갇힌 신도들을 인터뷰한 내용이었다. 지식인들 중에는 박노자가 칼럼과 강연의 형태로 병역 거부를 사회적 논제로 끌어올리는 데 힘을 썼다.

2001년 12월, 불교신자이자 평화운동가인 오태양이 양심 적 병역 거부를 선언했다. 이제 양심적 병역 거부는 특정 종교 신자만의 문제가 아니었다. 천주교, 기독교, 불교 신자 가운데 서도 병역 거부자가 등장했고, 평화주의·생태주의·성소수자 정 체성 등 여러 양심상의 이유로 병역 거부를 선언하는 청년들 이 늘어났다. 양심적 병역 거부 문제는 사회적 논쟁으로 점화되 어 2002년 2월 평화인권연대, 인권운동사랑방, 민주사회를 위 한 변호사모임 등 36개 시민사회단체가 모여 '양심에 따른 병역 거부권 실현과 대체복무제도 개선을 위한 연대회의'를 발족하고, 양심적 병역 거부권과 대체복무제도를 알리는 활동에 나섰다. 나아가 징병제도 자체를 문제시하는 잡지의 기획들도 나왔다. 병역의 경험과 기억은 국가주의, 집단주의, 남성주의, 비장애인주의를 강화하는 이데올로기적 기제이기 때문이다. 『아웃사이더』 2003년 6월호는 '병영국가 대한민국'을 특집으로 내놓고 「병영국가 대한민국」, 「주류 개신교 집단의 군사문화적 '소양'」, 「군사주의는 어떻게 만들어지는가」, 「체력이 국력이다?」를 실었다. 다음은 권혁범이 『당대비평』 2002년 봄호에 쓴 머리말 「2002년 봄, 평화와 인권을 생각하며: '병역의무'의 정치학」에서 취한 내용이다.

반세기의 분단 체제 하에서 우리 몸속에 내면화된 의식이 몇 개 있다. 첫째, 국가 안보는 초월적이다. 그것은 개인과 소집단의 이해를 초월해서 누구에게나 소중한 목표다. 그것을 지키기 위해 요구되는 희생은 정당한 것이거나 어쩔 수 없는 것이다. 희생과정에서 일어나는 문제는 인권유린이 아니고 군대라는 특수사회의 반영일 뿐이다. 둘째, 군대 경험은 긍정적이다. 그것을 통해서 협동정신과 극기력을 기르고 성숙한 어른으로 성장한다. 셋째, 병역의무 수행은 남자로서 당연한 것이다. 징병을 기피하는 짓은 사나이답지 못한 비겁한 행동이다. 넷째, 병역의무를 수행하지 않는 자는 정상적인 '국민'이 될 수 없다.[2]

그럼에도 2004년 7월 15일 대법원은 양심적 병역 거부자에 대해 유죄를 확정하는 판결을 내렸다. 판결 요지는 병역의무가 이행되지 않아 국가의 안전 보장이 이뤄지지 않으면 인간의 존엄과 가치도 보장될 수 없으며, 대체복무제 인정 여부는 입법부인 국회의 재량이라는 것이었다. 거기에 고위층 자제에 의한 병역 기피가 빈번한 상황에서 병역 거부가 '양심적' 행동이라는 것에 대한 대중의 승인도 크지 않았다.

여전한 반공주의와 국가보안법

1990년대 국가주의를 사고할 때 중요 논점 하나는 여전한 반공주의다. 한국전쟁 이후 반세기 동안 한반도 남쪽은 반공주의의 수용소였다. 반공주의는 한국사회의 정치구조를 규정한 가장 강력한 통치 이데올로기로서 지배질서에 대한 모든 형태의 비판과 저항을 불순이나 용공으로 내몰아 봉쇄하고 탄압할 수 있었다. 노동자 파업은 빨갱이 세력의 작당으로, 민중 궐기는 공산주의 추종자들의 소행으로 매도되어 공권력에 짓밟혔다. 반공주의는 5·16 쿠데타와 유신독재, 광주학살과 군부독재 성립과 유지 과정에서 일등공신이었다. 그 세월 동안 정치행위는 물론 학문과 종교와 예술을 포함한 정신활동마저 국가보안법의 울타리 안에서 허용되었다.

국가보안법은 1948년 12월에 제정되었는데, 일제시기 독립운동을 탄압하던 수단인 치안유지법을 차용한 것이었다. 해방 후에도 국가보안법의 존재로 인해 불온한 사상은 그것이 머릿속과 대화 가운데 머문다 할지라도 범죄 구성요건이며 사법 처리 대상일 수 있었다. 더욱이 기나긴 분단 대립을 거치며 반공주의는 공민교육의 지상과제로서 나날의 언론 메시지가 되어 전전세대를 넘어 전후세대의 의식과 신체 또한 규율했다. 조희연은 '내전'의 독특한 역사적 경험으로 인해 반공 이데올로기가 일종의 가상적인 국민적 합의로 내재화된 동질적인 극우공동체를 '반공규율사회'라고 명명했다.[3] 반공규율사회는 기득권 집단 이외의 세력에게 정치적 접근의 기회를 봉쇄하는 법적 장치인 국가보안법과 체제 내 저항을 무력화하는 물리적 장치인 경찰 등을 활용해 기득권 집단의 배타적이고 독점적인 이해를 보호했다.

1987년 6월 민주항쟁에 따른 민주화도 해방 이후 지속되어 온 권위주의 체제를 해체하기에는 역부족이었다. 1987년을 통해서는 제한적 민주주의를 성취했을 뿐이다. 국가보안법은 유지되고 온전한 언론, 출판, 집회, 결사의 자유는 보장되지 않았다. 노동자를 포함한 비기득권층은 여전히 제도정치에서 배제되었다. 이 권위주의 체제를 반공주의가 떠받치고 있었으며, 반공주의는 1989년 동구 체제 몰락, 1991년 소련 해체를 거치고서도 여전히 위력적이었다.

1990년 4월 헌법재판소가 국가보안법 제7조(찬양고무)에 대해 한정 합헌 결정을 내린 이후에도 "반국가 단체를 이롭게 하려는 목적의식이 없더라도 이롭게 하거나 이롭게 할 수 있다는 사실을 알고만 있으면 처벌할 수 있다"는 대법원의 판례는 처벌 기준으로 활용되었다. 일례로 1994년 이른바 '『한국사회의 이해』 사건'이 일어났다. 창원지검과 경남지방경찰청은 『한국사회의 이해』를 집필한 경상대 교수 9인과 출판사대표 등 총 10인을 국가보안법 위반 혐의로 조사했다. 공소장은 "김영삼 정권은 문민정부라고 하지만 정부 내에는 아직도 군부와 독재관료 세력이 엄존하기 때문에 미국과 국내 재벌의 지원을 받아 집권한 김 정권 역시 국내외 독점자본의 이익을 대변할 것" 같은 구절을 문제 삼아 그들을 기소했다. 이러한 사상적 검열은 1990년대 내내 이어졌다.

또한 반공주의는 소수 인사들에 대한 직접적 사법처리보다 대중들을 향한 상징적 검열로 더 큰 효과를 내고 있었다. 좌익, 프롤레타리아트, 사회주의, 공산주의는 공공연하게 입에 담기는 어려운 말이었다. 공산당은 공비, 즉 도둑 혹은 악한과 동일시되었다. 노동당은 괴뢰, 즉 꼭두각시 혹은 허수아비라는 뉘앙스가 주입되었다.

일상화된 반공주의는 공산주의에 대한 과민반응과 나아가 진보주의 일반에 대한 적대적 태도를 부르는 레드콤플렉스red complex를 한국사회에 유포시켰다. 평화주의 세력은 친북 좌익으로 찍히고 빈부극복, 노동인권, 복지증진, 양성평등, 균등발전, 균형외교를 주창하는 자는 언제든지 빨갱이로 내몰릴 수도 있다는 공포심을 이겨내야 했다.

'음란성'으로 규율하다

검열은 검열당하는 것이 품고 있는 내용과 그렇지 않은 것이 품
고 있는 내용의 문제가 아니라, 바로 검열 그 자체를 지속시킨다
는 데에 문제가 있다. (…) 검열이란 바로 말해지거나 말해지지
않거나, 그 여부와 상관없이 우리의 모든 표현에 가해지는 법칙
이다. 그리고 이는 무엇을 말해야 하고, 또 어떻게 말해야 하는가
를, 그리고 또 그것이 어떻게 이해되고 해석되어야 하는가를 결
정하는 담론의 근본적인 힘이다. 따라서 검열은 모든 표현에 가
해지는 힘이지, 어떤 특수한 말에만 가해지는 힘이 아니다.[4]

서동진의 이 발언은 국가보안법을 통한 사상적 검열에 적
용될 수 있을 것이다. 반공주의는 공산주의를 검열할 뿐만 아니
라 모든 사상을 숨죽이게 만든다. 하지만 이 글에서 국가보안법
같은 단어는 나오지 않는다. 그는 당시의 '문화적 검열'과 '표현
의 자유'라는 문제의 맥락에서 이 글을 썼다. 1990년대 검열 문
제는 정치적 민주화의 진전에도 불구하고 현존하는 국가보안법
과 함께 문화 영역에서 등장한 청소년보호법 같은 새로운 검열
장치로 인해 복합적 성격을 갖게 되었다.
1990년대에는 '사상의 자유'와 함께 '표현의 자유'가 숱한
사회적 논제를 형성했다. 단순화의 위험을 무릅쓰고 말하자면,
예술작품이나 문학작품이 검열당하고 금지 목록에 오르는 경우
1980년대에는 대부분 이념적 이유였다면, 1990년대에는 외설

성이나 음란성이 주된 논거였다. 사회적 논란을 일으킨 쪽은 사회주의 이론서, 체제 전복 문건이 아니라 성을 소재로 한 영화, 소설, 만화였다. 전자가 사상의 자유를 억압하는 국가보안법의 영역이라면, 후자는 표현의 자유를 저해하는 청소년보호법 등의 영역이었다. 사상의 자유는 이념적 주의·주장을 통해 드러난다는 점에서 비교적 선명하지만, 표현의 자유는 사회의 도덕적 통념이 판단의 잣대로 사용되기 때문에 논란이 많고 전문가와 대중 간의 입장 차이도 커질 수밖에 없었다.

앞의 서동진의 글「검열당하지 않음의 폭력은 표현의 정치학이다」는 『리뷰』 1996년 여름호 특집 '말할 수 있는 것과 말할 수 없는 것'의 한 편으로 수록되었다. 거기에는「정태춘, 우리 대중음악의 마지막 독립군」,「모자이크 또는 선: 동일성의 폭력에 대한 보고서」,「『즐거운 사라』와 모럴 테러리즘」,「사전심의, 한국 영화의 족쇄」,「누가 심의를 검열이라 우기는가: 어느 검열관의 독백」,「파란 리본과 빨간 리본의 사이버스페이스 전쟁」이 함께 실렸다. 글들의 제목을 보면 당시 문화 검열의 쟁점이 얼마간 드러난다.

그런데 두 가지 획기적인 판결이 나온다. 헌법재판소는 1996년 10월 4일과 10월 31일 각각 영화사전심의와 음반사전심의에 대해 위헌 결정을 내렸다. 음반사전검열은 1933년 조선총독부 경무부가 실시한 것인데 폐지까지 63년이 걸렸다. 거기에는 가수 정태춘의 6년여에 걸친 부단한 투쟁이 있었다. 정태춘은 1990년에 심의 결과 및 가사 수정 지시를 전면적으로 거부하고 음반 《아, 대한민국…》을 제작하고 배포했다. 그러고는 1991년 1월 29일 '음반 및 비디오에 관한 법률 개악 저지를 위한 대책위원회' 의장이 되어 사전검열제도와 긴 시간 맞섰으며, 끝내 이겨낸 것이다.[5]

하지만 음란물에 대한 검열은 남아 있었다. 특히 국가의 과도한 처분으로 1990년대 초 논란이 된 작품은 『즐거운 사라』였다. 마광수는 1991년 서울문화사 판본이 간행물윤리위원회의 제재를 받자 1992년 청하에서 개정판을 출간했는데, 이로 인해 출판사 대표 장석주와 함께 형법 제243조의 '음란문서 제조 및 판매혐의'로 검찰에 구속되었다. 당시 연세대 국문과 교수였던 마광수는 수업 도중에 긴급 체포되었다. 1995년 대법원은 『즐거운 사라』 사건 판결에서 원심을 인정하며 다음과 같이 판시했다. 한 문장만을 인용하려는데 무척 길다.

원심이 채용한 증거들을 기록과 대조하여 검토하여 보면, 이 사건 소설 『즐거운 사라』는 미대생인 여주인공 '사라'가 성에 대한 학습 요구의 실천이라는 이름 아래 벌이는 자유분방하고 괴벽스러운 섹스 행각 묘사가 대부분을 차지하고 있는데, 그 성희의 대상도 미술학원 선생, 처음 만난 유흥가 손님, 여중 동창생 및 그의 기둥서방, 친구의 약혼자, 동료 대학생 및 대학교수 등으로 여러 유형의 남녀를 포괄하고 있고, 그 성애의 장면도 자학적인 자위행위에서부터 동성연애, 그룹 섹스, 구강성교, 항문성교, 카섹스, 비디오섹스 등 아주 다양하며, 그 묘사 방법도 매우 적나라하고 장황하게 구체적이고 사실적으로, 또한 자극적이고 선정적으로 묘사하고 있어서 위 소설은 위와 같이 때와 장소, 상대방을 가리지 않는 다양한 성행위를 선정적 필치로 노골적이고 자극적으로 묘사하고 있는 데다가 나아가 그러한 묘사 부분이 양적·질적으로 문서의 중추를 차지하고 있을 뿐만 아니라 그 구성이나 전개에 있어서도 문예성·예술성·사상성 등에 의한 성적 자극 완화의 정도가 별로 크지 아니하여 주로 독자의 호색적 흥미를 돋우는 것으로밖에 인정되지 아니하는바, 위와 같은 여러 점을 종합하여 고찰하여 볼 때 이 사건 소설은 작가가 주장하는 '성 논의의 해방과 인간의 자아 확립'이라는 전체적인 주제를 고려한다고 하더라도 음란한 문서에 해당되는 것으로 보지 않을 수 없다.[6]

대법원에서 징역 6월에 집행유예 2년이 확정되어 마광수는 교수직에서 해직되고 『즐거운 사라』는 판매금지 처분을 받았다. 이에 대해 작가는 이렇게 항변했다.

나는 이 사건이 우리 사회에 다음 세 가지 의문점을 던져주었다고 생각한다. 첫째는 검찰과 사법부에서 말한 '사회적 통념'이란 대체 무엇이며, '사회적 통념'이 법을 적용하거나 어떤 문제에 대한 판단을 내릴 때 근거로 제시될 수 있는가 하는 의문이다. 둘째는 한 작품의 문학성이 과연 법적으로 판단될 수 있는가 하는 의문이다. 그리고 셋째는 앞의 두 문제의 종합으로서, 우리 사회에 과연 자유민주주의의 본질과 표현의 자유 문제에 대한 합리적 인식이 있는가 하는 의문이다. (…) 사실 사회적 통념상 확실하게 '유죄'가 될 수 있는 행위는 많다. 살인이라든가 강간 같은 것이 그것이다. 그러나 소설에서 완전범죄의 살인을 다루더라도 그 소설을 쓴 작가를 잡아가는 일은 없다. 그런데 '사라'는 그녀가 설사 현실상의 실제인물이라 할지라도 형사처벌 받을 만한 일을 한 것이 없다. 기껏해야 순결 이데올로기를 거부하고 여러 남자를 편력하면서, 오럴섹스나 자위행위, 카섹스나 비디오섹스(검찰이 갖다 붙인 말 ─ 비디오를 보며 성희하는 것을 가리킨 것 같다)를 한 정도다. 그런데도 허구적 인물인 사라가 유죄판결을 받았다는 것은, 우리나라가 살인행위보다 자유분방한 성희를 더 죄악시하는 나라이고, 허구와 사실을 혼동하여 상상을 단죄하기까지 하는 중세기적 문화 수준의 국가라는 것을 보여준 것에 다름 아니다.[7]

작가 마광수와 그의 작품에 내려진 대법원의 판결 이듬해인 1996년 10월 장정일의 『내게 거짓말을 해봐』가 출간되었다. 곧바로 간행물윤리위원회가 관계 당국에 제재를 권고해 출판사의 상무이사가 '음란물판매죄'로 구속되고, 작가는 '음란문서제조죄'로 불구속 기소되었다가 1997년 5월 재판에서 징역 10월을 선고받고 법정구속되었다. 이후 1998년 2월 항소심에서 징역 6월에 집행유예 1년으로 감형되고, 2000년 10월 대법원에서 형이 확정되었다. 대법원의 입장은 절반 이상의 분량이 38세 유부남과 18세 여고생의 변태적 성행위로 채워져 있어 그 양과 질의 차원에서 음란하다고 하지 않을 수 없으며, 예술성이 있다고

하여 음란성이 없다고는 할 수 없다는 것이었다.

『즐거운 사라』와 『내게 거짓말을 해봐』에 대한 대법원의 공통된 판단은 "형법에서 말하는 '음란'이라 함은 정상적인 성적 수치심과 선량한 성적 도의 관념을 현저히 침해하기에 적합한 것을 가리킨다"는 것이었다. 형법상 음란성의 개념은 "어떤 작품 또는 표현 수단의 내용이 성욕을 자극하거나 흥분시키고 보통인의 정상적, 인성적 수치심을 해하여 선량한 성적 도의 관념에 반하는 것을 말하는 것"으로 나와 있다. 즉 작품 자체가 일반인으로 하여금 수치와 혐오를 느끼게 할 정도로 성욕을 자극하고, 동시에 일반인의 성적 정서와 선량한 사회풍조를 해칠 만한 사회적 유해성이 있어야 한다는 것이다.

이러한 음란의 개념을 사용하는 법률로는 형법, 미성년자 보호법, 풍속영업의 규제에 관한 법률, 영화진흥법, 출판사 및 인쇄소의 등록에 관한 법률 등이 있고 공연법, 영화진흥법, 방송법, 관세법, 외국간행물 수입 배포에 관한 법률 등에서는 "풍속을 문란시킬 우려", "공서양속을 문란하게 할 우려", "공안 또는 미풍양속을 현저히 해한다고 인정될 때", "미풍양속을 해치거나 사회질서를 문란하게 할 우려" 등의 구문이 사용된다. 이처럼 음란성 개념은 형법상 음란죄의 구성요건 요소를 이루고, 또 현실적으로 문학작품이나 예술작품에 대한 강력한 제재 수단으로 활용되어왔다. [8]

음란성은 예술의 자유에 대한 법적 보호가 끝나고 법적 제재가 시작되는 문턱에 있는 개념이다. 그런데 위에서 보았듯이 의미가 모호하다. 법이론상 추상적이며 다의적인 불확정 법률 개념이다. 불확정 법률 개념으로 정해진 경우 그 의미 내용은 구체적 사안에 따라 그때그때 판단된다. 해석상 보는 관점이나 구체적인 상황에 따라 결론이 달라질 수 있다는 뜻이다. 그래서 기본권 제한, 특히 표현의 자유에 대한 규제나 죄형법정주의와 관련해 위헌의 소지가 있다. 더욱이 문화 검열의 경우 양심과 사상의 문제라기보다 '국민정서'라는 여론을 바탕으로 검열과 통제, 감시와 처벌을 적용하곤 했다. 영화, 소설, 연극, 대중가요 등을 검열할 때 국가권력은 대중들이 원하지 않는다는 것을 빌미로 삼았다. 그런데 1990년대 한국사회는 명목상 드러내는 가치관과 실생활 사이에 괴리가 커져서 표현의 자유와 검열은 자주 복잡하고도 첨예한 논제로 부상했다.

청소년을 보호하라

1996년 헌법재판소는 영화사전심의와 음반사전심의에 대해 위헌 결정을 내리면서도 청소년 등에게 부절적한 내용의 상영을 관리할 수 있고 부절적한 내용의 음반은 판매될 수 없도록 미리 등급을 심사하는 제도는 사전검열에 해당하지 않는다고 확인했다. 1997년 국회는 청소년보호법(이하 청보법)을 제정했다. 청보법은 청소년들을 '유해환경들'로부터 보호한다는 명분을 갖고 있었지만, 그걸 넘어 국가권력 행사의 새로운 지대가 되었다. 성애를 묘사한 만화가 음란물로 고발되고, 게임에 대한 감시가 강화되고, 19세 미만 청소년들이 술이나 담배를 살 수 없게 하는 등 생활세계가 청보법의 감시망에 놓이게 되었다.[9] 고길섶은 국보법과 청보법을 이렇게 비교했다. "국보법이 정치적 반공 이데올로기로 조작된 반빨갱이 정서에 기초해왔다면, 청보법은 사회문화적 도덕 이데올로기로 습속화된 반유해성 정서에 기초한다."[10]

청보법이 모호한 음란성 개념에 기초하고 있는 만큼, 청보법 적용은 논란의 여지가 많았다. 진보 진영도 입장이 일관되지는 않았다. 문화연대는 성적 표현물을 창작할 권리를 주장하며 청보법 폐지 논쟁을 일으켰다. 하지만 이러한 주장은 예술의 순수성과 완결성을 지지하는 진보와 보수 문화예술계 인사로부터 모두 공격을 받았다. 중년의 조각가 J와 여고생 Y의 사디즘-마조히즘적인 섹스를 담은 영화 《거짓말》의 극장 상영을 반대한 진영은 종교집단과 보수단체만으로 구성된 게 아니었다. 여러 영역의 인사들이 작품성 떨어지는 상업적 음란물은 옹호할 필요가 없다는 주장을 내놓았다. 예술이 아닌 외설은 보호 대상이 아니라는 것이었다. 또한 청보법 폐지에 대해서는 진보적 단체들도 판단을 유보하는 경우가 많았다. 여성단체들은 원조교제와 성매매 등에서 10대 여성들을 보호할 수 있는 제도적 장치로서 청보법을 지지하는 경우가 많았다. 남성의 성적 욕망을 위해 여성의 신체를 대상화하는 작품들은 표현의 자유를 이유로 보호할 수 없다고 주장했다.

1990년대에 생겨난 이런 쟁점과 논쟁들은 이처럼 정치적 입장과 문화적 감수성의 괴리를 드러냈다. 정치적 사안에 대해 입장이 비슷하더라도 문화적 사안에 대해서는 견해가 갈리는 일들이 생겨났다. 국보법에 반대한다고 청보법에 반대하는 것은 아니었다. 1990년대에 정치적 진보와 문화적 진보 사이의 이러한 균열은 기존 진보 논리의 정합성을 문제 삼으며 진보 세력의 분화와 재구성을 촉발하는 계기가 되었다.

우리 안의 파시즘 논쟁

21세기로 넘어가던 무렵 『당대비평』이 제시해 사상계에서 반향이 컸던 전체주의 내면화에 관한 논제가 '우리 안의 파시즘'론이었다. 1999년 가을호에서는 기획 취지를 이렇게 밝히고 있다.

우리가 이번호 특집의 주제로 삼은 것은 '우리 안의 파시즘'입니다. 앞서 현대 한국사회에서 보이는 시장(자본)/국가주의적 경향에 대해 언급했지만, 진정 두려운 것은 (국가)권력 자체가 아니라 권력에 대한 내면적인 굴복, 자발적 예속인지 모릅니다. 삼십 년이 넘게 지속되어온 '정치 체제로서의 전체주의'(우리가 흔히 군사 파시즘, 권위주의 정치 체제라 부르는)는 이미 우리의 마음과 일상의 삶 속에 파시즘의 규율과 가치를, 집단주의와 국가에 대한 추종을, 연대의 가치보다는 경쟁의 원리를, 다양성보다는 획일화를, 우애의 정신보다는 지배의 욕구를, 사회적 약자에 대한 존중이 아닌 배제를, 나아가 '소수파'로 남겨지는 데 대한 원시적인 공포감을 이미 오래전부터 제도교육과 사회교육을 통해 내면에 심어놓았습니다.[11]

우리 안의 파시즘론의 요지는 이렇다. 한국사회에는 국가주의, 민족주의, 반공주의, 군사주의, 패권주의, 남성중심주의처럼 일상의 삶을 교묘하게 억압하는 기제들이 온존하고 있으며, 이는 대중의 의식에 규율을 심는다는 점에서 파시즘적이다. 1999년 겨울호 머리말은 그 억압기제들을 보다 세부적으로 짚고 있다. "전체주의적 심성과 위계질서를 구조화하는 언어생활의 구조, 청소년 시절부터 규율을 내화시키는 학교교육, 군사화된 노동문화와 회사조직, 카드섹션처럼 일사불란한 학생운동, 사적 이해를 그럴듯하게 포장한 의리에 죽고 사는 정치문화, 시민사회를 규율화시키는 이념적 도구인 반공주의, 여성을 내적 식민지로 만든 가부장주의 (…) 이 모든 것들이 일상적 파시즘과의 싸움에서 우리가 겨냥한 표적들이다."[12]

우리 안의 파시즘론(혹은 일상적 파시즘론)에는 1990년대의 시대성에 관한 『당대비평』식 문제의식이 깔려 있었다. 권력의 합리화가 진전될수록 억압적 법제도보다 일상세계에 그물처럼 펼쳐져 있는 미시권력의 네트워크가 일상의 내밀한 지점까지 파고들어 더 효율적인 권력의 도구가 되고, 대중들을 권력의 자발적 공모자로 생산해낸다는 것이다. 그런데 이러한 접근 방식은 대중에게 자발적 동원이라는 과중한 짐을 짊어지우고, 진짜 책임을 물어야 할 자들의 죄과는 희석시킬 수 있다는 반론을 샀다.

　더욱이 우리 안의 파시즘론은 비판의 대상을 민주주의 진영으로 확대시켰다. 국가의 권력기관만이 아니라 진보운동 내 조직관료주의도 문제이며, 가부장적 호주제만이 아니라 운동권 내 가부장주의도 반反파시즘 전선이기 때문이다. "학생회장님에 대한 의리로 끝까지 투쟁하자는 학생운동의 구호, 가시적 목표를 정해놓고 목표 달성을 최우선으로 하는 총력전적 운동 관행에 이르기까지 일상적 파시즘은 어김없이 긴 그림자를 드리우고 있다. 일상적 파시즘의 숨겨진 얼굴을 보고 싶다면, 멀리 갈 것 없다. 우선 '네가 서 있는 곳을 파헤쳐라.'"13 이에 우리 안의 파시즘론은 조직 내 윤리적 결함을 들추는 일종의 윤리주의적 편향이 있다는 지적이 나왔다. 『당대비평』 2001년 봄호의 쟁점토론 '일상적 파시즘 논의의 진일보를 위하여'에서는 "권력과 반권력을 구분하지 못하고 있거나"(고정갑희), "아직도 분단 체제 아래 억압기구가 사라지지 않은 시점에서 문제가 제기되고 있다는 점에서 탈맥락적이며"(김동춘), "모든 권력을 악으로 환원시킬 우려가 있다"(김철)는 비판도 제기되었다.

일상이 파시즘의 전선인가

우리 안의 파시즘론은 이런 과감한 메시지를 꺼냈다. 거시권력
만이 아니라 미시권력도 관건이며, 주의·주장과 정치투쟁만큼
이나 일상생활과 아비투스가 문제다. 한국사회에서 파시즘은
모세혈관을 통해 온몸에 퍼진 고질병이 되었다. 우리 각자가 서
있는 지점 하나하나가 파시즘의 전선이다. 그 우리란 대중이자
진보 세력, 운동권일 수 있다. 지금까지의 저항운동은 주로 '저
들의 폭력'을 문제삼아왔다. 하지만 국가주의 파시즘에 맞서는
자들 또한 우리 안의 파시즘을 경계해야 한다. 저들은 국가권력
을 지렛대로 감옥, 경찰, 군대 등의 억압기구를 합법적으로 운
영하며 감시, 감금, 고문, 강제징용, 군사훈련, 기합, 구타, 살해
등을 벌였다. 개인들은 이 억압기구들의 폭력에 무기력하게 노
출되어 결국 굴복하곤 했다. 하지만 이 억압기구에 맞서는 진보
세력과 운동권 내부도 권력 장악을 둘러싼 대립 과정에서 권력
화된 위계주의, 중심과 주변의 차별, 집단주의적 사고, 군사조직
화 등을 내면화했다.

이러한 메시지는 과감한 만큼이나 반론의 여지가 컸다. 우
리 안의 파시즘론은 권력이 정치경제적 차원에만 국한되지 않
고 일상생활 구석구석으로 침투한다면서 파시즘을 전면화시킨
이후, 그로부터의 '전면적 해방'을 촉구하는 근본주의의 성격을
띠는 측면이 있었다. 만약 그렇다면 문제 제기 방식이 해결 방
식을 차단하는 딜레마에 우리를 몰아넣어 탈출의 길을 찾기가

어려워진다. 우리 안의 파시즘론은 괴물에 맞서 싸우다 괴물을 닮아버린 자신의 모습을 직시해야 한다는 경고를 담고 있으나 책임의 경중과 소재를 제대로 가리지 못한 채 과도한 윤리주의의 함정에 우리를 빠뜨릴 수도 있었다.

따라서 논의는 더욱 전개되고 정교해져야 했다. 즉 제대로 된 논쟁이 필요했다. 논쟁의 복잡한 편성은 개별 논자나 진영에서는 제기하기 어려운 논제를 생산해내며, 논쟁의 사회적 쓰임새란 그 과정을 거치면서 사고의 발견이 일어나고 담론 세계가 재편되는 데 있다. 그처럼 논쟁을 제대로 펼쳐내는 역할은 논제를 꺼낸 『당대비평』 논자들만의 몫이 아닐 것이다. 하지만 『당대비평』도 2001년 봄호 이후로는 논의를 더 이상 진전시키지 못했고, 우리 안의 파시즘론은 논쟁의 싹이 발아했으나 자라나지는 못했다. 다만 20년 전 개화하지 못한 논쟁 속에서 응결되어 있는 생산적 가능성을 찾아내는 것은 역사의 뒤에 온 자가 할 수 있는 일일 것이다.

여/성,
가장 첨예한
정치 영토

12

제1차 페미니즘 붐

돌이켜 본다면 허황하기 이를 데 없지만 90년대 초·중반 당시의 물질적인 풍요는 전 국민의 80퍼센트가 자칭 중산층이라는 환상에 빠져들게끔 만들었다. 그랬던 만큼 소비의 미학이 부상되면서 전 사회의 여성화를 우려하는 기대 반 엄살 반의 목소리도 나타났다. 하지만 초국적 자본은 여성적인 것을 무차별적으로 상품화하면서 페미니즘의 탈정치화에 한몫했다. 이 와중에 맞이한 환란은 여성운동을 거의 반세기나 되돌려놓았다.

현재 여성운동은 힘을 펼치고 지적으로 축적된 역량을 보이고 있다기보다는 오히려 게토화되고 있다는 인상이 강하다. 이론적인 측면에서 80년대 후반 『여성과 사회』와 '또 하나의 문화'가 내놓은 무크지들이 성모순과 계급모순을 중심으로 활발하게 대결하는가 싶더니 그런 논쟁마저 슬그머니 사라져버렸다. 여성의 '노동' 문제는 사회 전반의 구조조정이라는 명분 아래 논의조차 드물어졌다. 근래 들어 조심스럽게 발언하기 시작한 게이-레즈비언 담론 역시 또 다른 섬으로 남아 있다. 한국 지형 내부에서 이들 타자들의 목소리는 낮은 속삭임으로 존재할 따름이다. 여성의 섹슈얼리티 문제는 일과성 유행처럼 스쳐지나가 여성운동의 지적 자산이 되지 못했다.

1999년 『여/성이론』 창간호에 임옥희가 「머리말에 부쳐」로 작성한 내용이다. 1990년대에는 성·욕망의 이슈가 등장했지만 여성적인 것은 상품화되고 페미니즘은 탈정치화되고 성소수자 담론은 게토화되었다는 평가다. 여기에는 "환란" 이후라는 시대 감각이 깔려 있다. 이러한 시절에 새로운 여성주의 잡지를 창간했던 것이다. 그런데 같은 글에서 1980년대에 대한 평가는 1990년대에 대한 그것과 사뭇 다르다.

여성문제 연구는 80년대 들어와 민족·민주·민중운동과 '더불어 따로' 하는 의식적인 여성운동과 함께 출발했다. (…) 여성운동이 삼민운동과 '더불어' 하면서도 '따로' 목소리를 내고자 했던 것은 군사독재 체제 아래서는 언제나 민주주의 문제가, 분단된 조국이란 현실 앞에서는 언제나 민족 문제가, 자본주의-독점자본주의-후기자본주의 앞에서는 언제나 계급 문제가 화두로 되면서 삼민운동을 주도한 진보 세력마저 여성문제를 부차적인 것으로 묶어 놓았다. 여성운동은 어디까지나 삼민운동의 하부구조였으며, 그 나름대로 독자성을 확보하거나 대중적인 의제가 되지 못했다. 하

228

지만 이런 삼민운동에서 축적한 투쟁경험과 사회변혁운동의 전반적인 성숙과 더불어 80년대 중반에 이르면서 여성운동은 질적인 도약을 맞이했다. 1983년 '여성평우회', '여성의 전화', 1984년 '또 하나의 문화', 1985년『여성과 사회』등의 단체와 저널이 출현했다. 이때부터 지식인 여성 중심의 여성 연구단체뿐만 아니라 노동하는 민중여성들'의' 그리고 민중여성들에 '대한' 단체들이 조직되었다.[1]

거슬러 오르자면 1970년대 여성운동의 주류는 반독재 투쟁과 결합해 민족민주운동에 나섰다. 1970년대 후반에는 동일방직 사건, 김경숙 열사 사건처럼 극한적인 노동조건과 성폭력·성적 모욕을 비롯한 비인간적 행태에 항의하여 여성 노동자들이 집단적 투쟁을 벌였다. 다만 당시 사회적 선결과제인 반독재 투쟁과 생존권 투쟁에서 여성문제는 개별적이고 부차적인 이슈로 머물렀다. 위의 인용문을 빌리자면, 1980년대 여성운동은 민중·민주·민족운동과 합류하여 심화되었으나 독자성과 대중성에서는 여전히 한계를 갖고 있었다.

1980년대 말은 여성운동에서도 전기였다. 이전처럼 전체 사회운동의 부문 운동으로 지속되어서는 여성이 맞닥뜨린 험난한 현실에 제대로 대처할 수 없다는 자각이 커졌다. 그리하여 1987년 24개 진보적 여성단체가 한국여성단체연합으로 결집했고 사무직민주노조, 서울지역 여학생대표자협의회, 여성노동자회 그리고 주부운동과 여성사무직 노동자 운동을 전담하는 여성민우회 등도 여성운동단체로 창립되었다. 여성정책에도 변화가 일어나 1987년 남녀고용평등법이 제정되고, 1989년에는 가족법이 개정되며 여성의 지위가 진일보했다.

학계와 잡지계로 눈을 돌리면 1982년 이화여자대학교에 여성학과 대학원 과정이 설립되었고, 1985년 한국여성학회의 학회지 『한국여성학』이 창간되었다. 그리고 1980년대 중반 이후로 여성의 현실과 목소리에 주목하는 여성사연구회의 『여성』, '또 하나의 문화'의 『여성해방의 문학』, 민족문학작가회의의 『여성운동과 문학』, 한국여성단체연합의 『민주여성』, 여성민우회의 『함께 가는 여성』, 한국여성노동자회협의회의 『일하는 여성』 등이 등장했다.

1980년대 후반과 1990년대 초반 계급모순에 기초한 거대담론의 해체는 여성주의, 생태주의와 같은 다양한 담론이 자라날 수 있는 담론의 여백을 제공했다.[2] 거기에 다양한 서구 이론들이 한꺼번에 소개되며 여성학계도 지적 자원이 풍부해졌다. 자본주의 발전 과정, 여성 착취, 가부장적 국가와 같은 마르크스주의적 페미니즘 개념들에 이어 문화패러다임에 입각한 페미니즘 이론의 유입으로 여성문제는 사회문화의 가장 첨예한 지대라는 인식이 이론적 둔덕을 얻게 되었다. 여기에 포스트모더니즘의 유입은 '남성/여성'의 이원적 대립과 위계 도식을 허무는 데 기여했다. 탈식민주의와 함께 탈식민주의 페미니즘도 소개되었다. 1990년 중반에 이르면 미셸 푸코 등을 이론적 자원으로 삼아 섹슈얼리티 논의도 활발해졌다. 1994년 포르노그래피 관련 논의들이 현실문화연구를 통해 편역되었다. 1990년대 후반이 되면 『여성연구』, 『여성과 사회』 등을 통해 에코 페미니즘도 그 개념이 소개되었다. 그리하여 1990년대 페미니즘의 담론적 스펙트럼은 무척 다양해졌다. 성적 이분법에 기초해 가부장제의 폭력성을 고발하는 목소리가 여전히 위력을 발휘하는 한편, 그 주변으로는 여성성·모성에 대한 신비화(이리가레), 이성애주의에 맞선 퀴어의 윤리(버틀러), 탈식민주의와 결합된 제3세계 페미니즘(스피박), 성적 정체성을 부정하는 사이보그 페미니즘(해러웨이) 등이 한국 페미니즘 담론장에서 자리를 잡게 되었다. 이처럼 복잡하게 교직하는 담론의 선들은 페미니즘이 투시하는 성차이와 억압의 관계망 안에 갖은 논제가 혼거해 있음을 증언한다.[3]

출판계에서는 1990년대 중반을 넘기며 페미니즘 이론서와 여성문제 관련 학술서, 대중서가 대거 등장하고 인기를 얻으며 제1차 페미니즘 붐이라 할 만한 현상이 일어났다. 그동안 억눌리고 침묵을 강요당해온 여성의 사회적 지위에 대한 자각과 페미니즘적 성찰은 1990년대 한국사회의 역동적 변화를 추동하는 핵심 동력이 되었다. 앞서 1999년에 나온 임옥희의 1990년대 평가는 여기에 "보다 더"를 바라는 목소리로 읽을 수 있다.

여성주의 잡지가 제기한 물음들

이제 잡지 이야기를 하자.

1990년대로 향하기에 앞서 1980년대 여성주의 잡지부터 살펴보자. 먼저 『또 하나의 문화』다. 1982년 '또 하나의 문화'는 "남녀가 진정한 벗으로 협력하고 아이들이 자유롭게 자랄 수 있는 사회를 꿈꾸며, 특히 하나의 대안 문화를 사회에 심음으로써 유연한 사회 체계를 향한 변화를 이루어갈 것임"을 다짐하며 열린 조직으로서 창립되었다. 『또 하나의 문화』는 '또 하나의 문화'가 발행한 무크지로 가정의 테두리 속에서 어머니/딸/며느리/아내로 호명당하는 한국 여성 주체들의 구체적 체험을 언어화하고자 했다.

한국 최초의 여성주의 언론 『여성신문』은 1988년에 "지면을 통한 여성운동"을 표방하며 창간되었다. 원래는 1986년 여성사회연구회가 발행하던 격주간의 무가지였으나, 1988년 5월 『한겨레신문』이 국민주 모금 방식을 통해 성공적으로 등장하자 같은 해 12월 『여성신문』도 같은 방식으로 창간에 박차를 가했다. 여성단체들이 보도자료를 보내봤자 언론이 한 줄도 다뤄주지 않는 일이 태반인 당시 현실에서 여성운동단체가 여성의 소리를 전하고자 자체적으로 매체를 만든 것이다. 그 지향성은 『또 하나의 문화』와는 달랐는데, 1980년대 후반 여성운동이 사회 전역에서 여성차별을 시정하고 여성인권을 회복하는 데 주력하고 있었기에 『여성신문』 초기의 지면에는 해방, 투쟁, 인권

등의 단어가 자주 나왔다.

그리고 앞선 인용문에서도 언급된 『여성과 사회』가 있다. 한국여성연구회가 1990년에 창간했다. 1985년 창간된 무크지 『여성』이 1987년 출판등록 자유화 이후 정기간행물로 전환하는 과정에서 문화공보부가 '여성'은 보통명사라서 정기간행물 제호로는 받아들일 수 없다기에 이렇게 이름을 변경하며 연간지로 옮겨갔다. 『여성과 사회』는 여성을 억압하는 제도 문제를 조명하고 올바른 여성정책을 수립해 이를 대중적으로 알리는 데 힘을 실었다.

1987년 출판등록 자유화 이후 잡지 붐은 여성잡지계에도 찾아왔다. 다만 여성지라고 꼭 여성주의적 잡지는 아니었다. 1992년 시점에는 대기업과 기성 언론사들이 패션 전문지인 『엘르』나 『마리끌레르』를 외국에서 들여오기도 하여 40여 종의 여성지가 발간되었다. 이들 여성지는 패션, 미용, 결혼, 가사 등 여성의 생활과 소비 영역 콘텐츠를 보다 세밀하게, 보다 전문적으로 다뤘다. 1994년 공보처가 발표한 '여성지 등록 현황분석'에 따르면 중앙일간 신문사가 여성지를 발행하여 잡지 시장을 주도하고, 여성지는 대체로 운영비를 광고비에 의존하는 형국이었다.[4] 노염화는 여성지라는 말에서 느끼는 어감을 이렇게 표현한 적이 있다.

나에게 여성지란 말은 여성월간지란 말이었고, 이 말은 오버하는 가십투성이 혹은 연예인의 사생활, 고민되는 성생활, 아줌마들의

수다의 기초, 기사보다 많은 광고, 묵직해서 폐품수집에 좋은 재
료, 금박도들새김제호, 은행, 미용실, 가계부 같은 부록 등이 떠오
르는 대상이었다.[5]

　　노염화가 이 말을 한 것은 『이프』라는 잡지에 대해 글을 쓰
면서였다. 『이프』는 여성문화운동 진영의 페미니스트들이 여성
문화예술기획 출판분과를 꾸려 페미니즘 대중지를 만들어보자
는 뜻을 모아 1997년 창간했다. 『이프』는 "여성의 욕망을 아는
잡지"로 방향을 잡고 그에 따라 세 가지 '스피릿'을 개발했다. 다
음 문구는 창간호부터 매호 목차 말미에 실리게 된다.

웃자! 우리는 이제까지 너무나 많은 눈물을 흘려왔다. 그러나 이
젠 웃고 싶다. 웃음은 우리를 기쁘고 행복하게 만든다. 폭발하는
침묵처럼, 치솟아 오르는 분수처럼 그렇게 웃고 싶다. 자. 웃자!
뒤집자! 우리는 여자로 태어나 이 세상을 살아오면서 우리의 내
면에서 자연스럽게 자라온 하나의 욕망을 지니게 되었다. 그리고
알게 되었다. 우리 모두 똑같은 욕망을 지니고 있으며 그 욕망이
파괴적이라는 것을 뒤집고 싶다. 이 세상을 한 번 신나게 뒤집어
버리고 싶다. 궁금하지 않은가? 어떻게 될까?
놀자! 우리는 그동안 눈물과 고통에만 익숙해왔다. 여자로 이 세
상을 산다는 것은 고통과 인내, 희생의 지겨운 학습 과정에 다름
아니었다. 그리고 그 과정은 우리의 몸과 마음을 중독시켜 마침
내 노예의 평안을 선사했다. 이젠 싫다. 즐겁고 싶다. 재미있고 싶

다. 놀고 싶다. 그리하여 여자들을 즐겁게 만들고 싶다.

『이프』는 여성주의 문화활동 방면에서 일군의 이론 내지 시각에 머물러 있던 페미니즘을 대중화해 가부장제 사회의 의식과 담론에 도전하고자 했다. 『이프』의 세 가지 '스피릿'은 그동안 여성운동 진영이나 『여성신문』이 '여성'을 집단으로서 호명하며 여성 전반의 문제를 거론해왔던 것과는 달리, 개인 여성의 삶에 관심을 기울이고 성범죄를 비롯한 구체적인 남성폭력을 공적 이슈로 올렸다. "사적인 것은 정치적인 것이다"가 『이프』의 핵심 명제였다.

이 맥락에서 당시 등장한 중요 개념이 '성적 자기결정권'이었다. '성희롱'조차 1990년대가 되어서야 생겨난 신조어였다. 이러한 개념들이 나오고서야 고질적인 성적 억압 문제가 사회적 범죄로서 가시화될 수 있었다. 1990년대에 들어 사회의 각 분야, 심지어 사회변혁을 주창하는 학생운동권 내에서도 성희롱, 성폭력 사건이 빈번했는데, 이는 그러한 성범죄가 1990년대가 되어 늘어났다기보다 이제야 인식되고 폭로된 결과였다.

그리고 1999년 『여/성이론』이 창간되었다. 『여/성이론』은 페미니즘 이론을 여성의 삶에 적용하기보다 여성의 경험을 페미니즘 지식으로 전환하여 남성 중심의 서사로 짜인 이론 생산 패러다임을 깨고자 했다. 제호인 『여/성이론』에서 '여'와 '성' 사이에 빗금을 친 것은 제1세계와 제3세계 여성, 부르주아 여성과 노동계급 여성, 레즈비언과 이성애자 여성이라는 다중적 주체

사이의 차이와 연대 그리고 긴장을 담아내기 위함이었다. 『여성과 사회』가 가정이라는 테두리를 포함한 사회 속 여성의 주부/어머니/노동자라는 중첩된 정체성을 가시화하고, 『또 하나의 문화』가 한국여성들의 체화된 경험을 바탕으로 여성을 재현의 주체로 들어서게 했다면, 『여/성이론』은 여성들 간의 경계를 흐트러뜨리고 불확정적인 여성 주체의 불온함을 이론화하려 했다.

이러한 차이는 1990년대 여성주의적 글쓰기의 세 가지 방향성과 조응했다. 첫째, 남성이 강요하고 여성이 감내해온 불평등한 '주체/대상'의 관계를 전복시키고 여성과 남성을 동등한 관계로 재정립하려는 '계몽적 글쓰기'가 있다면, 둘째, '여성으로서의 자아'와 '여성적 현실'을 재발견하고 재탐구하는 글쓰기 또한 존재했다. 여성 화자가 사소하고 은밀한 일상사를 자전적으로 써나가며 가려져 있던 욕망을 표현하는 것이다. 그리고 셋째, 계몽적 글쓰기가 '여성해방'이라는 통합적 명령어로 여성 주체들의 상이한 목소리를 억압한다는 인식에서 다양한 차이를 드러내는 글쓰기 또한 자라났다.

여성적 글쓰기와 페미니즘 문학

1990년대 후반에는 페미니스트 웹진들이 사이버공간에 둥지를 틀었다.

최초의 페미니스트 웹진은 1999년 등장한 '달나라 딸세포'였다. TV비평, 서평, 에세이 등이 달마다 업데이트되었다. 2000년 "인터넷 벤처 여성주의 매체"를 구호로 내걸며 '언니네'도 출발했다. 기획 특집과 각 마을 코너로 짜여 그 안에 여러 커뮤니티가 운영되었다. 같은 해 서울 중심, 남성 중심, 제도권 중심의 문학지형도를 바꾸겠다며 문화동인 '살류쥬'가 출현했다. 스스로 페미니스트임을 언명한 최초의 자생적 아줌마 글쓰기 집단의 글들이 올라왔다. 그 밖에 레즈비언 웹진 '니아까', 동성애자 웹진 '버디'처럼 성소수자의 웹진들도 기지개를 켰다.

여기서 여성주의 잡지가 아닌 문학지의 여성주의로 시선을 옮겨보자. 1990년대 문학은 여성문학의 약진이 중요 특징으로 회자되곤 하나, 1990년대를 통틀어 주요 문학지에서 여성문학을 특집으로 다룬 예는 『문학동네』 1995년 가을호 '여성, 여성성, 여성소설', 『실천문학』 1999년 여름호 '90년대 여성 작가, 무엇을 남겼나' 정도였다.[6]

다만 1990년대에 들어와 여성 작가의 활약이 커지고 여성성, 여성적 현실, 여성적 목소리를 담아내는 여성적 글쓰기가 활발해진 것은 사실이다. 과거에는 지성지를 대표한다는 『사상계』, 『창작과 비평』, 『문학과 지성』 등에서도 소수의 시인과 소설가를 제외하면 여성 필자에게는 좀처럼 지면이 주어지지 않았다.[7] 하지만 1990년대는 달랐다.

그럼에도 여성 작가가 편집위원 등 문학제도의 운영 주체로 참여할 여지는 좁았고, 비평가 비율은 남성이 압도적으로 높았다. 여성 시인의 활동도 남성들에 의해 규정된 여성성을 내면화하는 소위 '여류시'들이 제도의 인준을 받기에 유리했다. 소설에서도 일부 여성 작가는 평면적인 여성성의 미학을 반복하고 불륜소설의 매너리즘에 빠지면서 문제의식의 날카로움을 보여주지 못했다. 사실 '언어 미학으로서의 여성적 글쓰기'와 '정치의식으로서의 여성주의'가 하나의 작품에서 행복하게 만난 적은 드물다. 여성적인 문체 미학을 선보인 작품들은 여성의 생존에 대한 정치적 문제의식이 무디거나 정치적 의식이 강한 작품들은 문학의 차원에서 예술성을 확보하지 못하곤 했다. 그럼에도 이전 시기와 견주어본다면 1990년대 문학에서 여성의 시선으로 바라보고 여성의 목소리로 발언하는 페미니즘은 뚜렷하게 자리를 잡았다.

커밍아웃의 정치학

섹슈얼리티, 에로티즘, 포르노그래피, 동성애, 성상품화, 성적 불평등, 성정치학같이 사뭇 심각해 보이는 개념들에서부터 변태, 음란, 새디즘, 매저키즘, 에이즈, 매매춘, 러브호텔같이 가벼워 보이는 단어들까지. 이 말들은 익숙하면서도 한없이 생소하고 할 말 없는 범주가 되어 있다.

90년대 중반을 지나 말 그대로 세기말을 향해 달려가고 있는 오늘, 성에 관한 화두들은 완연히 다른 양상으로 발전해가고 있다. 성차별에 관한 문제 제기에서 동성애운동까지, 광고의 에로티시즘 차용에서 성정치학의 문제까지. 술자리의 질펀한 음담패설에서 음란혐의로 법적 제재를 받는 소설까지. 인터넷 음란물 논쟁에서 섹스용품 전문상점까지. 기존의 통념적인 사고와 현상을 뛰어넘는 상황들이 빈번해지고 심지어 문화적 정치적인 중심 화두로서의 성 문제가 운위되고 있다.[8]

1990년대 새로운 성 담론은 두 가지 인식을 가져왔다. 첫째, 성은 개인의 내밀한 영역일 뿐 아니라 공적 차원에서 접근하고 논의해야 할 사회적 영역이다. '성의 공론화' 테제다. 둘째, 성은 불변의 것이 아니라 사회역사적으로 구성되는 가변적 현상이다. '성의 정치화' 테제다.

1990년대 성 담론은 낡은 성적 관념을 무너뜨리려는 시도를 다채롭게 감행했다. 성적 정체성의 본질과 진리는 없으니, 성적 소수성은 이제 인간해방의 주요 의제가 되어야 한다. 이에 더해 페미니즘의 행보는 동성애 논의가 사회적으로 펼쳐질 수 있는 인식론적 조건을 제공했다. 페미니즘은 여성의 사회적 처지에서 출발하지만 여성 욕망, 성정체성, 성적 자기결정권, 성적 탐닉과 더불어 레즈비어니즘 등 섹슈얼리티 관련 논제들을 동시다발적으로 터뜨렸기 때문이다.

1993년 무렵 『국민일보』와 『중앙일보』 등에서 동성애를 에이즈 확산의 원인으로 지목하는 기사들이 쏟아지자 이에 대응하여 1993년 12월 한국인 최초의 동성애자 인권 단체인 초동회가 결성되었다. 1991년 사포라는 이름의 레즈비언 모임이 생겨났지만 주한외국인의 활동 무대였다. 초동회는 '초록은 동색이다'를 줄여서 만든 모임명이었다. 게이와 레즈비언이 함께하여 소식지를 중심으로 동성애자에 관한 왜곡된 인식을 바로잡고자 했다. 하지만 활동을 시작한 지 두 달 만에 게이와 레즈비언의 입장차로 분열해, 1994년 남성 동성애자 인권 단체인 '친구사이'와 여성 동성애자 인권 단체인 '끼리끼리'가 생겨났다. 이들 동성애자 인권운동은 성소수자에 대한 차별 시정에만 관심을 기울인 것이 아니라 사회에서 당연시되는 이성애에도 의문을 제기했다.

변화는 대학가에서 활발히 일어났다. 1995년 10월 연세대에서 성정치문화제 '날 강간하라!! Rape Me!!'가 열리고 1996년 3월 연세대학신문 『연세춘추』에 '동성애자 인권모임을 만든다'는 광고가 올라왔다. 이 광고는 동성애자운동이 한국사회에 만연한 호모포비아(동성애자공포증)를 극복하는 인권운동임을 선언했다. 당시 커밍아웃을 한 동성애자들에게는 협박과 폭력이 끊이지 않고, 보수 언론들은 여전히 이들을 에이즈 전파의 주범으로 몰아가고, 보수 기독교에서는 이들의 존재 자체를 죄악시했다. 서동진 역시 이 광고를 내고 나서 욕설과 협박에 시달렸다. "아주 황급한 어조로, 그 역겨움을 견딜 수 없다는 투로, 혹은 제 의지로는 어떻게 가눌 수가 없다는 음성으로, 그 친구들은 한결같이 나를 죽여버리겠다거나 아니면 죽어 마땅하다고 일갈했다. 나는 며칠 동안 밤낮으로 걸려오는 그 발신자 불명의 집단 증오 속에 파묻혀 별의별 걱정과 우려를 다했다."[9]

2000년, 홍석천이 연예인 최초로 커밍아웃을 한 사건도 사회적 반향이 컸다. 커밍아웃 기자회견 직후 KBS2 토크쇼《야! 한밤에》의 방송 녹화 세 시간 전 섭외가 취소되고, MBC 《뽀뽀뽀》에서 퇴출당했다.

하지만 그의 커밍아웃을 시사프로그램과 토론프로그램이 주목하는 등 동성애와 동성애자 인권에 관한 문제가 대중매체를 통해 알려졌다. 여러 동성애자들이 성적 정체성을 숨긴 채 정신적 벽장 속에 갇혀 살아가는 고통을 말하기 시작했다. 월간 『말』은 홍석천의 커밍아웃을 다루며 "한국사회여, 편견과 차별로부터 커밍아웃하라"는 문구를 타이틀로 내걸었다. 커밍아웃은 사회적·정치적으로 중요한 개념으로 부상했다. 서동진이 『당대비평』 2000년 겨울호에 발표한 「커밍아웃의 정치학을 다시 생각한다」를 읽어보자.

커밍아웃은 매우 모순적인 과정이다. 즉 '나=자기'라는 주체성을 지속적으로 구성하고 지탱하는 행위이면서 동시에 그런 주체성이 만들어지는 과정을 드러내는 행위이다. 이는 커밍아웃이란 것이 지극히 서로 상반된 목적의 행위가 동시에 수행되는 과정임을 뜻한다. 동성애자가 커밍아웃하는 것은 동성애자로서 자신의 주어진 삶을 인정하고 또 긍정하는 일이다. 한편 동성애자의 커밍아웃은 동성애자로서 자신의 성정체성을 표명하는 와중에 그 정체성이 동시대의 문화적 장의 규정에 영향받는다는 점을 드러낸다. 동성애자인 그/그녀는 자신의 커밍아웃이 이뤄지는 사회적·

역사적 조건에 따라 자신의 성정체성을 다르게 표상하게 된다. 이 결과 커밍아웃은 동성애자로서 자신의 성정체성을 고백하는 사적인 개인의 행위이면서 동시에 동성애 정체성에 대한 서로 다른 관습적 지식과 문화적 규정을 재생산하는 집단적 행위이다. 물론 이는 동성애자와 동성애자 공동체의 자기 구성의 과정에 머물지 않고, 이에 대한 반대 혹은 거부의 담론을 불러일으킨다. 동성애와 동성애자의 자기 표명과 자기 정의에 대한 대응으로 동성애에 대한 거부나 혐오의 주장 역시 추진되는 것이다. 따라서 커밍아웃과 그에 대한 사회적 관용의 증가는 환상일 뿐이다. 커밍아웃은 동성애에 대한 사회적 화해와 관용이 깊어지는 과정이 아니기 때문이다. 커밍아웃은 언제나 또 하나의 시작일 뿐이다. 커밍아웃은 동성애의 정체성을 규정하기 위한 사회적 담론들이 투입되고 대립하는 싸움터를 계속 만들어낸다.[10]

노골적인 젠더 갈등이 시작되던 장면

1990년대에는 양성평등, 동성애 문제의 사회적 이슈화와 함께 새로운 양상의 젠더 갈등이 시작되는 장면도 담겨 있다. 바로 1999년 12월 헌법재판소에서 위헌 결정이 내려진 군제대자 가산점 법률제도를 둘러싼 논란이다.

군가산점제는 의무징병 혹은 자원입영으로 군대를 다녀온 자가 공무원 시험이나 공기업 취업에 응시하는 경우 만점의 5퍼센트 이하에서 추가점수를 보정해주는 내용이었다. 위헌 결정을 받은 까닭은 가산점을 받지 못하는 사람의 권리를 과도하게 제한했기 때문이다. 당시 공무원 시험의 합격선은 만점에 가까워 가산점 없이는 합격하기가 어려웠다. 따라서 군가산점제는 신체적 조건과 성별에 따른 차별의 소지가 있었던 것이다.

군가산점제가 위헌 판결을 받게 된 계기는 1998년 10월 이화여대 졸업생 다섯 명과 연세대 남성 장애인 학생 한 명이 헌법재판소에 군가산점제 위헌 판결을 청구한 일이었다. 그 결과 위헌 판결이 나오자 일부 남성들은 헌법 소원을 제기한 다섯 명의 여성을 온라인상에서 '이화오적'이라 부르며 신상을 캐내고 성희롱을 퍼부었다. 이화여대 홈페이지가 다운되고, 신상정보가 공개된 일부 여성들에게 살해협박 편지가 날아갔다. 하지만 남성 장애인 학생에 대한 성토는 없었다.[11] 이 사건은 한국사회에서 여성과 남성의 성적 대결이 사회적으로 노골화된 거의 첫 번째 사례이자 온라인 공간에서 혐오표현의 등장을 알리는 신호탄이었다.

헌법재판소의 폐지 결정에 대한 남성들의 격렬한 반응은 병역의무에 따른 보상심리와 함께 군복무라는 희생을 여성들이 부정하는 듯한 데서 오는 반발감이 합쳐진 결과였다. 권리를 주장하고 싶으면 여성도 군대에 가라는 주장이 이때부터 나왔다. 하지만 군가산점제 논란이 성 대결로 비화됨으로써 여성과 장애인의 취업권과 기회 균등 문제는 공론장에서 묻히고 말았다. 군필자 중 군가산점제 혜택을 받는 경우는 1퍼센트에도 미치지 못하는 상황에서 군필자에 대한 국가의 실질적 보상 문제도 지워지고 말았다.

징병제로 인한 남성들의 피해의식은 국가가 아닌 여성들을 향한 분노로 옮겨갔다. 그리고 군복무 여부는 도덕성과 정상성을 가르는 기준인 양 성역화되었다. 이처럼 논란이 적대적이고 소모적인 방향으로 흐르자 고길섶은 여성운동가들과 군필 남성들에게 다음처럼 고언했다.

여성운동집단에 대해 먼저 짚고 싶은 게 있다. 그녀들이 성-이분법적 논리에 기초한 '차별성'만 바라보지 '차이의 문제'를 크게 고려하지 않고 있다는 것이다. '평등권'과 '기본권'을 핵심으로 내세우는 것은 정당하다. 그러나 불균등성과 복잡성으로 얽힌 차이들도 보아야 한다. 또한 공무원 시험을 보는 군필자들은 '학력자본'으로도 결코 강자라고 볼 수 없을 것이다. 사정이 이러함에도 어떤 여성운동가는 텔레비전 토론에서 군필자들, 즉 공무원 시험을 응시하는 남자들을 '강자'라고 호출한다. 물론 남성지배의 역사로 점철되어온 것은 사실이다. 그렇다고 해서 남성들을 강자 일반으로 등치시키고 여성들을 약자 일반으로 등치시키는 것은 오류다. 군가산점제도가 갖는 성차별성은 '강자' 대 '약자'의 그것이 아니라 '피해자' 대 '피해자'의 그것이다.
(…) 군필 남자들은 여성운동집단들을 적대적으로 공격하고 군가산점제도를 존속시켜야 한다고 주장할 게 아니라, 두 집단 주체가 무엇으로부터 혹은 어디서부터 피해를 입고 있는지 근본적 공

감지대를 밝혀내는 데 의견들을 모아야 한다. 피해자들끼리의 싸움이 아니라 진짜 가해자와, 그리고 무의식 속에 잠복해 있는 공모 이데올로기를 가려내야 한다는 것이다. 그런데도 피해자들끼리의 남근주의 대 여성주의의 싸움에 스스로의 무덤을 파면서, 남자들을 국방의 의무로 호출하여 희생시키고 여자들도 그로 인한 손실을 감내케 하는 지배 체제의 국가주의/군사주의에 대해서는 당연한 사실로 전제하거나 침묵하고 있다.[12]

페미니즘, 평등과 공정 사이에서

1990년대 말의 군가산점제 논란은 젠더 갈등이 노골화된 첫 사례였을 뿐 아니라 이후의 젠더 갈등이 구조화되는 사건이었다. 그 논란은 돌이켜보면 백래시backlash를 거치며 갈등이 적대로 치달았다. 일부 남성들은 여성에게 편파적인 제도가 경쟁의 공정성을 해치고 남성을 불리하게 만든다며 목소리를 높였다. 여기서 (성)평등에 맞서는 핵심 가치는 '공정'이었다. 군가산점제 폐지는 징병 여부와 상관없이 개인의 평등한 직업 선택권을 보장하기 위한 결정이었지만, 여성을 위한 특혜라는 공정성 시비로 비화된 것이다.

그 바탕에는 고조되는 젠더 갈등과 동시대적 추세였던 능력주의가 자리한다. 능력주의는 개인의 능력에 따른 경쟁만이 공정한 결과를 보장한다고 전제한다. 여기서 성적 차이와 그 경험은 젠더화된 특성이 아니라 개인의 속성으로 여겨지며, 거기서 비롯되는 불평등은 사회구조적 문제가 아니라 개인이 떠맡고 극복해야 할 제약 요소로 간주된다.

군가산점제 논란은 돌이켜보면 징병과 노동을 연결했기에 그렇게까지 커지게 되었다. 징병제도는 표준적인 시민의 상을 전제로 하는데, 그것은 (장애 없는) 남성이다. 여성은 신체적으로 결핍된 존재로 상정된다.

군가산점제는 국방에서의 불완전한 시민권을 노동시장에서의 차별과 결부시켰다. 노동시장에서 임신, 출산, 돌봄을 짊어지는 여성의 조건은 권리 요구의 근거가 아니라 여성 개인의 선택, 능력, 성취의 문제로 치환되었다. 그러면서도 여성은 임신, 출산, 돌봄을 짊어지는 등의 이유로 남성에 비해 비효율적인 노동력으로 대우받았다. 이처럼 능력주의에 기초한 노동시장은 성차별적 구조를 비가시화하여 여성을 각 개인으로 호명하는 한편, 여성의 능력을 개인이 아니라 여성 집단의 속성으로 정형화하는 이중적인 체계다.[13] 그로써 성차별을 가리거나 오히려 '공정한' 것으로 만든다.

1990년대 말 군가산점제 논란 이후 젠더 관련 담론장에서는 (평등이 아닌) 공정을 둘러싼 이전투구와 합의의 실패가 반복되었다. 그 과정에서 여성할당제 같은 성평등제도는 남성의 권리를 침해하는 불공정한 조치로 치부되고, 일부 정치인은 공정을 명분 삼아 여성 징병제 도입, 여성 관련 부서 폐지를 정책으로 내놓았다. 1980년대, 1990년대에 힘겹게 끌어올린 성평등이라는 사회정치적 의제는 점차 여성과 남성 간의 이익 충돌과 제로섬 문제로 치환되는 양상을 보였다.

생태,
그때 이미
사고했던 것들

13

생태학적 사유의 시작, 1990년대

생활세계 오염에 대한 각성

매일 신문, TV, 시사주간지 등의 사회면에는 항상 환경오염에 의한 피해 사건들이 줄줄이 등장하고 있다. 4대강에서의 물고기의 떼죽음, 이틀 연속 발령되었던 오존주의보, 죽어가는 땅, 마시기 힘든 물, 숨 쉬기 힘든 공기, 희뿌연 하늘, 컴컴한 대낮, 방독면을 써야 할 날이 멀지 않은 지하철 등 (…) 새우잡이 하는 배의 어획량 중 반은 쓰레기이며, 횟감으로 우리의 식탁에 오르는 생선의 뱃속에서 라면봉지나 비닐조각이 나오는 것도 이젠 드물지 않을 만큼 서해 앞바다는 바다 쓰레기로 인해 심한 몸살을 앓고 있다. 토양오염에 의한 피해 또한 심각한 상황에 직면하고 있다. 하루 평균 2,422대의 쓰레기 수송차량이 드나들며 비산먼지와 각종 공해를 일으키고 있는 수도권 쓰레기 매립장은 동양 최대 위생매립은 고사하고 설계에서부터 하자가 드러나 곳곳에서 환경 피해가 속출하고 있다. 매립장 주변은 온갖 악취뿐만 아니라 침출수가 유출되어 인근 지하수를 오염시켰다. 이로 인해 주변 농장의 젖소가 유산하거나 유량이 급감하고 세 발 달린 강아지라든가 몸이 붙은 젖소 등 기형 가축이 무더기로 발생하고 있다. 이런 물고기의 떼죽음과 기형 가축의 발생이 의미하는 것은 무엇일까?[1]

『황해문화』 1996년 가을호에 실린 김성중의 글 「환경재앙의 1차적 경고를 무시하지 말자」다. 당시 환경 문제를 논하는 데 주로 거론된 것은 생활세계의 오염 문제였다. 돌이켜보면 그 1차적 경고는 무시되지는 않았더라도 제대로 인지된 것도 아니었다. 1990년대 경제성장과 소비확산은 환경오염을 가속화했다. 하지만 이런 사후적 평가가 가능한 것도 1990년대에 환경 이슈가 확산되고 생태사상이 자라난 덕분이다.

1980년대 환경운동의 추이부터 살펴보자. 1960년대나 1970년대의 산업화가 초래한 공해, 녹지 파괴, 환경병 등의 문제는 1980년대에 들어와서야 제대로 인지되었다. 이미 산업폐수, 농축산폐수, 생활하수 등에 의한 수질오염, 자동차 배기가스, 공장에서 유출되는 유독가스 등에 의한 대기오염이 심각한 상태였다. 경제성의 원칙만을 고수해 원자력발전소를 계속 건설한 까닭에 방사능 사고의 위협도 가중되고 있었다. 이러한 상황에서 1982년 한국공해문제연구소(공문연)가 창립되고 공해 피해 주민들의 자발적 주민운동이 활성화되며 공해추방운동이 시작되었다. 공문연은 기관지 『공해연구』를 발행했다.

공문연에 이어서 1984년 공해 문제의 심각성을 인식한 대학생 청년들이 주축이 되어 반공해운동협의회를 결성하고, 1986년 주부 등 여성들이 중심이 된 공해반대시민운동협의회가 만들어져 공해대책 강좌와 공해고발 전화를 개설했다. 1987년에는 공해 문제를 사회구조적 문제로 접근하려는 공해추방운동청년협의회가 발족했다. 이 세 단체는 연대활동을 펼치다가 1988년 공해추방운동연합(공추련)으로 통합되었다. 공추련은 기관지『생존과 평화』를 발행했다.

공추련은 결성 이후 공해 문제를 유발하는 기업들을 사회문제화함으로써 공해의 심각성을 널리 알렸으며 신원전 건설, 영덕의 핵폐기물 처리장 건설 반대운동에 나섰다. 또한 1990년 전국핵발전소추방운동본부 창설에 적극 가담하고 핵발전소 건설 반대 100만 명 서명운동을 벌여 정부가 동해안에 핵폐기물 처분장을 건설하려던 계획을 백지화시켰다. 이러한 활동 가운데서 공추련은 여러 지역에서 민간 환경운동 단체를 발족시키는 모태가 되었다.

페놀 방류와 리우회의

『오늘의 문예비평』 창간을 준비하면서 우리는 한국사회가 안고 있는 모순과 부조리를 확인하는 몇몇 현상들과 만났다. 그것은 수서 비리에 이은 페놀 방류로 인한 수질오염 사건이다. 이 일련의 사건들을 바라보면서 우리는 그 저변에 정치권력의 중앙집권화와 재벌 중심 경제구조의 모순이 놓여 있다는 사실을 재인식하게 되었다.

특히 페놀 방류로 인한 수질오염의 주체가 재벌기업이란 점에서 우리 사회가 떠들썩하게 목청을 높였던 '범죄와의 전쟁'의 대상이 과연 누구인가를 다시금 되돌아보게 했다. 다시 말하면 수질오염 자체의 문제보다 정치의 파행성이 이 시대의 삶의 모든 영역, 생활세계와 정신문화의 황폐화와 파행성을 몰고 왔다는 것이다.[2]

1991년 『오늘의 문예비평』의 창간사에는 도입부에 페놀 방류 사건이 언급된다. 페놀 방류 사건은 당시 환경운동가들이 '환경운동의 수준을 10년 앞당긴 사상 최대의 환경 사고'로 꼽을 만큼 충격파가 컸다. '재벌기업'인 두산전자 구미공장에서 방류한 페놀원액이 낙동강의 지천으로 흘러들어간 것은 1991년 3월 14일이었다. 페놀은 살균제, 농약, 구강마취제의 원료로 사용하는 독성물질로서 암이나 중추신경장애 등 신체에 치명적 영향을 미칠 수 있다. 3월 16일 대구시 일부 가구의 수돗물에서 악취가 났고, 페놀이 강물에 실려 하류로 내려가자 부산, 마산, 창원까지 악취에 시달렸으며 낙동강에서 상수를 공급받는 모든 지역이 페놀 공포에 사로잡혔다. 일부 목욕탕은 휴업을 하고 수돗물로 만든 두부 등 음식들은 폐기 처분되었다. 당시 내국인 판매가 불법이던 생수는 이 사건 5개월 후 합법화되었다.

시민들의 항의는 전국으로 확산되었다. 경실련, 공추련 등

252

10여 개의 환경·사회운동단체가 두산 제품 불매운동을 벌였다. 정부는 두산전자 구미공장장 등 여섯 명을 구속하고 1개월간의 조업정지 처분을 내려 여론을 잠재우려 했다가 수출에 차질이 생긴다는 이유로 보름 만에 조업 재개를 허용했다. 그러나 조업 재개 5일 만인 4월 22일 두산전자가 또다시 페놀을 방류함으로써 전 국민의 공분을 샀다. 결국 박용곤 두산그룹 회장이 물러나고 환경처장과 차관이 한꺼번에 경질되었다.

한편 리우회의는 환경 문제를 대하는 시선이 지역과 국가를 넘어서는 계기가 되었다. 1992년 6월 3일부터 14일까지 브라질의 리우데자네이루에서 "지구를 건강하게, 미래를 풍요롭게"라는 슬로건 아래 지구 정상회담이 개최되어 각국 정상들은 환경 문제가 인류와 지구의 미래를 좌우할 사항임을 확인하고 지구환경을 지키기 위해 지속가능한 개발 및 지구 동반자관계 형성을 약속했다. 리우회의 참가를 통해 공추련을 비롯한 한국 반공해운동 그룹은 국경을 넘어선 환경 문제에 효과적으로 대처하기 위해 강력한 국제연대가 필요하다고 인식하고, 이를 위한 조직적 대응이 필요하다는 결론을 얻게 된다. 그 결과 피해자 중심의 반공해운동에서 시민으로 폭을 넓힌 환경운동으로, 지역에 국한된 활동에서 전국적 연대로, 나아가 지구환경을 보전하기 위한 연합체로 나아가고자 한국 반공해운동 그룹들은 다시금 대승적 통합을 거쳐 환경운동연합을 결성했다.

환경운동연합은 "환경은 생명이다"를 캐치프레이즈로 내걸고 현장성, 대중성, 전문성에 주안점을 두고 활발히 활동했다.

1994년 굴업도 핵폐기물처리장 건설 반대운동, 1996년 가야산 국립공원 해인골프장 건설 반대운동, 1998년 동강댐 건설 백지화운동을 비롯해 새만금 살리기, 서남해안 습지 보전, 비무장지대 보호, 팔당상수원 보호, 낙동강 살리기 등 전국의 현장을 누비고 다녔다.

개발주의 정부와 국토의 부동산화

1990년대 환경 정치의 진전에는 정부 차원의 노력도 뒤따랐다. 노태우는 개발과 환경의 조화를 이루겠다며 환경청을 장관급인 환경처로 승격시키고 1990년을 환경 원년으로 선포했다. 1990년 환경정책기본법이, 1991년 자연환경보전법이 제정되었다. 김영삼은 취임하며 환경대통령이 되겠다는 다짐을 밝혔다. 1993년 환경영향평가법이 제정되고, 1995년 환경처는 다시 환경부로 승격했다. 김대중도 2000년 새 천년 환경비전을 발표하고 대통령 직속 '지속가능발전위원회'를 설립했다.

그러나 환경오염은 페놀오염 사고에서 드러나듯 이윤만을 좇아 규제를 지키지 않는 기업뿐 아니라 개발주의 노선을 취해 규제 위반을 눈감아주는 정부도 책임이 컸다. 특히 1990년대 환경 문제는 정부의 대규모 국토 개발이 주된 원인이었다. 녹색사회를 표방한 김대중 정부조차 동강댐 건설, 그린벨트 해제, 새만금 간척사업 같은 3대 환경 문제를 유발했다. 동강댐 건설은 보전주의자의 우세로 백지화되었지만, 그린벨트 해제와 새만금 간척사업 재개는 개발주의자의 입김이 우월하게 작용하여 결국 추진되었다.

조명래는 『사상』 2003년 겨울호에 「개발주의 정부의 반녹색성」을 써서 국가 주도의 개발주의를 파헤친 바 있다. '개발주의'는 정부의 정책과 행정, 개인의 정서와 행태 그리고 일상문화 차원에서 개발을 다른 가치들에 비해 우선시하는 경향을 뜻한다. 해방 후 국가 건설과 한국전쟁 후 국가 재건은 개발주의가 지배이념으로 자리 잡는 계기가 되었다. 전후 복원과 재건 업무가 국가적 우선과제가 되면서 이승만 정부 내에서는 '부흥부'가 핵심 부서로 떠올랐다. 그리고 1961년 군사쿠데타를 통해 집권한 박정희는 20여 년간 산업화·도시화를 추진했다. 국가가 앞장서서 인프라를 구축하고 노동과 자본을 육성하고 시장을 확장했다. 신군부도 경제개발 노선을 계승하여 1980년대에 걸쳐 산업생산만이 아니라 직업 분포, 소비방식, 도시 체계, 계층구조 등을 망라하는 사회 전반의 변화가 초래되었다.

1990년대에 들어서자 정부 차원에서는 표면적으로 개발주의를 접는 듯했다. 개발주의 시대의 대표적 국가정책이었던 경제개발 5개년 계획은 1990년대 초반에 폐지되고, 이와 함께 경제기획원 같은 개발기구와 부서들도 대폭 정리되었다. 개발 업무를 담당하던 국책기구들은 명칭이나 사업에서 개발이란 단어를 없애 국토개발연구원은 국토연구원, 토지개발공사는 토지공사로 바뀌었다. 국토종합개발계획도 제4차(2011~2020)에 이르러서는 개발이란 단어가 사라져 국토종합계획으로 변경되고 기간도 두 배로 늘어났으며 균형국토, 개방국토, 통일국토와 함께 녹색국토가 하나의 지향성으로 자리 잡았다.

그럼에도 정책의 관리구조는 여전히 개발주의가 압도했다. 개발주의 정부의 핵심은 건설과 개발을 담당하는 부서인데, 그 중추인 건설교통부의 위상은 환경부 같은 보전 부서와 달랐다. 예산과 직원수가 훨씬 많았다. 아울러 도로·교통·토지·주택·수자원 관련 공사公社들은 1990년대에 걸쳐 그 역할을 점차 키워 갔다.

경제성장은 토지에 대한 개발과 건설의 수요를 끊임없이 발생시키며, 건설업은 경기선도景氣先導 부문으로 일컬어질 만큼 경제 전반의 활성화를 좌우한다. 경제성장기는 물론이고 IMF 경제위기에 직면하자 김대중 정부는 1989년 제정된 택지소유 상한에 관한 법률, 개발이익 환수에 관한 법률, 토지초과 이득세법 등 토지공개념 3법을 폐지 또는 유보했고, 개발제한구역(그린벨트)을 완화했다.

그런데 국가주도적 산업화와 연계된 도로 건설, 신도시 건설, 간척 사업, 댐 건설 같은 대규모 건설은 정부가 토지이용 계획을 짜고 공공재정을 투입해 그 과정에서 막대한 개발이익을 두고 카르텔이 형성된다. 국가가 주도하는 건설 사업을 둘러싸고 정치인, 관료, 전문가, 투자자, 기업가, 소비자들이 복잡한 먹이사슬을 형성하고, 이것은 끊임없이 새로운 개발 프로젝트를 유발한다. 개발정부 하에서 개발부서의 핵심 관료, 개발 관련 연구기관(국토연구원, 건설기술연구원 등), 개발업자(건설협회, 부동산 관련 협회, 건설회사 등) 그리고 유력정치인(특히 국회의원, 시의원, 군수 등)들이 개발연대를 형성해 정부의 개발정책을 주도하거나 거기에 영향을 미친다. 특히 토지공사, 도로공사, 주택공사, 수자원공사, 농업 기반 공사 등 각종 공사가 개발정부의 전위기구 역할을 하면서 개발연대를 짜는 거간 노릇을 수행한다.[3]

환경주의자와 보전주의자들은 대체로 시민단체나 NGO에 관여하는 반면, 개발주의자들은 정부기관과 연결되는 경우가 많아 1990년대에 개발주의와 보전주의 간 갈등은 정부와 NGO 간 대립 양상으로 나타났다. 비록 이 대립은 시민단체의 패배로 귀결되곤 했으나, 그 과정에서 환경 문제에 대한 사회적 인식이 확산될 수 있었다. 과거에는 대기, 수질, 토양 등의 오염이 주된 환경 문제로 여겨졌지만, 1990년대에는 녹지 전용, 간척지 개발, 도시 인근 난개발, 국립공원지역 개발 등에 따른 국토환경 파괴도 환경 문제로서 인식되었다. 특정 지역의 대규모 개발은 과도한 토지이용에 따른 토지오염 증가, 교통량 증가에 따른 대기오염 증가, 자연지세의 파괴에 따른 재해 빈발, 생물종 서식지 파괴, 녹지축 단절, 지표와 지하 간 물순환 단절 등 복합적 문제를 야기하기 때문이다.

쓰고 버리는 사회

소비주의는 개발주의의 충실한 동반자로서 죽음이 갈라놓기까지 함께할 운명이다. 둘의 결합은 무엇이든 자원으로 집어삼켜 폐기물을 낳는다. 1990년대는 막대한 쓰레기를 배출해 환경 부하를 극적으로 키운 시대다. 대규모 도시 개발과 대량소비로 건설 폐기물, 포장재처럼 잘 썩지 않는 가연성 쓰레기가 증가했다. 이미 1992년 국민 1인당 하루 쓰레기 발생량은 1.8킬로그램으로 일본의 1.0킬로그램, 독일의 0.9킬로그램에 비해 높았다. 이는 일본과 독일에 비해 한국의 일반인이 더 많은 사물을 소비했다기보다 내구성이 약해 쓰다 보면 곧 버려야 할 사물이 많았다는 의미였다. 거기에 가정이 아닌 공장에서 쏟아진 막대한 산업 쓰레기도 고려해야 할 것이다.

1990년대에는 한 번 쓰고 버리는 인스턴트 문화가 빠르게 확산했다. 주사기 같은 의료용품, 기저귀 같은 기초 의류가 의료 현장과 가정생활에서 위생과 편의를 제고해준 것은 좋았지만, 일회용품은 종이컵, 수저, 우의, 장갑, 여행용 세면도구, 면도기, 만년필 등으로 다양해져 한 번 쓰고는 그것들 모두가 쓰레기로 취급되었다. 덕분에 가정과 식당 같은 업소의 쓰레기 배출량이 빠르게 늘어났다.

1990년대 이전까지 쓰레기는 대부분 매립했다. 그런 땅에 흙을 덮어 농사를 짓기도 했다. 매립 기록이 제대로 남아 있지 않아 개발하려고 땅을 파보니 쓰레기가 나와서 분쟁하는 일이 빈번했다. 서울 마포구 난지도 매립장은 1978년부터 1993년까지 수도권 쓰레기 9,200만 톤을 매립해 100미터가 넘는 쓰레기산 두 개가 생겼다. 1990년대 쓰레기 폭증에 매립지를 찾기가 어려워진 정부는 전면적인 소각 확대 정책을 도입했다. 하지만 소각시설 설치 예정지 주민은 이를 환경오염 시설로 여겨 반대 운동에 나섰다. 우여곡절 끝에 1995년 쓰레기 종량제가 시작되었다.

아나바다 운동도 1990년대에 시작되었다. 이는 자원절약 캠페인이 필요해졌음을, 달리 말해 사람들이 전처럼 사물을 아껴쓰고 나눠쓰고 바꿔쓰고 다시 쓰지 않고 있음을 보여준다. 재생하지 않고 폐기해 곧 쓰레기가 되는 사물들의 범람은 한국이 팬플레이션panflation 사회로 들어서고 있다는 증거였다. 팬플레이션은 '넓은', '범'凡을 뜻하는 pan과 물가 상승을 의미하는 inflation의 합성어로 물가 상승이 일어난 것처럼 사회 각 분야에서 모든 것의 가치가 하락하고 있음을 뜻한다.

그중 한 가지가 환경을 대하는 언어 자체였다. 대기업들은 1990년대에 이미 그린마케팅을 채택해 "자연을 생각합니다. 인간을 생각합니다"(삼성종합건설), "수질오염을 줄이는 저공해 세제를 만듭니다"(제일제당), "자연과 인류가 공생하는 아름다운 자연환경을 만들어나가자"(현대그룹의 인천제철)라고 환경 광고를 내보냈다. 국정감사자료에 의하면 1991~1992년 자연보호광고를 내보낸 38개 대기업 중 18개 기업의 58개 계열사가 수질 및 대기 등의 분야에서 허용기준치 이상의 공해물질을 배출하다 조업정지 등의 처분을 받았다.

생태 문제, 각론에서 총론으로

80년 말, 90년대 초부터 소비에트연방과 동구사회주의권이 무너
지기 시작했습니다. 91년에는 대구 페놀 유출 사건이 일어났고,
또 그해에 우리나라 역사상 최초로 농민들이 보리밭을 태우는 사
건이 일어났습니다. 지난 시절 농민들이 아무리 힘들어도 그런
일은 없었지요. 아무리 장사가 안 된다 농사가 안 된다 해도 자기
가 기른 작물을 자기 손으로 태운다는 것이 얼마나 가슴 아픈 일
입니까. 이 일은 저에게 상징적인 사건이었습니다. 어떤 감정으
로 표현할 수 없을 정도로 심한 충격을 받았습니다.[4]

    이제 1990년대 환경 문제의 양상, 환경운동의 발전을 염두
에 두고 『녹색평론』을 펼칠 때가 되었다. 불완전하나마 민주화
를 성취하고 소련권이 무너지던 1991년 시점에 많은 진보적 지
식인들은 노동, 통일, 민주주의라는 각도에서 새로운 사회를 전
망했다. 그 시기 김종철은 생존을 영위하는 데 가장 중요한 생
물학적 토대가 무너지는 마당에 이를 등한시한 진보적 사색이
얼마나 허망한가를 생각했다.
    『창작과 비평』 1990년 겨울호 특집이 '생태계의 위기와 민
족민주운동의 사상'이고, 『경제와 사회』 1991년 겨울호에 「한국

사회에서 환경운동의 현황과 과제」같은 글이 실리기도 했지만,
환경생태 문제는 1990년대 초반 사상계에서 어디까지나 각론
에 불과했다. 김종철은 이런 조건에서 환경생태 문제를 총론으
로 삼아 『녹색평론』을 창간했다. 비슷한 시기 등장한 환경 전문
지 『과학사상』, 『생명나무』, 『코스모스피어』 등은 1990년대에
모두 사라졌지만, 『녹색평론』은 이후 30년을 버텨내며 한국생
태주의 운동의 기관지 역할을 해냈다. 그 창간사는 이러하다.

우리에게 희망이 있는가?
지금부터 이십 년이나 삼십 년쯤 후에 이 세상에 살아남아 있기
를 바라는 사람이 과연 몇이나 될 것인가?
(…) 우리들의 대부분은 오늘날 우리의 삶이 일종의 묵시록적인
상황에 임박해 있다는 사실에 직면하는 것이 두렵기 때문에 애써
이것을 부인하거나 외면하면서 살아가고 있지만, 스스로 일상적
으로 겪고 있는 안팎의 모든 체험에 비추어 다소간 정도의 차이
는 있을지 몰라도 우리 각자는 저마다 내심 깊은 공포를 느끼고
있음이 분명하다. 그렇기 때문에, 지금 환경 문제를 둘러싸고 벌
어지고 있는 지배적인 논의 방식에서 보는 것처럼 이것을 단순한
외부적 재난이 아니라 삶에 대한 우리 자신의 기본가정 자체의
결함으로 인식하는 데 무능력을 드러내는지도 모른다. 근원적인
공포가 사태의 정당한 인식을 가로막고 있는 것이다.
(…) 오늘날 우리의 생활공간에 빚어지고 있는 공해, 오염, 자연
파괴의 문제는 우리의 일반적인 사회관계가 견디기 어려울 만큼

의 적의와 긴장에 차 있을뿐더러 우리의 사회상황이 극심한 부패와 윤리적 타락으로 고통당하고 우리 각자의 내면이 날로 피폐해져가고 있는 상황에 정확히 대응한다고 할 수 있다. 자연과 인간 사이의 관계는 그러니까 결국 사람과 사람 사이, 그리고 개인의 자기 자신에 대한 관계의 문제와 근본적으로 일치하는 문제라 할 수 있고, 그렇기 때문에 이것을 정치·경제의 문제이자 동시에 철학과 도덕과 종교의 문제로 보아야 하는 것이다.

사람 사이의 불평등한 관계를 예의 주목하고 그것을 혁파하는 일에 주력해온 전통적으로 진보적인 사회사상은 그것이 사람에 의한 사람의 지배, 착취를 반대해왔다는 점에서 존경받아 마땅한 사상이라 할 수 있지만, 그러나 그것이 어디까지나 인간 중심의 관점에 머무르고 있는 한, 특히 자연세계와의 조화가 중심 문제로 된 오늘날 그것은 크게 미흡한 사상이라고 하지 않을 수 없다.[5]

길게 옮겼지만 이후 내용을 마저 소개하면 비판은 경제성장 논리와 과학기술 문명에 기반을 둔 자본주의적 사고방식뿐 아니라 마르크스주의로까지 나아간다. 마르크스주의는 인간 사이의 불평등성을 혁파하고자 주력했지만, 이 또한 "인간 중심의 관점"에 지나지 않으며, 역사를 "직선적인 진화의 흐름"으로 파악했다는 점에서 부르주아 경제철학과 다르지 않다고 짚었다.

창간사에는 『녹색평론』이 1990년대에 펼친 주장의 핵심 요소들이 담겨 있다. 과학기술을 바탕으로 한 근대문명 비판, 환경오염으로 인한 생태계 파괴에 대한 경고, 도시산업화에 따른 전통적 공동체 붕괴에 대한 성찰은 『녹색평론』의 기본 노선이었다.[6] 끝없는 성장과 팽창을 내재적 요건으로 할 수밖에 없는 산업경제와 산업문화를 극복해 새로운 차원의 순환형 사회를 재건하는 것이 사회생태적 위기와 모순을 벗어나는 건강한 길이라고 거듭 주창했다.

『녹색평론』은 초기에 생명 가치, 생태주의적 사고의 중요성에 관한 사상적 논설을 자주 실었다. 아울러 세계 전역에 걸쳐 있는 풀뿌리 공동체, 생태실험 사례를 소개하고, 지속가능한 공생과 자치의 가능성을 모색하는 데 공을 들였다. 특히 기술문명의 문제를 주목해 창간호에는 「기술의 책임」(임홍빈), 「나는 왜 컴퓨터를 안 살 것인가」(웬델 베리), 「여성주의, 육체, 기계」(웬델 베리)가 실리고, 이후로도 「나쁜 요술 — 테크놀로지의 실패」(제리 맨더), 「과학기술은 역사를 발전시키는가」(박성래), 「과학의 녹색화」(제임스 러브로크), 「과학기술로 환경 문제가 해결 가능한가」(이필렬) 등의 과학기술 비판론이 이어졌다. 기획을 보더라도 '컴퓨터 기술의 세계 — 재앙인가, 구원인가', '생명공학의 비윤리성과 반생태성'(28호), '자동차 천만 대 시대의 문턱에서'(36호), '컴퓨터 교육 — 무엇이 문제인가'(45호), '생명공학의 질주, 위협받는 생명윤리'(70호) 등 현실 속 구체적인 각론을 다듬어냈다.

이 목록에서도 엿보이듯 『녹색평론』은 국내만이 아니라 국외 필자의 글도 자주 실었다. 전 시기에 걸쳐 필자 네 명 중 한 명이 국외 필자였다. 1990년대 초반 국외 필자의 높은 비율은

녹색운동이 일천한 한국사회 현실만이 아니라 『녹색평론』의 절박한 위기의식을 담아낼 필자를 국내에서 찾기 어려웠다는 사정도 반영되어 있다.

그러다가 『녹색평론』은 점차 한국사회가 당면한 현안에 지면을 할애했다. '세계화'니 '선진화'니 하는 권력엘리트 중심의 사회논리를 문제 삼고, 기본소득·지역통화·숙의공론화·추첨제 등 사회 개혁의 아이디어를 내놓았다. 『녹색평론』은 생태주의 잡지로 간주되지만 정치, 경제, 언론, 교육 등에 관한 언설을 활발히 펼쳐갔다. 이는 환경생태 문제 말고도 다방면에 관심을 기울였다기보다 환경생태 문제를 각론이 아닌 총론으로 붙들고서 다양한 논제들과 결부시켰다고 이해하는 편이 타당할 것이다.

순환적 세계는 어떻게 가능한가

『녹색평론』은 반경제성장, 반자본주의, 반근대문명을 지향했다. 근대 산업문명이 추구하는 경제성장 논리는 생태적으로도 윤리적으로도 더 이상 감당할 수 없기에 '비근대적' 경로로의 방향 전환을 주장했다. 현 단계 자본주의의 생산력은 이미 충분하며, 더 높은 성장을 이룰 수도 없는 단계에 이르렀다. 첫째, 생태·물리학적 한계 때문이다. 자원고갈, 환경오염으로 성장은 한계에 다다랐다. 둘째, 경제성장에 따르는 윤리적·사회적 문제 때문이다. 끊임없는 성장주의는 인간성과 사회적 유대관계를 파괴하고 있다. 여기서 김종철이 '비근대적' 경로를 내놓는 이유는 그의 문명관이 근대 이전 그리고 근대 외부에서 장구한 세월 동안 생명공동체가 지속해온 순환론적 삶의 형식을 의미하기 때문이다.

지난 10년 동안 『녹색평론』을 통하여 우리가 일관되게 이야기해온 것이 있다면, 그것은 끝없는 성장, 팽창을 내재적인 요건으로 할 수밖에 없는 산업경제, 산업문화가 물러나고, 새로운 차원의 농업 중심 사회가 재건되는 것만이 생태적, 사회적 위기와 모순을 벗어나는 유일하게 건강한 길이라는 논리였다. 그리고 이러한 원칙이 근본적으로 옳은 것이라면, 우리는 지금보다 훨씬 더 가난해지고, 또 평등하게 가난해야 한다는 것이었다. 다시 말해서, 공존공영共存共榮이 아니라 공빈공락共貧共樂이야말로 우리가 추구해야 할 올바른 방향이라는 것을 숙고할 필요가 있다는 것이었다.7

　　『녹색평론』은 사회적 수치감마저 감도는 가난(貧)이란 말을 하나의 지향점으로 삼았다. 이 가난은 경제적 빈곤과 다르다. 오히려 고립된 개인이 빈곤 상태에서 벗어나려면 자신을 상품화해 다른 상품을 소비해야만 생존할 수 있는 구속에서 함께 벗어나야 한다. 그것이 공빈공락의 추구였으며, 순환경제에 기반한 공빈공락의 삶은 김종철에게 바로 농민들이 역사적으로 살아온 모습이었다. 하지만 한국에서 급속한 산업주의는 농민,

농업, 농촌의 붕괴를 대가로 치렀다. 김종철은 진보적 사회운동, 심지어 환경운동 진영마저 농農을 경시하는 풍조이지 않았느냐고 비평했다.

『녹색평론』이 중시한 농農은 기계적 대농업이 아니라 땅과 흙을 소중히 여기는 자들이 호혜적으로 어우러지는 소농小農이었다. 소농이 자립적인 공동체를 이루어 공빈공락의 삶을 영위할 수 있으려면 농촌 정책만이 아니라 정치질서를 비롯한 사회 전반의 체질이 바뀌어야 한다. 따라서 『녹색평론』의 시야는 광범위하며 연대의 경제, 협동의 공동체, 호혜의 사회관계, 생태적 생활의 가능성을 모색하는 논제들은 다각적이었다.

다만 『녹색평론』의 생태주의는 현실의 근본적 전환을 꾀했기에 이상주의로 간주되기도 했다. 단기적 시각에서 본다면 생태주의적 대안은 원칙적으로 옳지만 한가하거나 혹은 무리한 주장으로 평가되곤 한다. 1990년대 초기 생태적 인식이 척박한 한국사회에서 출현한 『녹색평론』 역시 그러한 시선에서 자유롭지 않았다. 하지만 장기적 시각에서 본다면 창간사에서 우려했던 파국은 이제 현실로 다가왔으며, 30년 전 그 위기감은 결코 때이른 것이 아니었음이 드러났다. 여섯 번째 대멸종이 빠르게 진행 중이며, 기존의 대량생산과 대량소비 시스템을 바꿔내지 못한다면 인간사회의 파탄도 가속화될 것이다. 다시 말해 장기적 시각에서 보건대 1990년대 『녹색평론』이 개진한 생태주의는 이상주의가 아닌 현실주의였던 것이다.

무엇보다 『녹색평론』은 '녹색평론 독자'를 낳았다. 격월간

이상의 주기로 발행된 사상지, 문예지, 문화지 중 구독자 수가 가장 많은 편이었으며, 지역 곳곳의 독자들이 '녹색평론 읽기 모임'을 조직했다. 한국잡지사에서 도시와 농촌 가릴 것 없이 하나의 잡지를 읽는 수십 개의 모임이 20년 넘게 이어진 사례는 『녹색평론』이 유일하다. 읽기 모임 참가자들 중에는 자신이 살아가는 현장에서 환경, 농업, 먹거리, 건강, 교육, 돌봄을 위해 실천하는 사람들이 많았다. 『녹색평론』이 매호 나올 때마다 근대문명의 문제점, 순환적 세계의 원리, 대안적 생활의 방안을 두고 이곳저곳에서 사람들이 모여 얼굴을 마주하고 머리를 맞대고 생각을 나눌 수 있었다. 『녹색평론』은 삶과 사회에 고민 많은 사람들이 모이는 모닥불이었다.

위기,
지금 시대가
서 있는 토대

14

한국문화예술사: 1990년대

'유연화' 시대의 도래

빚 독촉에 몰려 일가가 음독자살하고, 중소기업 사장이 투신자
살하며, 어제까지 회사의 어엿한 중견간부이던 사람이 졸지에 집
잃고 마누라 잃고 서울역의 무숙자가 되고, 택시운전수가 강도로
돌변하며, 버려진 아이들이 길거리에서 울고 있다. '소비의 사회',
'영상세대의 등장', '정보통신혁명'의 구호가 들린 지가 어제인데
오늘은 생존을 위한 일차적 욕구를 충족하지 못한 사람들의 신음
과 고통이, 한국전쟁 직후에나 볼 수 있었던 결식아동들의 퀭한
눈동자가 우리 앞에 나타났다. 밥 투정하는 우리 아이들에게, 뼈
만 앙상히 남은 북한의 어린이들을 보라고 야단치던 한국의 부모
들은 이제 고아원에 넘쳐나는 풀 죽은 우리 아이들의 모습을 보
여주어야 한다.[1]

1990년대 후반과 2000년대 초반에 일어난 한국사회의 변

화. 지금 시대는 그 연장선상에 있으며, 그 변화는 지금 시대의 저층에서 여전히 이어지고 있다. 그 시작은 IMF 사태였다. 불과 얼마 전만 해도 한국사회는 선진국 진입의 환상에 들떠 있었다. 1996년 이전까지 경제성장률 연평균 7.5퍼센트 이상의 고속성장을 거듭하더니 그해 12월 12일 OECD에 가입했다. 그런데 1년도 못 돼서 1997년 11월 21일 한밤중에 한국정부는 외환위기를 해결하기 위해 IMF로부터 구제금융을 받게 되었다고 발표했다. 한국의 외채는 1,500억 달러인데 외환 보유고는 40억 달러도 되지 않아 구제금융 없이는 국가부도를 뜻하는 모라토리엄(지급유예) 선언을 해야 할 처지라는 것이었다. 이것이 한국전쟁 이후 닥친 최고의 환란이라 일컬어진 IMF 사태의 신호탄이었다. 1998년에도 한국의 경제성장률은 6.9퍼센트를 기록했으나 30대 대기업 중 17개가 도산하고, 수많은 중소기업이 줄도산하고, 1998년에만 127만 명이 일자리를 잃었다. 1995년 1,200을 넘기도 했던 코스피 지수는 1998년 6월에 280까지 추락했다. 원화의 가치는 곤두박질쳐서 1달러에 800원 수준이던 원 달러 환율이 2,000원까지 치솟았다.

　IMF 사태가 터지며 한국사회는 신자유주의의 강화된 공세에 노출되었다. IMF가 외환위기 탈출 프로그램으로 강제한 '구제금융 이행조건'에 따라 한국정부는 초국적 자본의 압박 아래 미국·일본·칠레 등과 투자협정 협상을 진행하고 국민경제의 틀속에서 보호해오던 금융·공공 부문을 초국적 자본에 개방했다. 민주주의 투사 김대중은 드디어 대통령이 되었지만, 신자유주의 프로그램의 이행자 역할에 충실해야 했다. 1987년 민주화로부터 10년 뒤, 사회구조의 가장 큰 변화가 초래되었다.

IMF 사태 이후의 한국사회에서 나타난 변화를 요약하고 또 빈번하게 회자된 개념은 단연 '유연화'였다. 사실 유연화라는 개념은 개방화, 탈규제화, 민영화를 아우르며 외연이 무척 넓다. 개별 자본의 경계 안에서 이뤄지는 유연화일 수도 있고, 생산의 전지구적 연계에서의 유연화일 수도 있다. 또한 유연화는 정리해고제·탄력근무제·임시직 같은 고용관계, 연봉제·성과배분제 같은 임금 체계, 노동자의 다능공화·노동력과 기술적 체제 결합 같은 노동 과정, 조직축소·외주하청 같은 자본운용 방식, 권한위임·직급 파괴 같은 조직 체계, 국영기업 민영화·복지예산 축소 같은 정부정책상의 변화를 두루 가리킬 수 있다.

이 가운데 유연화는 '노동시장 유연화', '고용 유연화' 같은 방식으로 일터에서 나타나는 노동 과정 변화를 가리키는 용례로 가장 많이 쓰였다. 그때의 유연화는 반노동적이었다. 김대중 정부 시기에는 고용 유연화(정리해고 같은 노동력의 수량적 감축과 임시직화, 일용직화 같은 근무조건 변경)와 임금 유연화(임금 총액 감축 및 임금 체계 개편)가 본격화되었다. 그 이후로 지금에 이르기까지 일용직·임시직·파견·용역·촉탁·파트타이머 등의 비정규직이 부지기수로 늘어나고, 많은 노동자가 노동자도 자영업자도 아닌 모호한 존재가 되어갔다.

산업은 존재하지만 노동은 존재하지 않거나, 노동은 존재하지만 노동자는 존재하지 않거나, 노동자는 존재하지만 국가가 보호해야 할 노동권은 존재하지 않는 식이었다. 가령 학습지 교사들의 '임금'은 '수수료'로, '근로 계약'은 '위탁사업 계약'으로, '근로소득'은 '사업소득'으로 바뀌었다. 학습지 교사들이 개별적으로 사업자 등록까지 하게 만들어 형식상 근로기준법상의 근로자에 해당하지 않도록 꼼수를 부리는 회사가 늘어났다. 그래서 학습지 교사들을 자를 때는 해고가 아니라 계약 해지가 되었다.

한편 유연화는 친기업적이었다. IMF 사태 이후 노동계, 공공 부문, 금융권, 재벌 등 여러 분야에 걸쳐 구조조정이 진행되었으나 결과는 비대칭적이었다. 신자유주의 정책은 자원이 빈약한 이들에게는 좀 더 불리하게, 자원이 많은 이들에게는 보다 유리하게 제도화되었다. IMF 사태 이후 국정의 주안점은 IMF 프로그램 조기졸업에 맞춰져 노동개혁은 가혹했으나 재벌개혁은 지지부진했다. 투명한 기업경영을 위한 독립적인 외부감사제도 마련, 사외이사제도 도입, 소액주주권 강화, 결합재무제표 작성 의무화, 상호지급보증제도 철폐, 순환출자 금지 등의 방안이 고려되었으나 시행 과정에서 재벌과 정부의 타협 대상이 되었다. 재벌총수 사퇴, 재벌총수 재산 헌납, 재벌의 금융기관 및 언론소유 제한 등은 발상에 그치고 말았다. IMF 사태 직후에는 정부 정책의 실패와 함께 재벌의 방만한 경영이 위기의 주범으로 지목되었으나 시간이 흐르자 보수 언론들은 점차 위기의 원인을 금융실명제, 과소비 그리고 고임금 탓으로 돌렸다.

개인이 무장해야 하는 사회

유연화의 효과는 기업과 일터에 그치지 않았다. 1987년 이후 한국형 시민사회와 시민경제의 주축을 형성해온 중산층이 크게 흔들렸다. 중산층은 경제학적 시각에서는 중간소득 계층이며, 사회학적 시각에서는 생산의 사회적 관계에서 중간적 위상을 점하여 유사한 생활양식을 공유하는 집단이며, 정치학적 시각에서는 다양한 이해관계를 조정하고 집단 간 갈등을 완충하는 역할을 한다.

  그런데 경제위기와 그에 따른 유연화 정책으로 소득 분포의 불균등성이 커져 중산층이 무너지기 시작했다. 1990년대에는 한 시기 국민의 80퍼센트가 자신을 중산층으로 여겼으나 이제 '20 대 80 사회'라는 개념이 확산되었다. 안정된 일자리와 소득을 가진 20퍼센트의 소수 집단과 실업자·준실업자·비정규직·저임금노동자 등 80퍼센트의 다수 집단으로 사회가 양극화되는 현상을 뜻했다. 경제는 전반적으로 불황이라는데, 실업과 빈곤은 늘어났다는데, 서울 강남과 인근 지역에는 초호화 주상복합 건물이 빽빽이 들어서고, 고급 외제차 판매량과 양주 소비량은 가파른 상승세를 기록했다. 한편 빈곤층 쪽은 과거에는 노인, 장애인, 만성질환가구 등 취약계층이 중심이었으나 IMF 경제위기 이후에는 근로능력이 있는 일반인이 다수 포함되었다. 거리에는 노숙자가 늘어나 1998년 4월 보건복지부는 노숙자의 존재를 공식적으로 인정했다.

국가와 함께 기업, 자영업자, 가족 그리고 개인에 이르기까지 80퍼센트에 속한 행위자들은 저마다 몰락의 위기에 처했다. 살아남는 것이 무엇보다 절실했고, 그러려면 지위 유지와 상승을 위한 타인과의 무한 경쟁이 불가피했다. 생존게임은 공생共生과는 공존할 수 없는 아생我生의 논리에 따랐다. 자기계발, 스펙 쌓기 그리고 재테크 열풍은 노동과 쉼의 시공간적 구분마저 걷어냈다. 출판계에서는 자기계발서 열풍이 나타났다. 1990년대 초반에 인기를 얻은 김우중의 『세계는 넓고 할 일은 많다』, 정주영의 『시련은 있어도 실패는 없다』, 이명박의 『신화는 없다』 등이 기업가들의 성공 스토리였다면 1990년대 후반부터는 개개인 스스로가 기업가적 주체가 되어 성공하는 법에 관한 매뉴얼을 담은 도서들이 주류를 차지했다.[2]

텔레비전을 켜면 낙오와 생존을 골자로 최후에 남은 1인이 모든 걸 독식하는 서바이벌형 리얼리티쇼가 범람했다. 경쟁의 문법과 그다지 관련이 없던 삶의 영역들(음악, 춤, 요리, 예술 등)조차 치열한 경연장으로 바뀌었다. 회사생활, 학교생활, 연애활동, 독서활동, 주식 투자 등 거의 모든 일상적 활동에 서바이벌 메타포가 적용되었다. 자녀양육, 조기유학, 외국어학습, 건강관리, 성형수술 그리고 해외여행마저 각개전투를 치르기 위한 군비경쟁에 속하게 되었다. 생존게임에 휘말린 자들은 자기계발 주체로서 경쟁력을 키우고 스펙으로 무장했다. 그들은 전장 같은 삶터에서 '언제라도 낙오자가 될 수 있다', '살아남아야 한다', '해고되지 말아야 한다', '비정규직을 벗어나야 한다'를 가장 분명한 삶의 감각으로서 체득했다.

이를 위해선 경제자본, 사회자본, 문화자본 말고도 상상력, 기획력, 집중력, 판단력, 감정능력 그리고 사교력 등 모든 역량을 끌어모아 자신의 자본으로 계발하고 자기경영의 주체로 거듭나야 한다. 자기결정, 자기관리, 자기실현, 자기책임. 자기는 주어와 목적어로 찢겨져 계약을 맺는다. 서바이벌 오디션에서 떨어진 참가자는 떨어졌다고 분노하지 않는다. 눈물을 흘리며 '다음에는 자신이 더 열심히 하겠다'고 다짐한다. 분노하지 않고 체념도 하지 않는 의지력, 달리 표현하면 자기통제 능력이야말로 중요한 자질이다. 성공에 닿을 때까지 아직도 많은 실패가 기다리고 있을 테니.

한편 주식 투자든 부동산 투기든 상관없으니 부자가 되는 자는 사회적 명망까지 얻을 수 있었다. 경기부양을 위해 김대중 정부는 저금리 정책과 정부지출 확대를 추진하고, 이른바 '벤처 거품'을 낳았던 벤처산업과 IT산업 육성 정책을 시행하고, 신용카드·가계대출·부동산 관련 규제를 완화했다. 곤두박질쳤던 종합주가 지수는 1999년 3월 마침내 1,000을 재돌파했다. 1999년의 호황은 외국자본 유입과 국내통화 증발增發로 불어난 돈이 증시로 몰려들며 생겨난 일시적 거품이었지만, 경기부양을 위한 저금리와 소매금융 활성화가 결합되자 중산층과 하위가계까지 대출을 통해 자산시장에 적극 뛰어들었다. 특히 외국자본이 주식시장으로 돌아와 낙관주의가 부활한 효과가 컸다. 외국투자자는 한국경제의 신이고, 대통령은 제사장이고, 학자들은 기꺼이 바리새인이 되었다. 언론의 부흥회에 힘입어 개미군단이 주식시장으로 빨려 들어갔다. 대학생들을 상대로 투자 챔피언을 뽑는 경진대회도 열렸다. 이어서 코스닥 열풍이 '묻지 마 투자'를 불렀다. '1억 만들기', '1억 벌기' 캠페인이 벌어졌다. 2000년대 한국경제는 IT버블, 신용카드 대란, 버블세븐으로 자산 가격의 주기적인 거품과 파열이 반복되었다. 이제 월급 생활자들에게 고정적 수입은 좋은 시절의 일이 되었다. 노동보다는 금융과 자산 소득으로 먹고사는 사람들이 재산을 더 빨리 늘렸다. 사람들은 그렇게 해서 부자가 된 자들의 도덕성도 정당성도 묻지 않았다. 성공한 자를 부러워하고 그 성공을 닮고 싶어 했다. 부자의 부유함은 공공연한 자랑거리가 되었다.

　이것은 전에 없었던, 1990년대 후반의 특징적 현상이자 1990년대 후반부터 시작된 사회적 경향이었다. 2000년대에 들어서자 부자 되기 콘텐츠는 대중매체의 가장 성공적인 상품 중 하나가 되었다. 부자들의 집, 집 속의 옷장, 옷장 속 브랜드들이 전시되고, 그들의 성공 스토리가 화려하게 소개되었다. 주식 투자, 부동산 투기, 여러 재테크 기술을 알려주는 정보가 쏟아지고 주식과 부동산 전문가의 분석이 나날이 제공되었다. 복권, 카지노, 경마, 경륜, 경정 등 도박에 몰입해 일확천금과 인생역전을 노리는 자들도 크게 늘었다. 무한경쟁에서 살아남아야 한다는 절박함, 부자 되기가 삶의 서사에서 차지하는 우위성이 돈벌이 방식에 관한 윤리적 긴장의 붕괴를 정당화하는 알리바이가 되어주었다.

여성에게 요구된 것들

IMF 구조조정은 재벌보다 노동자에게, 부자보다 가난한 자에게, 그리고 남성보다 여성에게 가혹했다. 세계시장에서 벌어지는 경제전쟁에서 살아남으려면 고효율과 저비용의 노동자가 필요한데 기혼의 여성 노동력은 모성보호 비용이 들어가 효율과 비용 면에서 경쟁력이 떨어진다는 이데올로기. 여기에 가부장적 문화 풍토가 작용해 '여성은 부양 책임이 없다'며 해고 대상의 우선순위에 올랐다. 맞벌이 여성이 해고 1순위이고 기혼 여성, 장기 근속 여성, 비정규직 여성이 다음 순위였다.

성별 분업 체계 아래에서 경제위기는 대체로 아버지와 남편의 위기로 묘사되었다. 실직한 가장, 처연한 아버지의 이야기가 연일 뉴스에 오르고 드라마에서도 흔한 소재가 되었다. 박혜경에 따르면 경제위기에 대한 담론적 대응은 위기를 정서적인 것으로 만드는 정서화, 위기를 주로 남성의 문제로 만들고 그 책임을 여성에게 돌리는 젠더화, 경제위기를 가족의 문제로 떠넘기는 가족화의 성격을 띠었다.[3]

이러한 경제위기 대응 담론은 가족주의의 재구성을 유도했다. 여성들은 가정으로 돌아가 '신新현모양처'가 되어 남편 기 살리기에 전념하라는 압박을 받았다. 공익광고에서는 실직으로 '고개 숙인 가장'에게 아내와 자녀가 편지를 낭독하는 모습이 나오고, 1998년 노동절에는 노동조합의 포스터에서조차 두 손 불끈 쥔 남편의 등 뒤에서 당신만이 희망이라며 안쓰러운 눈길을

보내는, 아이 안은 주부의 모습이 그려졌다.[4]

　이러한 주부 이미지를 염두에 두고 호황기인 1994년부터 1996년까지 활성화되었던 '미시족' 담론을 떠올려보자. 미시족 담론은 변형된 아줌마 담론이었다. 한국사회에서는 결혼 여부에 따라 여성을 아가씨와 아줌마로 가른다. 아줌마는 결혼한 모든 여성을 동질화하고 모든 미혼 여성과 이질화하며, 여성에 대한 평가와 여성들 간 질시를 자극하기도 하는 호칭이다. 그런데 1990년대 중반에는 아가씨 같은 아줌마, 아줌마이되 아줌마이기를 거부하는 미시족이 새로운 여성상으로 부상했다. 미시족은 1993년 말 그레이스백화점 광고에 처음 등장한 이래 시장 트렌드의 주요 키워드로 주목을 받았다. 광고에서는 "주부는 스타되지 말란 법 있나요"라며 세련된 의상, 가꾼 몸, 자긍심 어린 표정의 기혼 여성이 말했다. 이것은 가정이 노동력 재생산 공간에서 소비의 장으로 재편되고, 주부가 주요 소비층이 되면서 나타난 변화였다. 이른바 미시족은 가사 관리사라는 기존의 주부 이미지에서 벗어나 가사와 육아는 물론 패션과 인테리어에서 세련된 라이프스타일을 연출하는 소비 주체로 그려졌다.[5] 1994년 남양유업의 이유식 '스텝로얄' 광고에 등장한 젊은 주부는 워커를 신고 한 손으로 유아를 든 채로 선언했다. "내 아기는 다르다."

　하지만 경제위기가 길어지고 정리해고가 줄을 잇자 그런 여성상은 돈 쓸 줄만 아는 위기의 주범처럼 치부되었다. 대신 대중매체는 세련된 아줌마가 아니라 억척스러운 아줌마를 이 시대의 기혼 여성상으로 선전했다. 얼마 전까지 기혼 여성은 남자들에게 일자리를 내어주고 집에서 살림을 해야 한다고 을러대더니, 이제 "억센 아줌마는 아름답다"며 경쟁력을 체화하라고 독려했다. 미시족 담론이 더 많은 소비를 끌어내기 위한 마케팅 전략이었다면, 아줌마 담론은 국가적 위기를 돌파하고자 희생정신을 요구하는 동원전략이었다. 배은경은 이러한 아줌마 담론이 지배 이데올로기의 산물일 뿐 아니라 거기에도 여성해방적 측면이 있음을 포착한 바 있다.

아줌마 담론의 열풍은 1998년 가을쯤, 한 사진작가가 아줌마를 주제로 사진전을 열고 때마침 PC통신에서 '아줌마 논쟁'이 재연되면서 불기 시작했다. 지하철 자리를 확보하기 위해서라면 벤 존슨도 칼 루이스도 제쳐버릴 수 있다는 한국 아줌마가 순식간에 매스컴의 총아로 등장하였다. 사실은 그들이 우리들을 낳고 길러낸 어머니들이며, 이만큼의 경제성장을 이뤄낸 자기희생의 화신이라는 것이 새삼 강조되었고, 더 이상 그들을 구박하지 말 것과 그들 스스로 자긍심을 가질 것 등등을 권유하는 담론이 부상하기 시작했다.

이 담론은 한편으로 대단히 여성해방적이었다. 그간 정당하게 평가받지 못했던 여성의 사회적 기여, 특히 집 안에서 이뤄지는 전형적인 아줌마의 일들이 우리 사회를 떠받쳐온 밑바탕이었다는 사실이 뒤늦게나마 인정받는 과정이기도 했고, 그간 알게 모르게 주눅 들어 있었던 기혼 여성들이 스스로의 가치에 눈뜨는 계기가 되기도 했다. 여기서 '아줌마'는 더 이상 비하어가 아니다. 한 일 간지가 구기 종목 국가대표팀의 대들보인 기혼 여자 선수들에 대한 기사를 실으면서 "아줌마는 힘이 세다"라는 표제를 붙였다든가, 이튿날에는 동네 어머니축구단에 대해서도 '아줌마축구'라는 용어를 사용한 것 등은 이것을 잘 보여준다.[6]

그런 의미에서는 미시족 담론 역시 기혼 여성들의 자아실현과 욕망 추구를 고무한 측면이 있었다고 평가할 수 있다. 다만 미시족 담론이든 아줌마 담론이든 해당 여성들이 만들었다기보다 자본과 국가의 필요에 따라 생겨나고 언론을 통해 유포되는 양상은 공통적이었다.

급박한 경제위기 상황을 벗어나 경기회복을 위해 가계소비를 진작시켜야 할 시기가 되자 새로운 주부 담론이 등장했다. 가정 경영자로서의 주부인 것이다. IMF 사태를 거치면서 열악한 가족은 생존집단이 되었고, 형편이 나은 가족은 경제 이익을 최대화하는 작은 기업처럼 되어갔다. 이제 주부는 가족 경영에 나서서 남편의 감정 치료사이자 아이의 학업 매니저를 맡아야 했다. 방송과 경제신문은 남편이 벌어다 주는 월급에 의존할 생각 말고 금융 관리사 역할도 맡으라고 주문했다. 그렇게 재테크에 열심인 주부가 차지한 자리는 미시족이 사라진 바로 그곳이었다.

정신세계의 퇴락에 맞서

김동춘은 『1997년 이후 한국사회의 성찰』에서 한국사회가 기업적 가치의 지배를 받는 '기업사회'로 변했다고 개탄했다. 그는 기업사회를 "기업이 단순히 사회의 일부인 것이 아니라 오히려 사회가 기업의 모델과 논리에 따라 재조직되는 사회"로 정의하면서 한국사회는 1990년대 초반부터 기업사회로 전환되기 시작해 1997년 경제위기 이후 그 전환이 가속화되었다고 주장했다. 그는 기업사회의 성격을 첫째, 기업권력이 정치권력이나 법 또는 행정을 압도하는 사회, 둘째, 기업이 아닌 사회조직이 기업을 모델로 하여 조직되는 사회, 셋째, 기업의 문화나 시장논리가 다른 문화의 가치를 압도하고 모든 사회구성원이 종업원과 소비자로 지칭되는 사회로 정리했다.[7]

그의 진단처럼 IMF 사태 이후 국민국가의 주식회사화, 시민사회의 기업문화화, 공적 영역의 사적 영리화, 대학교육의 시장경제화, 지식의 상품화가 진행되었다. 사회 곳곳이 기업의 모델에 따라 재조직화되었다.

무엇보다 사회의 기본 단위인 개인이 기업의 논리를 따라갔다고 말할 수 있을지 모른다. 인생에서 하는 중요한 선택들을 마치 기업의 재무제표처럼 이익과 손해로 계산하게 된 것이다. 어디로 진학할지, 어디서 일할지만이 아니라 외국어를 배울지, 여행을 갈지, 어떠한 친구를 사귈지, 연애를 할지, 결혼을 할지, 누구와 결혼을 할지, 아이를 낳을지, 집을 장만할지, 어디서 거주할지 등 삶의 중요한 선택들은 '개인-기업'의 성공 혹은 도산을 가를 경제적 선택이다. 이런 개인들이 살아가는 사회에서 삶의 영역들은 화폐가치로 환산되고, 돈으로 잴 수 없는 삶의 가치는 가치절하되고 만다.

돌이켜보면 IMF 사태 때 등장한 구조조정은 하나의 구조였다. 일시기에 일부가 감내한다고 끝날 일이 아니었다. 모든 영역에서 누구나가 언제까지고 조정되는 구조 속에서 살아가는 법을 배워야 했다. 생존과 경쟁의 논리는 사회에 적대의 관계를 조밀하게 새겨넣었다. 내 옆에 있는 자는 경쟁 상대요 이겨야 할 적이다.

가혹한 경쟁 구조는 끊임없이 패배자들을 양산했다. 무한 경쟁에서 탈락한 자, 즉 루저는 국민 혹은 시민이라는 이름으로 보장된 국가적·사회적 권리와 의무로부터 점차 멀어져 삶의 한계지대로 내몰렸다. 더구나 경제적·사회적 양극화에 따른 대중적 불안감은 경쟁에서 밀려난 약자와 패배자들에 대한 공격으로 전이되었다. 경쟁에서 도태된 자들은 구조를 타격하거나 자신보다 우위에 있는 자를 끌어내리려 하지 않고 더 열위에 있는 자들을 공격했다.

IMF 사태를 거치며 자성의 목소리도 등장했다. 1997년 구제금융 신청 이후 "샴페인을 너무 일찍 터뜨렸다"는 표현은 선진국 환상에 빠져 OECD 가입을 서두른 정부, 낙관에 젖어 있던 기업만이 아니라 대중의 과소비 풍조도 겨냥했다. 잡지계에서는 1998년 봄호『창작과 비평』,『문학과 사회』,『문학동네』,『실천문학』 등 주요 문학계간지가 일제히 특집이나 대담 등을 통해 1990년대 한국사회 내지 한국문학을 자성하는 논의를 펼쳤다.『창작과 비평』은 'IMF시대에 다시 보는 자본주의적 근대'를,『문학과 사회』는 '21세기의 전망: 무엇을 할 것인가'를,『실천문학』은 '한국사회, 어디로 가는가'를 특집으로 내놓았다.『문학동네』는 '90년대 소설의 문제성'을 특집으로 삼고 발간사에서 "모든 것이 하루아침에 바뀌었다. 90년대 문학은 이 사태를 예견하지 못했다는 점에서 실패였고 90년대 문학의 수심 역시 대부분 거품이었다"고 토로했다.[8]『당대비평』 1999년 가을호 머리말을 조금 옮겨보자.

또다시 우리의 의식은 IMF 이전으로 돌아간 것입니다. 위기에 대한 면역성까지 고려한다면, 우리들의 정신의 안이함은 전보다 더 심화되었다고 말할 수 있습니다. 바로 이러한 현실을 배경으로 우리는 자본주의 세계질서로의 적극적 통합논리가 우리 사회의 새로운 지배 이데올로기로 자리 잡아가고 있는 것을 어렵지 않게 목격할 수 있습니다. 'BUY KOREA'라고, 고개를 들어보면 어디서라도 쉽게 눈에 띄는 영어 문구가 그것의 정확한 상징일 터입니다. (…) '국가의 상품화'로까지도 읽혀지는 이 구호의 근저에는 인간적 삶의 공간인 국가와 지역에 다양하게 존재하는 정신적 문화적 가치까지도 전부 상품화할 수 있다고 믿는 엄청난 물신숭배, 구성원 개개인의 삶의 가치조차도 '국가'라는 추상적 단어에 통합시키려는 시장/국가주의 이데올로기가 자리 잡고 있습니다.

(…) 고비용/저효율을 이유로 노동자는 일자리에서 쫓겨나고, 실용적 가치가 인문적 가치를 몰아내고, 고부가 가치를 생산하는 '신지식인'이 지식인 일반의 무능력을 비웃는 사회, 모든 국가구성원의 정신적 가치가 이윤과 결합되어 있고, 자신의 상품성을 광고하는 면접 고사장 앞에는 사람들이 언제나 늘어서 있고, 그리하여 비판적 시민의식을 거세당한 채 안락에의 자발적 예속을 기꺼이 감수해야 하는 사회, 바로 이 '끔찍한 신세계'가 지금 우리 사회가 나아가고 있는 방향은 아닌지.9

그런데 IMF 경제위기는 잡지계에도 구조조정을 가져왔다. 안 읽히는 잡지가 시장의 벽을 넘지 못해 명멸하고 영역마다 소수의 잡지가 살아남아 대표성을 띠게 되었다. 문화잡지『이매진』, 인문잡지『세계사상』, 문학잡지『한국문학』이 휴·폐간의 소식을 전했다. 월간『현대문학』과『문학사상』은 나란히 30쪽씩 축소하기로 했다. IMF 이후 광고수주 및 판매는 종전의 절반 이하로 떨어진 반면 원자재 값은 올라 제작비가 증가했기 때문이다.

이러한 시기에 비판성을 재장전한 잡지들이 속속 출현하기 시작했다. 1997년에만『현대사상』(민음사),『정치비평』(푸른숲),『열린 지성』(교수신문),『세계사상』(동문선),『신인문』(한길사) 등 인문사회과학 전문 잡지가 잇따라 창간호를 선보였다. 1998년『진보평론』은 '진보의 새 장을 열기 위해' 창간되었다. 1997년 계간지로 나왔던『인물과 사상』은 1998년 월간지로 전환되었다. 1999년 『아웃사이더』가 출격해 5년간 비행했다.

어떤 1990년대의 종언

이 책을 시작하며 이러한 물음을 던졌다. 1990년대는 언제 시작되었던가. 그 기점에 관한 가설들로 1987년, 1991년, 1992년에 일어난 일들을 소개했다. 그러한 1990년대는 민주화를 통한 정치적 자유화가 한 축, 그리고 대중소비를 통한 경제적 자유화가 다른 한 축이었다. 이렇게 보았을 때 IMF 경제위기는 경제가 사회를 규율하는 문법으로 자리 잡고, 국가 권력이 으뜸가는 사회적 주재자 자리를 시장 권력에 넘겨주는 국면이었다고 말할 수 있다.

1987년 민주화 대투쟁 이후 계급·세력관계가 변화하며 정치적 민주화 진전, 실질임금 상승, 중산층 성장을 경험했으나 IMF 사태 이후 신자유주의적 사회 개편 속에서 분배구조는 악화되고 사회불평등이 심화되었다. 어떤 1990년대가 종언을 고한 것이다.

1990년대 초중반의 중요한 사회적 화두는 무엇보다 자유였다. 대통령 직선제가 이뤄지고 광주항쟁이 민주화운동으로 인정되고 반공 이데올로기가 약화되고 검열기제가 줄어들어 정치적 자유가 확대되었다. 고도성장에 따른 대중소비재 범람, 영상매체 확산은 경제적·문화적 자유의 감각을 고무시켰다. 민주화를 쟁취한 시민은 이제 소비자로서 자유를 향유할 차례였다. 돌이켜보면 포스트모더니즘도, 세계화 담론도, 신세대 담론도 미시족 담론도 모두 자유가 화두였고 경제성장 속에서 확산될 수 있었다. 그리고 그 모두 IMF 시대에 사그라들었다.

사실 IMF 사태 이전에도 사건의 형태로 균열은 드러나고 있었다. 1990년대 중반부터 구포역 열차 사고, 아시아나항공기 사고, 서해훼리호 침몰 사고, 대구지하철 사고 같은 대형 안전사고들이 잇달았다. 그중에서도 1994년 성수대교 사고와 1995년 삼풍백화점 사고는 상징적이었다. 성수대교는 성수동과 압구정동을 잇고 있었고, 서초동에 세워진 삼풍백화점은 당시 매출액 기준 업계 1위를 달리던 초호화 백화점이었다. 두 사고는 고도성장의 종언처럼 비쳐졌다.

그러다가 IMF 사태를 맞닥뜨려 얼마간 낭만적 색채마저 감돌았던 낙관의 1990년대가 막을 내렸다. 따사로웠던 호황기의 공기는 차갑게 식고 낭만주의는 냉소주의로 바뀌었다. 욕망은 전례 없이 커졌다가, 갑자기 포기되어야 했다. 이 경험은 한국 사회에서 집단적인 정신적 내상으로 남았다. 그렇게 막을 내린 향유의 1990년대는 지금까지도 '좋았던 시절'로 이따금 향수의 대상이 된다.

하지만 우리의 1990년대 이야기는 여기서 끝나지 않는다. IMF 시대를 넘어 조금 더 나아가야 한다. 서두에 밝혔듯이 우리의 목적은 1990년대 사회적 변동과 정신적 행방을 유산화하는 것만이 아니라 현재화하는 데에 있기 때문이다. IMF 사태 이후 일어난, 우리의 지금 시대와 직접 닿아 있는 사건들을 마저 살펴보자. 그 사건들은 대중에 관한 것이다.

대중,
그들은 다음 시대를
열어냈는가

15

월드컵 논쟁

6월은 뜨거웠습니다. 온 나라가 붉은색으로 뒤덮였습니다. 축구 경기가 있는 날이면 일상의 질서가 잠시 멈추고, 거리는 거대한 축제의 장으로 변했습니다. (…) '붉은 악마' 현상을 놓고 열띤 논란이 벌어지기도 했습니다. 『월간조선』의 조갑제는 젊은이들이 태극기를 몸에 둘렀다는 사실에 주목하며 애국적인 20대와 50대의 단결로 30대를 포위해야 한다고 주장했습니다. 그 반대편에서는 젊은이들이 입은 붉은 티셔츠에서 '레드콤플렉스'의 극복과 빨갱이가 될 잠재력을 보았습니다. 이 거리의 응원이 시민의 자발적 축제냐, 애국주의의 광기냐를 놓고도 논란이 벌어졌습니다. 과연 이 축제의 정체는 무엇이었을까요?[1]

1990년대 후반 경제위기를 거친 뒤 2000년대 초입에 일어난 특기할 사건 중 하나는 2002년 한일월드컵이다. 한일월드컵은 'IMF 시대'라는 어둡고 긴 터널을 빠져나온 듯한 사회적 분위기를 연출해냈으며, 그만큼 열광적이었다. "광장을 빠져나가 길을 꽉 메운 군중은 누가 시킨 것도 아닌데 '대한민국'을 합창하며 걷고 있었다. 그것은 실직자가 거리에 넘치고, 기업은 싸구려 국제경매시장에서 주인을 기다리던 시대에 상처받고, 세계의 조롱거리가 됐던 치욕을 한 방에 날려버리는 자존심의 폭발과도 같았다."[2]

최대 이변은 역시 한국의 4강 진출이었다. 그간 월드컵에 다섯 차례 출전했지만 한 차례 승리도 없었던 팀이 4강에 오른다는 건 예상치 못한 일이었다. 한일월드컵 내내 붉은 물결이 도심의 광장과 거리를 가득 메우고도 흘러넘쳐 각 동네에서 생겨난 조그만 광장들을 열기로 채웠다. 응원을 주도한 붉은 악마 회원은 14만 명이었지만, 거리응원에 나선 연인원은 2,200만 명에 달했다. 이 '붉은 물결'은 그 규모나 성격에서 전례 없던 일인 만큼 그 의미를 둘러싸고 의견이 분분했다.

그 한 가지 소재는 국가대표팀 서포터즈 '붉은 악마'였다. 보수적 기독교계에서는 붉은 악마의 'Be the Reds' 캠페인을 기독교에 대한 정면도전으로 받아들여 붉은 악마 해체를 촉구했고, 일부 진보적 인사들은 "레드콤플렉스를 극복한 새로운 민족적 자긍심의 표본"으로 추켜세웠으며, 정치적 색채를 멀리하는 언론들은 붉음을 열정과 역동성의 상징으로 풀이했다. 태극기도 첨예한 해석 대상이었다. 국가권위주의 시대에 태극기는 '국기에 대한 맹세' 때 바라보는 엄숙한 국가상징물로서 국가에 대한 충성 의식을 환기했다. 국가권위주의에 맞서는 저항의 몸짓 속에서도 태극기는 등장했지만 어느 쪽이든 일상, 더구나 놀이와는 거리가 멀었다. 그런데 한일월드컵 시기에는 태극기가 응원 도구로 활용되고 치마와 티셔츠, 두건으로 변모했다. 그런 점에서 태극기는 (놀이) 공동체 의식의 매개체, 스포츠 민족주의의 표현물로 기능했다. 한편 대규모 응원전을 두고서는 "현실을 망각한 집단적 히스테리 증상", "질서와 청결을 끝까지 지켜낸 시민의식의 승리", "6월 항쟁에 나타난 민중 에너지의 재현"이라는 다양한 스펙트럼의 반응이 나왔다. 그중 주류적인 방식은 '우리 민족의 단결력과 애국심'을 강조하는 접근이었다.

6월 30일, 한일월드컵이 끝났다. 축제가 끝나자 평가가 시작되었다. 김종엽이 지적했듯이 "누구보다도 월드컵 후유증을 심하게 앓아야 하는 것이 우리 사회 지식인들"이었다.[3] 권명환은 월드컵 이후 지식인들의 분분한 의견들을 이렇게 전한다.

월드컵이 끝난 지 한 달이 채 지나지 않았지만, 붉은 악마 현상을 분석하는 기사는 넘칠 지경이다. 성글게 요약하자면, 보수 진영과 언론에서는 지역 간, 세대 간, 계층 간의 차이를 극복한 국민 대화합의 현상으로 평가했고, 일부 진보 진영에서는 레드콤플렉스의 극복과 6월 항쟁의 연장선상으로 읽었다. 또 다른 진보 진영에서는 국가주의나 파시즘의 징후로 읽고 집단환상극에 우려를 표했으며, 문화계 일각에서는 신세대와 구분되는 새로운 대중 'W세대'의 출현을 알렸다. 한민족 특유의 공동체의식의 발현으로 읽는 이들도 있었고, 일각에서는 집단 히스테리에 은폐된 노동현실과 사회문제에 주목하자는 목소리를 냈다. (…) 이러한 평가를 내린 지식인들은 좌파 지식인에서부터, 자유주의자, 민족주의적 중도좌파, 안보주의 우파까지 다양하게 포진되어 있다.[4]

거리에 흘러넘친 붉은 물결에서 어떤 지식인은 '국가주의적 광기'를, 어떤 지식인은 '신명나는 축제의 마당'을 보았다. 또 어떤 지식인은 '국경을 넘나드는 자본의 촉수에 걸린 우중'의 실재를 발견하고 씁쓸해하는가 하면, 어떤 지식인은 '문화적 민주주의를 요구하는 새로운 대중'의 탄생을 반겼다. 몇십만의 거대 인파가 경찰의 저지선 안에서 질서를 유지하는 모습을 보고 어떤 지식인은 '우리 사회의 성숙한 시민의식'을 찬양했고 어떤 지식인은 '일탈의 욕구가 권력이 허용하는 선 안에서 길들여질 위험성'을 경계했다.

여기서 중요한 쟁점은 '자발성' 문제였다. 사람들이 거리로 쏟아져 나온 이유에 대한 전형적 해석은 억압된 심리가 월드컵을 계기로 폭발했다는 것이었다. 군사독재를 거치며 정치적으로 오랫동안 억눌린 중장년층, 문화적 욕구에 비해 놀거리가 부족한 청년층, 입시교육에 찌든 청소년층, 상대적으로 소외된 여성의 참여 욕구가 연쇄 폭발하여 갑갑한 경제위기의 시간을 뚫고 축제의 장을 이뤄냈다는 것이다. 반면 국가에 의한 내발적 동원, 혹은 'Be the Reds' 티셔츠 12만 장을 뿌린 SK 텔레콤 같은 기업들의 사실상 응원단장 노릇, 거기에 대중매체의 세뇌에 가까운 반복주입 등을 거론한 논자도 있었다.

분출하는 하위문화활동

2002년 한일월드컵 응원전은 예외적인 사건이지만, 1990년대 후반 문화활동 동향과의 관련성 속에서 읽어봄직한 현상이다. IMF 사태 이후 경제적 불안이 가중되며 대중들의 지배적 정서는 보수적 성향을 띠었다. 1990년대 초중반과 비교하자면 기성 가치나 통념을 깨뜨리는 개척적인 문화활동에 나서기가 어려워졌다. 그럼에도 1990년대 후반에는 전에 없던 문화활동들이 생겨났다. 시민단체의 생활문화운동부터 문화연대를 위시한 본격적인 수용자 문화운동까지 펼쳐졌다. '아줌마부대', '퀴어영화제', '월경페스티벌', '안티미스코리아 페스티벌'처럼 소수자의 인권을 위한 문화활동도 전개되었다. 온라인상에서는 다양한 페미니스트 웹진, 『딴지일보』와 안티조선 사이트 '우리모두'처럼 여성의 주체성을 사회적 의제로 만들거나 정치적 의제를 대중화하려는 문화활동이 대두했다.

기존 문화운동은 뚜렷한 목적의식과 이를 뒷받침하는 조직력을 바탕으로 전개되었으나 새로운 양상의 문화활동은 하위주체가 자기 목소리를 꺼냈다가 반향이 일어나는 방식으로 출현했다. 혹은 사회적 여론과 쟁점에서 갑자기 문화활동이 튀어나왔다. 어떤 이슈에 다수의 관심이 모이고 소통의 경로가 형성되고 참여가 확산되면, 곧 활동이라 할 만한 것으로 자라났다. 이는 정보화 매체의 발달로 가능해진 변화였다. 이제 인터넷 사이트 설립처럼 특정 미디어와 채널을 만든다든지, 온라인 서명의 방식으로 관심 참여층을 조직한다든지, 여론을 바탕으로 온오프라인상에 자발적 단체를 만들어내는 일이 한결 쉬워졌다.[5] 이런 활동 경로를 취한 자들은 대체로 하위문화집단이나 비주류였다. 월드컵 열풍은 분명 대중문화 현상이었으나 1990년대 후반부터 축적된 비주류의 방식을 흡수하고 있었으며, 그렇기에 입체적이었고 해석도 분분할 수밖에 없었다.

촛불시위의 등장

2002년 월드컵의 개최 기간은 2002년 5월 31일부터 6월 30일까지였다. 그 한복판인 2002년 6월 13일 심미선과 신효순의 죽음이 있었다. 경기 양주군 광적면 효촌리 56번 지방도로에서 이 마을에 사는 심미선과 신효순은 미2사단 공병대 소속 부교운반용 궤도차량에 치여 그 자리에서 숨졌다. 그들이 사망한 날은 포르투갈과의 월드컵 예선리그 마지막 경기 전날이었고 국민들의 관심은 월드컵으로 쏠려 있었다.

사고 이후 경기도 북부 20여 개 시민 및 학생단체로 구성된 '미군 전차사망자 여중생 경기북부대책위원회'는 6월 18일 인터넷 카페를 개설하고, 안티미군 사이트에서는 부시 대통령의 공개사과와 공동 진상조사단 구성, 관련자 구속 처벌, 재발 방지 대책 마련 및 캠프하우스 폐쇄, 유족에 대한 배상, 미국 측의 형사재판 관할권 포기 등을 요구하는 서명운동이 전개되었다. 하지만 5개월 뒤 궤도차량운전병 마크 워커 병장과 관제병 페르난도 니노 병장은 모두 무죄로 선고된 직후 미국으로 떠났다.

무죄 평결이 나오자 시민들의 항의는 미군만이 아니라 한국정부로도 향했다. 의정부 주한미군기지 앞 또는 미대사관 앞에 모여서 항의하다가 진입을 시도했으며 온라인 공간을 통한 홍보전도 활기를 띠었다. 주류 언론은 대체로 무관심했으나 인터넷 언론사 『오마이뉴스』가 취재에 열정적이었고 네티즌의 부지런한 입심, 퍼담기 등에 힘입어 이 사건은 뒤늦게나마 여론화될 수 있었다.

활동명 '앙마'가 온라인공간에서 2002년 11월 30일 촛불시위와 만민공동회를 제안한 것이 시위 확산의 계기가 되었다. 그날부터 촛불시위는 매일 광화문 교보문고 입구에서 열렸고, 주말이면 수만의 인파가 모였다. 대규모 촛불시위의 장엄함은 'Be the Reds'라는 문구가 새겨진 붉은 티셔츠를 입고 시청앞 광장을 물들인 6월의 놀라움과 오버랩되었다. 시위에는 평화운동단체를 비롯한 각종 사회시민단체 성원들과 함께 희생자들 또래인 중·고등학생들이 참가했다. 김귀옥은 「촛불시위의 사회학」에서 촛불시위가 이전 시위와 어떻게 달랐는지를 정리했다.

첫째, 시위장소로서의 '광화문'이 갖는 함의에 주목해야 한다. 우리는 시위장소를 떠올릴 때면 광화문이나 명동성당을 떠올린다. 그런데 광화문은 광장이지만, 명동성당은 성소로서 피난처이다. (…) 광화문은 서울의 중심이자 대한민국 행정부, 정부종합청사, 그리고 청와대, 미대사관이 있는 대한민국 정치 1번지이자, 시민의 다양한 목소리와 시위가 함께하는, 즉 정치사회와 시민사회가 공존할 수 있는 광장이다. (…)

둘째, 새로운 공간 속에서 진행되는 '촛불시위'는 새로운 시위문화를 창조하고 있다. 교복이나 사복을 입은 중·고등학생들 역시 눈에 띈다. 뿐만 아니라 수녀, 여스님, 여성 교목들도 고정 주체이다. 이러한 모습은 1980년대 시위에서는 볼 수 없었던 정경이 아닐 수 없다. 군부독재하의 소위 '5분 투쟁'처럼 '치고 빠지는' 전술에 기초한 가두시위에서는 기동력이 중시되므로 가족 단위의 집회라는 것은 상상하기도 어려웠다. (…)

셋째, 광화문 촛불시위는 시민사회의 성숙을 뒷받침한 시위로서의 면모를 보이고 있다. (…) 1980년대 시위는 '생명을 건 투쟁'이었고, '군부독재 타도'라는 단일한 목적을 실천하는 데 바쳐졌다. 그러나 2000년대 시위는 형식적 민주화가 일정 정도 실현된 바탕 위에서 시위의 목표도 다양하고 방식도 다양하다. 그 다양한 조건을 묶을 수 있는 틀로서 촛불시위와 같은 광장형, 평화지향형 시위가 채택되었다. 그러한 시위는 최초이다.

넷째, 광화문 촛불시위를 가능하게 했던 데는 정보민주화가 중요한 역할을 하였다. 광화문 시위는 시시각각 단위로 인터넷 매체를 타고 전국으로 전 세계로 방송되었다. 더 이상 소문이 아닌 '비동시성의 동시성'과 같은 현장성에 기반을 둔 채 시위가 진행되었다. 광화문 촛불시위 역시 인터넷을 통해 실시간으로 보도됨으로써 소파SOFA 문제를 대중에게 홍보함과 동시에 반전평화의 절박함을 널리 알리는 데 중요한 역할을 하였다.[6]

노풍과 탄핵 그리고 '오로지 경제'의 시대로

대중들의 자발적이고 폭발적인 흐름은 여기서 멈추지 않았다. 민주당 경선 참가 시점에 지지율 1.6퍼센트였던 노무현을 2002년 12월 19일에 치러진 제16대 대통령 선거에서 당선시키는 데까지 나아갔다.

1997년 대선에서 김대중의 승리는 정부 수립 이후 50년 만의 여야 간 첫 정권교체이자 1961년 5·16군사쿠데타 이후 36년 만의 비영남 집권 세력의 등장이라는 정치사적 의미를 지녔다. 2002년 대선은 빼앗긴 정권을 되찾음으로써 지배 헤게모니 및 구체제 질서를 복원하려던 보수적 지배연합과 진일보한 사회질서 수립을 통해 민주주의의 공고화를 도모하려던 진보적 시민사회 간의 적대와 대결이 응축된 선거였다. 그리고 그 결과 노무현의 참여정부가 탄생한 것이다.

그로부터 5년 뒤 노무현은 대통령 임기를 마치고 고향으로 내려가 지역 주민들과 만난 환영대회 자리에서 자신의 가장 큰 업적은 "대통령에 당선된 것"이라고 우스갯소리를 했다. 고졸의 인권변호사, 비주류의 정치인이 대통령에 당선된 일은 분명 획기적 사건이었다. 뿐만 아니라 16대 대선은 과정 자체도 의미가 컸다. 노사모(노무현을 사랑하는 사람들의 모임)를 중심으로 일어난 일명 '노풍'은 노무현 대통령 탄생이라는 결실을 이뤄냈다. 김대중은 김종필로 대표되는 수구 세력과의 합작을 통해 간신히 정권을 잡았지만, 노무현은 개혁적 정체성을 더욱 강화하며 정권 재창출에 성공했다. 이 성취는 그 이전의 정치적 동향들로부터 이어진 것이었다. 1999년 시작된 시민운동단체들의 '국정감사 모니터' 활동과 2000년 생겨난 '총선시민연대'는 정치사회의 저발전으로 야기된 정치적 불신과 무관심 속에서 시민들이 주체적이고 자발적으로 정치권을 견제하는 계기를 만들어 시민정치를 활성화시켰다. 노풍도 그 한 가지 현상이었다.

16대 대선 과정에서는 독립형 인터넷 신문과 네티즌들의 활약도 컸다. '밤의 대통령'을 자처하던 조중동의 파상 공세가 이번에는 인터넷을 거점으로 한 세력의 반격을 받아 큰 효과를 거두지 못했다. 창간한 지 2년 10개월 된 『오마이뉴스』는 대선 결과가 나오자 이렇게 선언했다. "2002년 12월 19일, 대한민국의 언론권력이 교체됐다. 조중동이 길게는 80여 년간 누려왔던 언론권력이 드디어 교체된 것이다. 언론권력은 종이 신문 직업기자의 손에서 네티즌, 인터넷 시민기자에게 이양됐다. (…) 이번 대선은 네티즌, 인터넷 시민기자가 이뤄낸 혁명이다."[7]

아울러 16대 대선은 세대교체라는 의미도 갖고 있었다.

2002년 16대 대선이 노무현의 극적인 승리로 막을 내린 후 미디어에서는 앞을 다투어 선거 결과를 분석하는 특집을 게재했다. 대부분의 언론들은 이번 선거의 특징을 젊은 세대들의 반란으로 보면서, 과거 단 한 번도 정치적으로나 문화적으로나 조합된 적이 없던 소위 '2030세대들'이란 신조어를 만들어 이들 영파워의 비밀을 해독하고자 했다. 과거 대선이나 총선이 끝나면 늘 선거 결과를 분석하는 모델로 애용되었던 '보혁대결'이나 '지역갈등'이란 용어는 이번 선거에서는 '세대교체'라는 강력한 자장 안으로 용해되어버린 듯하다.[8]

노무현 정부는 이와 같은 변화의 열망을 안고 등장해 '성장과 분배의 선순환', '공정한 경쟁질서', '균형발전' 등을 천명하며 사회경제 개혁에 대한 기대감을 고취시켰다. 하지만 첫 해부터 만만찮은 사회적 논란에 직면했다. 화물연대 파업, 네이스(교육행정정보시스템) 강행, 이라크 파병, 새만금 간척사업, 부안 핵폐기장 건설 등의 문제가 연이어 불거졌다. 특히 진보 진영과 사상계에서 논란이 컸던 것은 이라크 파병 문제였다. 파병을 반대하는 국민여론이 더 컸지만, 노무현은 결국 국익론을 내세워 파병을 결정했다. 이에 민주·진보·개혁 세력들, 열성적 지지자들, 비판적 지지자들이 재임 초반부터 이탈하기 시작했다. 거기에 참여정부 초중반에 신용카드 대란, 부동산 폭등, 사교육비 급증, 거기에 청년실업 증가와 자영업 과잉 등으로 인한 양극화 심화는 서민들의 반발을 샀다. 공기업 민영화 정책을 추진하고 비정규직 문제에 소극적이었다는 점에서 노동계도 친기업적 신자유주의라고 비판했다.

그러다가 2004년 3월, 헌정사상 초유의 대통령 탄핵 사태를 겪었다. 대통령의 직무가 정지되고 고건 국무총리가 대통령의 권한을 대행하다가 헌법재판소가 탄핵소추안을 기각해 노무현은 탄핵 소추 64일 만에 다시 대통령 직무에 복귀했다. 그사이 4월 15일 17대 총선에서 열린우리당은 152석으로 국회 과반수를 획득했다. 탄핵 역풍 속에서 원내 과반을 이룬 열린우리당은 17대 국회 첫 정기국회에서 국가보안법, 사립학교법, 과거사 진상 규명법, 언론관계법 등 4대 개혁 입법을 추진했지만 야당의 반발로 타협을 거친 끝에 누더기 법으로 전락했다. 이후 노무현은 대연정을 제안했으나 야당이 거부하며 지지 세력을 곤혹스럽게 만들었다. 국내 개혁 프로그램이 잇달아 좌절되자 노무현은 한미 FTA 추진을 통해 돌파하려 했는데, 이 과정에서 신자유주의화 반대를 외치는 진보 세력, 노동계와 큰 갈등을 겪었다.

노무현은 민주주의자이고 역사의식을 견지했다. 인권과 민주주의의 신장에 큰 기여를 했다. 냉전반공주의 극복, 친일파 청산, 과거사 정리에서 큰 성취를 이뤄냈다. 권위주의 타파, 정경유착 근절, 금권정치 퇴출은 획기적이었다. 정책수립 및 집행과정을 시스템화하고 국가정보원, 국세청 등 권력기관의 중립화를 통해 공정성과 투명성을 제고했다. 복지 분야 예산을 크게 늘렸고 종합부동산세 도입, 분양원가 공개 같은 정책도 펼쳤다.

하지만 저출산·고령화·양극화·저성장 등 복합적 위기 상황에서 다양한 성격의 과제들에 일관성 있는 대응을 하지 못해 혼란을 야기했다. 북한에 대한 인도적 지원, 주한미군의 인계철선 제외, 한미 FTA 협상, 신행정수도 건설, 과거사 정리, 국가보안법 폐지, 사학법 개정 등 주요 정책들은 '대결적 담론'으로 번질 소지가 큰 사안들이자 지지와 반대 여부가 복잡하게 엇갈릴 사안들이었다. 더욱이 노무현 자신이 "이제 권력은 시장으로 넘어갔다"고 토로하고, '좌파 신자유주의 정부'라는 조어가 세간에서 만들어졌듯이 성장과 분배를 오가는 정책목표의 혼선이 극심했다. 대중의 반감은 특히 열두 차례나 내놓은 부동산 정책에도 폭등한 집값 문제로 모였다. 청년실업 증가와 사회적 양극화는 서민들을 지치게 만든 정책 실패의 사례로 꼽혔다. 노무현은 집권 말기에 역대 정권 최저의 국정지지율을 기록했다.[9]

2007년 12월, 17대 대통령선거에서 이명박이 당선되었다. 당시 대중적으로 형성된 이명박 후보의 이미지는 한마디로 '성공'이었다. 고학생 출신으로 샐러리맨에서 시작해 39세에 현대건설 사장이 된 입지전적 인물. 여기에는 고도성장기 성공신화를 주도한 대기업에 대한 향수와 선망, 정치인에 대한 염증 속에 만들어진 CEO 선호 정서가 스며들어 있었다. 무엇보다 '오로지 경제'라는 시대적 분위기가 반영되어 있었다. 그는 '경제 대통령'을 내세웠고, 그에 대한 지지 이유로는 '추진력'이라는 대답이 압도적이었다.

2008년 2월, 노무현은 퇴임하고 고향 김해의 봉하마을로 내려가 지내다가 재임시 친인척 수뢰 혐의로 검찰이 무리하게 기소해 수사를 받던 중 사저 뒷산에서 투신하여 서거했다. 서거 이후 과거 자신을 지지했던 세력들이 통합하는 역전 현상이 일어났다. 그의 죽음이 남긴 파장은 지금껏 이어지고 있다. 뿐만 아니라 그의 등장과 성장을 가능케 했던 것들, 그에게 기대했던 것들은 여전히 한국정치의 동인으로 남아 있다.

흐름으로서의 대중

장기 1990년대의 끝자락이라 할 2002년은 한국 대중의 역사에서 특기할 해였다. 월드컵 응원전, 여중생 추모 촛불시위 그리고 노무현 돌풍에서 정치사회적 성격을 달리하는 대중이 일종의 흐름으로서 이어지고 범람했다. 이들은 동원되지 않았다. 무리를 짓고 규칙을 정하고 방법을 창안하고 역량을 표출하고 행동을 즐겼다. 이들은 계급, 직업, 지역, 성별, 세대 등 사회를 분할하는 기존 구획들을 가로지르며 스스로 대중을 창출했다. 이들이 거리응원전에 몰려들자 그 상호작용은 예기치 못한 집합적 열광을 일으키고, 여중생들을 추모하는 자리에 모이자 시위는 기득권 세력이 '대중적 반미주의'를 우려할 만한 운동으로 진화하고, '바보 노무현'의 정치를 지지하자 그 돌풍은 정치판의 기성 정치인들을 당혹케 했다. 월드컵 응원전이 보여주듯 이들이 정치적 사안으로만 움직인 것도 아니고, 반정부 방향으로만 움직인 것도 아니지만, 이들의 움직임은 문화를 넘어 정치마저 크게 움직였다.

대중이란 애초 '덩어리'를 뜻하며 통상 '숫자가 많음'을 표시하지만, 아무리 숫자가 많아도 이들이 주어진 지위와 역할에 머물러 있는 한 대중적 사건은 일어나지 않는다. 이들 사이에 어떤 감응이 발생하여 서로 전염되고, 이들이 자신에게 주어진 자리를 벗어나 함께 움직여 흐름을 이루고 범람할 때 대중은 사건으로서 출현한다.[10] 사건적 흐름으로서의 대중은 1980년 광주민중항쟁에서도, 1987년 민주화 투쟁에서도 일어났고, 그때마다 역사는 대중을 기록하게 되었다.

다만 2000년대의 대중은 인터넷을 통해 쉽게 촉발되고 더욱 빈번하게 연결될 수 있었다. '안티조선' 운동도 온라인이 거점이었다. 자퇴 청소년들의 커뮤니티 '아이노스쿨'을 비롯해 동성애 커뮤니티, 아나키스트 커뮤니티, 양심적 병역 거부 사이트 등 소수자 인권을 고민하는 모임들도 인터넷을 통해 담론을 확산시켰다. 여중생 추모 촛불시위도 온라인에서 대화명 앞에 검은 리본(▶◀) 기호를 다는 활동, 사건을 고발하는 만화·플래시 애니메이션·노래 파일을 업로드하고 퍼나르는 활동과 병행되었다. 노사모는 2000년 4월 대전에서 결성된 최초의 정치인 팬클럽으로부터 빠르게 성장했는데, 이들은 회칙 개정, 대표자 선출부터 티셔츠 디자인, 책자 표지 선정까지 온갖 의사결정을 온라인 투표로 했다.

‘집단지성’, ‘지적 대중’, ‘이성적 군중’ 같은 신조어도 이 무렵 확산되었다. 네트워크에 접속한 대중들이 정보를 공유하고 집단적 창의성을 발휘해 새로운 지식을 생산해내고 또 논박하며 지식인과 엘리트로부터 (지식)권력을 회수해 민주주의의 새로운 지평을 개척한다는 것이었다.

‘비판적 대중’은 지식인이 신문을 통해서 발표한 칼럼을 온라인 상에서 발기발기 찢어서 해체했고, 칼럼에 숨어 있는 어리석음을 비판의 도마 위에 올렸다. 이들은 신문에서 전혀 취급되지 않았던 이슈를 인터넷 게시판을 통해 공론화했고, 지식인이 해석하지 않았던 사회현상에 직접 개입하기 위해 길거리로 나섰다. 이 모든 과정에서 지식인의 대중 대변 기능은 위축되었다.

전통적인 지식인이 2002년의 대중과 상호작용을 꾀하지 못하고, 2002년의 군중 현상을 사후적으로 해석하는 데 머물렀던 반면, 이들은 2002년의 군중 현상을 공론화한 주체이자, 공론을 행동으로 연결시킨 실천가이며, 동시에 자신의 실천에 대한 비판에 대해 적극적인 반론을 제기하는 지식인이었다. 이들은 지식인의 담론을 해석적으로 수용하는 데 그치지 않고, 독자적인 세계 해석을 꾀했다는 점에서 ‘지적’intellectual이다. 하지만 이들은 전통적 지식인이 대중을 상대로 발언을 했던 미디어에 접근하지 못(안) 했다는 점에서는 여전히 대중이다. 이들은 ‘지적’이면서 동시에 ‘대중’이다.[11]

국가, 자본, 시민사회와 대중

하나의 사회구성체는 국가, 자본, 시민사회라는 세 가지 축들 간의 힘 관계에 따라 변화하고 재구성된다. 어느 쪽이 힘의 우위를 갖느냐에 따라 사회의 성격이 달라지고, 대중의 모습 또한 달라진다. 한국의 사회구성체는 개발독재를 거치며 형성된 권위주의 국가가 오랫동안 이어졌다. 자본은 국가의 지원과 보호 아래 성장하며 서서히 국가로부터 자율성을 획득했다. 시민사회는 1987년 이전까지 권위주의 국가에 억눌려 있었다. 기성 체제를 바꾸려는 대중은 간헐적으로 분출했다.

돌이켜보면 기성 체제에 안주하는 대중은 국가의 작품이었다. 1960년대 국가는 텔레비전, 소비형 주간지 등의 대중매체를 보급했다. 5·16 쿠데타와 유신 체제로 이어진 독재정권은 권력 재생산을 위해 '반공', '근대화' 그리고 '소비주의'의 지배 이데올로기를 퍼뜨리려 했다. 대중을 장악하고자 '대중의 시대'를 개막시킨 것이다. 신군부가 집권한 1980년대도 광주민중항쟁, 민주화투쟁 같은 일만 있었던 게 아니다. 3저 호황, 조용필,《애마부인》그리고 88서울올림픽의 시대이기도 했다. 국가발전주의에 기반한 자본 축적이 본격적으로 소비사회를 열어낸 1990년대에 들어서자 민중문화는 힘을 잃고 바야흐로 대중의 시대임이 분명해진 듯했다. 민중이 생산자라면 대중은 자신이 소비자임을 향유했다.

그런데 1997년 겨울의 두 가지 사건이 세 개 축들 간의 상호관계를 교란시켰다. 하나는 IMF 사태, 다른 하나는 최초의 수평적 정권교체가 이뤄진 제15대 대선이었다. 먼저 자본. IMF 사태로 재벌개혁 요구가 커져 재벌로 대표되는 한국의 자본권력이 일시적으로 위축되었다. 다음은 국가. 민주개혁 세력으로의 정권 교체는 발전국가의 퇴조와 함께 한국 특유의 권위주의 국가가 약화되는 계기였다. 그리고 시민사회. 15대 대선을 거치며 시민사회는 힘을 얻어 2000년 제16대 총선에는 1,000여 개 시민단체들이 총선시민연대로 결집해 낙천·낙선 운동을 벌였다. 2002년 여중생 추모 촛불시위와 노무현 돌풍도 과두 지배연합과 시민사회가 힘의 균형을 이루면서 헤게모니가 유동하던 국면에 일어난 대중적 사건이었다.

하지만 힘의 균형 상태는 오래가지 않았다. 시민사회는 성장했지만, 국가 엘리트 집단과 대자본 중심의 지배 연합은 더 빠르게 헤게모니를 회복했다. 재벌개혁은 재벌들의 끈질긴 저항으로 끝내 좌절되었으나, 정리해고제와 파견근로제 도입 등 노동개혁으로 일컬어진 노동 배제 정책은 결국 추진되었다. 힘에서 밀린 것이다. 무엇보다 시민사회의 바탕인 대중이 시장 친화적이 되어갔다. 1997년 IMF 사태 이후로는 경제가 대중의 최우선 관심 사항이었다. 오늘보다 내일이 나을 줄 알고 살았는데 고도성장의 시대가 영영 끝나버렸기 때문이다. 이 무렵부터 뉴스를 보면 주가는 전 국민이 기르는 자식처럼 의인화되어 모두가 그 성장을 염려하는 듯했다.

그리고 16대 대선. 2002년 대중들은 노무현을 대통령으로 선택했다. 시민사회가 승리한 것 같았다. 하지만 정책 우선순위에서 경제성장, 양극화 해소, 일자리 창출, 감세와 증세 같은 경제 부문 항목들이 정치 개혁, 부패 청산, 지역주의 극복, 성차별시정, 남북평화 같은 다른 항목들을 압도하고, 경제 정책을 둘러싸고 대중들이 보수와 진보로 갈려 심각하게 대립하기 시작한것도 참여정부 시절이다. 2005년 노무현은 대기업 총수들과 회동한 이후 "권력이 시장으로 넘어갔다"고 토로했다.

그리고 2007년 대선에서 CEO 출신 시장주의자 이명박이대권을 잡았다. 대중의 부자 되기 욕망은 MB정부 등장에서 절정을 맞이했다. 선거 기간에는 그의 비리의혹이 제기되든, 대운하정책이 생태계를 망가뜨린다며 반대론이 등장하든 "경제를살린다는데"라는 댓글이 도배되었다. 당시 이명박은 한 개인인동시에 한국의 성장제일주의 근대화가 낳은 한 가지 인간 군상이었다. 혹은 대중이 지닌 어떤 근성이나 감각이 집약되어 인격화된 모습이었다. 그는 전형적인 인물이며, 그렇기에 대중적 지지로 당선되었다.

그런데 대중은 그가 집권한 지 얼마 되지 않아 다시 흐름으로서 분출했다. 여중생들은 교복을 입고, 직장인은 양복을 입고, 예비군은 군복을 입고, 어머니는 유모차를 끌고 거리로 쏟아져나와 함께 촛불을 들었다. 이렇게 새로운 시대를 열어내고자했다.

에필로그

16

높은 성능의 시작, 1990년대

사라지는 잡지들

이제 정말 1990년대를 떠나야 할 때가 되었다. 1990년대의 이곳저곳으로 돌아다닐 때 우리에게 길잡이가 되어준 1990년대의 잡지들과도 작별을 고해야 한다. 다만 헤어지기 전에 그 잡지들의 행방까지는 확인해두자. 우리는 2020년대로 복귀할 테지만, 우리가 만났던 그 잡지들은 1990년대를 거쳐 2000년대로 들어섰다. 그러고는 어떻게 되었을까.

『2005 문화미디어산업 백서』는 한국 잡지산업의 상황을 이렇게 진단했다. 잡지 독자와 광고 수입의 감소로 경영 상황은 만성 적자를 벗어나지 못하고 있다. 인터넷의 발발과 무료 정보의 범람, 영상 문화의 확대, 젊은 독자의 활자 이탈 등으로 성장 동력이 멈추었다. 경기 침체의 영향으로 광고 시장이 위축되어 잡지 경영은 더욱 어려워질 것이다. 그리하여 많은 잡지가 휴·폐간되고 있다.[1]

1990년대에 등장해 담론적 실천을 펼쳐나가던 계간지들 역시 1990년대 후반과 2000년대 초반을 넘기면서 재정난이 심각해지고 온라인 포퓰리즘의 위력에 밀려 입지를 잃어갔다. 많은 학술지는 재정난의 돌파구로서 제도권에 편입되는 길을 택했다. 등재지정책은 1998년부터 시행되었는데 연구 시스템의 체계화와 수량화, 검증 시스템의 도입이 그 골자였다. 1998년 57개에 불과했던 등재지는 2001년에는 등재지 109개, 등재후보지 428개로 급격히 늘어났다.[2] 경제위기 상황에서 생존을 도모해 여러 학술지, 학회지가 등재지화의 길을 간 것이다.

그런데 등재지가 되는 경우 형식적 지위만 바뀌는 게 아니었다. 등재지정책이 도입되기 이전 인문사회과학 영역에서 학술지, 특히 학회지는 대학원생이나 신진 연구자의 논문을 싣는 것이 관행이었다. 하지만 등재지정책이 도입되고 연구업적이 교수 평가의 주요 기준이 되자 지면 확보 경쟁이 치열해졌다. 등재지로 개편된 학술지는 특집란이 크게 줄고 그 자리는 심사를 거친 투고 논문이 채웠다. '논문 작성 지침'을 준수해 작성되고 '심사 규정'에 따라 걸러진 투고 논문들은 정형화된 문체가 대부분이었다. 자기 경험에 비춰보거나 내적 동요를 담아내는 소위 잡글은 등재지에서 지면을 얻을 수 없었다. 실험적 사유가 관건인 인문사회 분야에서 정합성을 중시하는 자연과학 분야의 글쓰기가 보급되자 새로운 문제의식을 모험적으로 추구하는 시도는 줄어들고, 연구 지원 신청서의 '학문의 기대효과'라는 항목에 기재하기 어려운 문제의식은 연구자가 자기검열했다. 학술지는 잡지의 잡糅스러움이라는 고유성에서 비롯되는 활력을 잃어갔다.

　등재지로 옮겨갈 수 없던 사회비평지는 고전을 면치 못하다가 2000년대 중반에 이르면 다수가 소멸한다. 1997년 창간된 『현대사상』은 3년 만인 2000년 종간했다. 1988년에 창간된 『사회비평』은 이후 휴간과 재창간을 거친 끝에 2003년 종간했다. 1999년에 창간되어 소위 '전투적 글쓰기'에 기반해 전체주의와 국가주의를 비판하고 사회적 소수자를 주목하던 『아웃사이더』는 20호를 끝으로 2004년 종간했다. 이듬해인 2005년 계간 『인물과 사상』이 33호를 끝으로 종간했다. 그리고 『당대비평』도 2005년 봄 특별호 '불안의 시대, 고통의 한복판에서'를 끝으로 잠정 휴간했다. 사실상 대중들을 상대로 하는 사회비판 성향이 강한 잡지는 『창작과 비평』, 『황해문화』, 『문화/과학』, 격월간 『녹색평론』, 월간 『인물과 사상』 등만이 남게 되었다.

　물론 잡지계 전반이 위축된 것은 아니었다. 조남현은 『21세기 문학』 2000년 봄호 「문학 위기, 그 현상론과 초극론」에서 문학 독자가 격감하고, 문학서 전체 판매액이 줄어들고, 국문학과의 위세가 약해지고, 베스트셀러 규모가 작아진 점 등을 거론하며 문학의 위기를 진단했다. 다만 문인 지망생 숫자가 줄지는 않고, 문학지는 오히려 늘고 있으며, 문예창작과 신설이 경쟁 양상을 띠고 있기에 그리 비관할 일도 아니라고 적었다.[3] 실제로 문학계에서는 문학무용론, 문학위기론, 문학소멸론까지 나오는 마당에 문학지 창간이 줄을 이었다. 열림원, 시공사, 문학수첩,

자음과모음 등의 젊은 출판사가 2000년대 초에 새로운 문학지를 구상했다. 달리 보자면 출판 자본에 기댈 수 있는 문학지여야 버틸 확률이 높았다.

하지만 상업성이 낮은 비평지, 특히 사회비평지는 사정이 달랐다. 김보경 전 『당대비평』 상임편집위원은 "사회비평지는 대학교수들의 학술논문을 주로 취급하는 학술지와 달라 학술진흥재단의 지원금을 받을 수 없음은 물론 문예진흥원의 지원도 받을 수 없는 처지"라며 "질 좋은 사회비평지가 재정 문제로 폐간하는 게 아쉽다"라고 토로했다.⁴ 재정적 여건만이 문제는 아니었다. 등재지가 아니면 투고해도 연구실적이 오르지 않으니 비등재지는 필자 섭외가 힘들어졌다. 특히 특집기획을 중시해 온 계간지는 그 틀을 유지하기가 어려워졌다. 특집은 대개 청탁 원고로 꾸려지고, 시의성이 있으면서도 만만치 않은 분량을 단기간에 구성해야 하는데, 등재지용 학술논문을 써야 하는 연구자는 그런 글을 써낼 여유도 의지도 없는 것이다.⁵

그리하여 비평지는 버티지 못한 채 다수가 사라지고, 등재지로 개편되어 살아남은 학술지는 특집란을 대폭 축소했다. 특집의 부재는 특정 화두를 둘러싼 다각적 접근을 통해 학계 내부에서 소통하는 기회가 줄어들었음을, 그리하여 논쟁을 형성해 담론을 사회화하는 잡지 고유의 기능이 저하되었음을, 결국 잡지가 대중에게서 유리되었음을 의미했다. 그리하여 문학 이외의 비평지는 점차 사라지고 전문 연구지, 학회지만이 늘어나면서 횡단적 소통이 일어야 할 잡誌지 세계는 크게 위축되었다.

1980년대 말에 시작되어 1990년대 초중반에 부흥한 잡지계, 사상적 성격이 강하고 비평적 시각을 견지하며 사회적 변동에 반응하고 다기한 지적 모색에 부응하며 활성화되었던 잡지계는 2000년대 초중반, 그렇게 쇠퇴를 맞이했다.

인터넷 시대 잡지의 운명

『상상』은 활자매체로부터 영상매체로, 다시 인터넷 환경으로 급격히 이동하고 있는 지식 생산의 변화와 IMF라는 경제환경의 변화에 능동적으로 대처하기 위해 부피를 줄이고 내용을 쇄신했다. 새로운 시대는 계간지 독자의 분화와 특수화를 지향하고 있다. 한 잡지가 문학 및 대중문화 전반에 폭넓은 정보를 제공하다 보면 그 정보의 참신성에서 새로운 정보통신과 경쟁할 수 없다는 것이 명백해졌다. 앞으로 『상상』은 문학이라는 확실한 중심 장르를 가진 문예계간지로 거듭나고자 한다. 기존에 다뤄왔던 대중문화의 영역은 누구나 아는 대중문화의 '뉴스'가 아닌 새로운 '해석'을 제공하는 데 치중하게 될 것이다. 그런 논의의 결과로 이번 봄호에서는 대중문화 전반에 걸친 지면들이 축소 조정되고 상대적으로 시의성에 덜 구애받는 문학의 지면이 늘게 되었다.[6]

　　이러한 내용으로 『상상』은 1998년 봄호에서 쇄신을 단행했다. 정보 제공의 속도에서 계간지는 새로운 매체들을 따라

잡을 수 없으니 대중문화에 대한 지면들을 축소하고 시의성을 덜 타는 문학의 지면을 늘렸다. 하지만 그 노력에도 다음 호인 1998년 여름호로 종간되었다.

계간 『인물과 사상』이 2005년 33호로 종간을 맞이할 때 머리말은 「인터넷 시대의 커뮤니케이션」이었다. 거기서 강준만은 인터넷 시대의 명암을 조명해 종간사를 대신했다. "신속성과 영향력, 만족도 등 모든 면에서 책은 인터넷의 경쟁 상대가 되질 않는다. 지난 몇 년간 그 이전과는 달리 시사적인 이슈를 다루는 책이 대중의 호응을 얻은 건 거의 없다. 특히 정치 분야가 그렇다. 『인물과 사상』은 그런 세상의 변화에 순응하기로 했다."7

인터넷 시대로의 진입은 잡지가 자기 호흡과 속도를 유지하며 세상에 자신의 시간성을 주입하는 것을 어렵게 만들었다. 사회비평지의 필자들은 등재지로만 옮겨간 것이 아니다. 인터넷 세계로도 떠났다. 1990년대 후반부터 웹진이 등장하고, 2000년을 전후해 독립형 인터넷 언론이 생겨나고, 이어서 2000년대 초반 포털의 시대가 열렸다. 2005년이 되면 언론관계법 개정으로 인터넷 신문, 인터넷 잡지들이 '언론'으로 정식 등록되었다. 논객들을 위한 멍석이 이제 인터넷에 넓게 펼쳐졌다. 더불어 사회비평 '방송'이 자리를 잡고 시사비평 '라디오'가 약진했다. 이것들은 시사의 속도를 따라가면서 재미까지 더해 사회비평의 메시지를 내보낼 수 있는 창구였다. 잡지의 구독자 수를 훨씬 상회하는 대중들을 향해 다가갈 수 있으며, 그로써 잡지에 비해 활동 주체가 유명세와 수익성을 확보할 여지도 커졌다. 잡지계는 점차 위축되어 의제 형성의 역할은 인터넷 포털, 인터넷 신문, 인터넷 방송 같은 인터넷 세계로 이전되었다. 이 변화의 연장선상에 오늘날 각종 정치유튜브 채널과 정치평론가의 대활약이 있다.

그런데 여기서는 문제점도 엿보인다. 첫째, 생산적 논의의 양상과는 반대로 집단적 동조화 현상, 의견의 양극단화 현상이 나타나고 있다. 인터넷에서는 정보 선택의 폭이 비약적으로 확장되지만, 자신과 가까운 사고방식을 찾거나 그런 류의 사이트만을 열람해 시야는 오히려 좁아질 수 있다. 그리되면 인터넷상의 풍부한 정보가 편향성을 시정하는 게 아니라 강화하는 데 기여한다. 둘째, 논의의 호흡이 짧아지고 있다. 인터넷상에서 이슈가 될 만한 소재는 나날이 공급되어 어제 들춰진 소재는 아무런 결론도 나지 않았는데 오늘 새로운 소재들에 밀려난다. 별 연관도 없이 거대한 사태와 소소한 사건들이 나열되고 경중이 아닌 신선도에 따라 정보의 가치가 매겨지고 있다. 그리하여 단멸하고 격화되는 사고가 횡행한다. 이러한 풍조 속에서 한국사회의 인터넷 공론장은 활성화되는 듯하지만 실은 게토화되고 있는지 모른다.

1990년대를 떠나며

한국전쟁 이후 10년간 태어난 베이비붐 세대의 향수가 발전과 낭만의 1970년대로 향한다면, 오늘날 대중문화계가 '좋았던 그 시절'로서 가장 빈번히 불러내는 과거는 1990년대다. 외견상 1990년대는 군사정권이 억압하고 사회적 투쟁으로 들끓었던 1980년대를 지나 드디어 욕망을 자유롭게 추구하고 문화를 풍요롭게 경험할 수 있었던 시대였다. 지금의 위기와 불안이 유독 1990년대를 찾는 데는 분명 1990년대의 빛났던 특성이 작용한다. 지금 위기와 불안이 더해질수록 1990년대는 우리가 떠나온 '좋았던 그 시절'로서 더욱 반짝이게 된다.

다만 그런 1990년대는 반쪽짜리 1990년대다. 그 중반까지 21세기 선진국의 꿈을 꾸었지만 후반에는 가족, 기업, 중산층, 학교의 붕괴를 경험했다. 우리는 지금의 위기와 불안 중 많은 것들이 1990년대로부터 연원한다는 사실을 확인했다. 1990년대는 그저 노스탤지어로서 박제화되기에는 너무나 가까운 시대다. 가깝지만, 바로 그렇기 때문에 지금 우리가 처한 불안과 위기를 제대로 사유하기 위해 역사화해야 할 시대이며, 그것이 이 책의 목적이었다.

이제 정말 그 1990년대를 떠날 때가 되었다. 우리는 1990년대를 현재 한국사회가 맞닥뜨린 여러 위기의 병인이 자라나고 여러 논의의 밑그림이 그려진 근기원으로 접근하고자 했다. 그렇다면 마지막에 돌아오는 물음은 이것이다. 1990년대를 떠나며 무엇을 챙겨갈 것인가. 1990년대 잡지들로부터 무엇을 건져 내 지금을 성찰하는 자원으로 삼을 것인가.

문학·사상·문화·정치·사회·젠더·생태 등의 영역에서 여러 논점을 짚어두었지만, 끝으로 그 영역들을 아울러 1990년대 잡지계 활동에서 기억할 특징 세 가지를 꼽아두고 싶다. 거기에 지금은 놓치고 있는 가능성이 있을 수 있기 때문이다. 첫째, 사회적 논제가 다양해졌다. 1980년대에 비해 1990년대는 탈정치화를 노정한 듯하지만, 달리 보자면 다른 정치의 계기들도 생겨났다. 계급주의적 시각이 약화되자 그간 제대로 문제시되지 않고 있던 문제들이 제 목소리를 내기 시작했다.『이프』,『여/성이론』 등이 제기한 가부장적 사회 체계를 거부하는 여성 담론,『녹색평론』에서 두드러진 개발주의적 경제 체계에 맞서는 생태 담론이 등장하고, 기성 세대와 정동을 달리하는 신세대에 관한 담론도 문학계를 비롯해 여러 영역에서 다양하게 변주되었다.『창작과 비평』은 분단체제론, 민족문학론을 계승하며 복합국가론, 동아시아론, 이중근대론으로 이론적 진화를 거듭했고,『문학과 사회』는 미적 모더니즘을 발전시키고 문학의 문학성과 사회성을 함께 탐구했으며,『문학동네』는 이념주의에서 벗어나 개인성, 내면성, 일상성, 신체성, 여성성, 도시성 등으로 문학적 인식을 다원화했다. 문화지와 비평지의 역할도 컸다.『문화/과학』은 문화정치의 새로운 토픽을 개척하는 데 주력했고『상상』,『리뷰』,『오늘예감』,『버전업』 등은 대중문화와 하위문화를 넘나들며 실험적 모색에 힘을 쏟았다.『당대비평』,『아웃사이더』,『진보평론』 등은 계급과 민족에 천착하던 1980년대와는 결을 달리하는 소수자 권리 담론을 부상시켰다.『황해문화』,『오늘의 문예비평』은 서울 중심적 시각에 맞서 지역을 거점 삼아 문제의식을 펼쳐냈다.

둘째, 권력 문제가 핵심 논제로 부상했다. 1990년대 잡지계에서는 지식과 권력의 관계가 줄곧 문제시되었다. 문학계에서는 『비평과 전망』 등이 『창작과 비평』, 『문학과 사회』, 『문학동네』처럼 영향력이 큰 계간지를 문학권력으로 지목했고, 『인물과 사상』과 『아웃사이더』 등은 『조선일보』와의 싸움을 언론권력과의 대전으로 규정했다. 『현대사상』은 기성 학계에 관행화되었던 지식인의 역할론을 거부하여 권력과 직접 부딪치는 지식인의 전투성을 강조했고, 『당대비평』은 사회 곳곳에 스며든 미시권력에 초점을 맞춰 '우리 안의 파시즘'론을 제기했다. 문학계, 문화계, 학계, 언론계, 정치권, 운동권을 가로질러 내부의 관행이 곧 권력의 작동 방식이라는 문제 제기가 터져나왔던 것이 1990년대의 특징이다. 이러한 권력 비판의 시도는 무엇이 권력이고, 그것은 왜 부당하며, 그 문제를 어떻게 들춰야 할지를 두고 갑론을박을 불러일으켰다.

셋째, 다양한 영역을 가로질러 위기론이 전개되었다. 1990년대 잡지계의 주요 논쟁들은 위기를 화두로 공유했다. 그간 유지되어온 기성 질서가 문제시될 때, 현실을 재현하는 담론 체계 또한 흔들린다. 기성 질서의 대안은 마땅치 않은데도 기존 담론 체계를 바꾸려는 기세가 거셀 때 위기론이 대두한다. 사상계에서는 마르크스주의의 위기 가운데서 포스트모더니즘 논쟁이 1990년대 벽두를 장식했다. 논쟁은 포스트모더니즘 유입의 적절성 여부, 이론 수입상들의 병폐에 이어 작가의 주체성, 작품의 고유성 등을 논점 삼아 산발적으로 확산되었는데, 그 여파가 1990년대 내내 다양한 논쟁들에 미쳤다. 문학계에서는 미디어 환경 변화에 따른 문학의 위기, 문학권력 속 비평의 위기 등 문학의 제도성에 대한 변화를 추구하는 위기론이 전개되었다. 문화계에서는 민중문화와 대중문화, 고급문화와 상업문화, 예술성과 대중성 등의 논제를 두고 기성 세대와 신진 세대 간의 입장차가 두드러졌다. 지식계에서는 교육 체제와 지식생산 체제 변화에 따른 인문학의 위기론, 나아가 사회변동과 미디어환경 변화에 따른 지식인의 위기론이 팽배했다. 이러한 갖가지 위기론들은 기성의 체계와 권위를 거부하고 그것과 결별하고자 하나, 이를 위한 체계는 부재하고 권위는 공백이라는 딜레마를 드러냈다.

　잡지계만이 아니었다. 1990년대 후반 경제위기를 심하게 겪고 나자 위기는 전 사회적 징후가 되었다. 얼마 전까지만 해도 욕망의 시대를 살아가는 듯했는데, 몰락에 대한 공포가 대중의 삶을 덮쳤다. 노골화된 탐욕의 이면을 지배하는 힘도 실은 몰락에 대한 공포였다. 한국인들은 경제위기 속에서 국가가 자신의 책임을 개인에게 전가하거나 국민을 버릴 수 있다는 냉혹한 현실을 경험했다. 국가가 나를 보호해주지 않는다는 불신은 자신과 가족이 스스로를 지켜내야 한다, 재산이 있어야만 자신을 지킬 수 있다는 신념으로 전이되었다. 그것이야말로 사회로서는 진정한 위기였다.

　이 무렵부터 위기는 일시적 상태가 아니라 장기적 조건이

되었다. 미래가 나아지리라는 전망은 좀처럼 듣기 어려워졌다. 사실 미래는 오늘이 지나 찾아오는 내일처럼 시간의 이행에 불과한 것이 아니다. 미래는 오늘을 살아갈 때 기다림과 기대의 이유이자, 몸과 정신의 상태를 결정짓는 조건이다. 그런데 그 미래가 주저앉고 말았다. 1990년대가 그래도 미래를 얼마간 믿을 수 있었던 시대였다면, 1990년대 이후는 앞으로 어떤 일이 있을지 예측할 수 없고 불길한 예감만이 감도는 시대였다. 1990년대를 거쳐간 후 한국사회가 지닌 희망의 총량은 많이 줄어들었다.

사회적 사유와 시대적 사유를 위하여

1990년대 이후 특히 한국경제는 늘 위기 상황이거나 위기에 준하는 상황이거나 위기가 닥쳐오는 상황이 아니었던 적이 없다. 정부와 언론은 늘 그렇게 말해왔다. 그런데 경제가 그처럼 위기 상황을 독점하는 동안 정말로 위기에 처한 것은 사회이고, 사회를 사고하는 정신이지 않았을까.

위기의 시대에 사람들은 불행해진다. 서로가 함께 불행하다고 여긴다면 사람들은 모일 수도 있겠지만, 꼭 그리되는 것은 아니다. 사람들의 마음은 몰락에 대한 공포와 타인에 대한 차가움으로 차 있다. 비참한 상황을 접할 때 느끼는 감정은 '저것은 부당하다'는 분노라기보다 '나도 저리될 수 있다'는 공포다. 서로의 불행은 공감도 공유도 되지 않는다. 그래서 저마다 각자의

320

불행으로 침잠하게 된다. 표정은 비슷하게 굳어 있지만, 서로가 지닌 불행의 내용과 무게를 나눠 갖지 못하기에 당면한 위기를 함께 헤쳐 갈 힘을 모아내기가 힘들어진다. 그럴수록 사회의 위기는 가중되고, 각자는 자신의 내면세계로 흩어진다.

그런 상황에서 사회적 사유란 번거로운 데다가 자신만 손해볼 수 있는 일이 된다. 우리는 어떤 사회를 만들고자 하는가, 그 사회를 만드는 과정에서 내가 할 수 있는 일이란 무엇인가 같은 물음은 이런 물음을 함께해야 할 '우리'가 형해화되어 있기에 물음을 품고 있는 사람만을 지치게 한다. 타인에 대한 책임, 사회에 대한 책임, 역사에 대한 책임, 문명에 대한 책임, 인류에 대한 책임 따위도 마음속에 두고 있기에 버거운 주제다. 이런 물음과 주제는 가치를 부여하는 사람들이 많아지면 호혜적 책임의 관계망 속에서 그 가치가 커지지만, 거꾸로 대다수 사람들이 외면한다면 현실적으로는 쓸모없는 것이 되어버리는 속성을 지닌다.

그리되면 사람들은 내면세계의 바깥 영역, 즉 현실사회의 변동을 소위 제도정치에 맡겨둔 채 정치권 소식에 이따금 관심을 기울이고 선거철에 투표하는 것으로 시민의 책무를 다하고는 현실사회에서 실제로 고조되는 여러 위기에 대해서는 자기 책임을 해제하고 그 위기들이 내면세계를 흔들지 못하도록 자신을 불감증으로 잠가둔다. 1990년대와 비교하자면, 우리는 어느덧 꽤나 삭막해진 풍경 속에서 살게 되었지만 그럭저럭 적응해 자신의 기분만을 적당히 조절하며 지내는 기술도 터득했다. 그동안 사회적 사유는 이 사회에서 점점 가치 없는 것이 되어왔다.

시대적 사유도 이 시대에 함께 위축되었다. 우리는 앞서 시대적 사명을 천명한 1990년대 잡지들의 창간사를 여럿 보았다. 물론 창간사는 큰 포부를 내비치기 마련이고 이후 전개되는 양상을 보면 처음 기백을 이어가지 못한 잡지가 허다하지만, 잡지를 그만두지 않는 한 일종의 시대 감각만큼은 견지하고 있었다고 읽혀진다. 자신은 유동하는 시간 속에 타인들과 힘 작용을 주고받으며 함께 속해 있고, 그렇기에 자신의 의지를 절대화할 수 없고 시간도 자신의 바람대로 흘러가지 않겠지만, 그럴수록 시간의 향방을 주시하며 더욱 분발한다는 의식 같은 것 말이다. 그렇게 잡지를 했던 사람들은 자신과 타인이 함께 속해서 얽히며 움직이는 시간대를 시대라고 부르며, 사고의 대상이자 실천의 장으로 삼고자 했다.

그런데 지금 우리는 그러한 시대적 사유를 잃고 있지 않은가. 각자 고립된 채 바쁘게 지내느라 지나온 날을 함께 돌아볼 겨를이 없고, 바로 이어질 발걸음들에 주의를 빼앗겨 그 걸음들이 어디로 향하는지 못 보고 있지는 않은가. 시대적 사유가 쥐고 있는 물음은 이런 것이다. 우리는 지금 어느 즈음에 있는가. 우리는 무슨 일을 겪고 무엇을 건너 여기에 왔는가. 무엇을 성취하고 있는가. 무엇을 잃어가고 있는가. 어디로 나아가고 있는가. 어디에 머물러 있는가. 이런 물음은 품고 있으려면 힘이 많이 든다. 미디어가 제공하는 나날의 시사적 사건에 그때그때 반응하는 것보다 그 사건을 사태, 추이, 국면 그리고 시대의 징후로 옮겨서 읽어내고 생각하고 기억하는 것에는 더한 정신의 노력이 요구된다. 그런데도 굳이 그런 노력을 감당하려는 자가 있다면, 과거의 잡지는 그에게 힘이 되어줄 수 있지 않을까.

지금 잡지는 개인의 기호나 취향에 따라 읽고 버려지는 정보 모음집 정도로 여겨질지 모르겠지만, 생각해보면 잡지는 당대의 여러 문제들이 한데서 조우하는 기묘한 장소다. 잡스러워서 고유하다. 그리고 예나 지금이나 잡지에 실린 글은 어렵다는 평을 듣곤 한다. 물론 괜히 어렵게 쓴 글도 있겠지만, 사회적 문제와 시대적 과제는 복잡할 테고 거기에 걸맞게 사고한다면 글도 얼마간 복잡해지지 않을 수 없을 것이다. 그래서 어렵게 느껴진다면, 그것은 그만큼 깊이 사고한 증거로서 존중해야 하지 않을까. 거꾸로 오늘날 글들이 너무나 술술 읽힌다면, 그것은 우려해야 할 일이지 않을까.

이 책을 쓰기 위해 읽었던 과거의 글들은 어려운 것들이 많았다. 하지만 어렵기만 한 것은 아니었다. 끝까지 시선을 끌고 사고를 일으키는 힘, 즉 매력이 있었다. 물론 과거 잡지를 펼쳤을 때 모든 글이 매력적이었던 것은 아니다. 다만 나는 그런 글들에서 매력을, 더 나아가 신뢰를 느낄 수 있었다. 내면의 동요를 전하는 글. 문제와 난관, 이것들을 다룬다기보다 자기 안에 두고 겪고 있는 글. 정신의 내면을 거쳐간 글. 자신의 실감으로써 획득한 글. 시대에 관여하려는 글. 무언가를 책임지려는 글. 다른 생각의 회로를 애써 만들어보려는 글. 그런 글들인 듯할 때 주의 깊게 읽게 되었다.

나는 그런 글은 글쓴이가 사회와 시대를 자신이 속해 있는 현장으로 여기고 있었기에 써낼 수 있었다고 믿는다. 후대를 살아가는 내가 과거 잡지에서 그런 글을 읽을 때 윤곽이 드러나는 것은 고민하던 문제의 답이라기보다 제대로 형상화하지 못하고 있던 물음 자체였다. 그런 글은 지난 시대에 속해 있으나 지금 나의 고민과 내밀하게 맺어지려고 했다. 그 경험을 이 책으로 공유하고 싶었다.

미주

1. 프롤로그

1   주인석, 「왜 REVIEW인가」, 『리뷰』 1994년 창간호.

2. 문제적 시대로서의 1990년대

1   김영찬, 「'90년대'는 없다 ― 하나의 시론, '1990년대'를 읽는 코드」, 『한국
    학논집』 2015년 59호.
2   정운영, 「반성의 연대를 회고한다」, 『문학과 사회』 1989년 겨울호.
3   윤상우, 「한국 성장지상주의 이데올로기의 역사적 변천과 재생산」, 『한국
    사회』 2016년 봄호.
4   서영채, 「환멸의 시대와 소설 쓰기」, 『문학동네』 1994년 창간호.
5   김재현, 「한국철학사상연구회와 『시대와 철학』에 대한 비판적 고찰」, 『시
    대와 철학』 2012년 봄호.
6   최일남, 「잡지 시대의 개막」, 『경향신문』 1984년 2월 29일자.
7   한국잡지협회, 『한국잡지협회 60년사』, 한국잡지협회, 2013.
8   이해영, 「90년대와 80년대: 하나의 정신사적 고찰」, 『문화/과학』 1999년
    겨울호.
9   서영채, 「냉소주의, 죽음, 매저키즘 ― 90년대 소설에 대한 한 성찰」, 『문
    학동네』 1999 겨울호.
10 천정환, 「1980년대 문학·문화사 연구를 위한 시론 (1)」, 『민족문학사연
    구』 2014년 56호.
11 김영찬, 「'90년대'는 없다 ― 하나의 시론, '1990년대'를 읽는 코드」, 『한국
    학논집』 2015년 59호.
12 김병익, 「세기말의 회의」, 『당대비평』 1997년 겨울호.
13 주은우, 「영상문화시대의 주체」, 『경제와 사회』 1996년 봄호.
14 이원태, 「문명 담론의 복권에 대한 두 가지 반응」, 『리뷰』 1997년 가을호.

3. 문학, 전장에서 시장으로

1   신수정·김미현·이광호·이성욱·황종연, 「다시 문학이란 무엇인가」, 『문학동네』 2000년 봄호.
2   이광호, 「'사생활의 발견'에서 '생활의 정치학'으로」, 『신동아』 2003년 1월호.
3   이영진, 「90년대라는 가설, 황무지를 구원하는 견딤의 미학」, 『창작과 비평』 1999년 여름호.
4   「창간호를 펴내며」, 『문학동네』 1994년 창간호.
5   조연정, 「'문학주의'의 자기동일성 1990년대 『문학동네』의 비평 담론」, 『상허학보』 2018년 53호.
6   도정일·황현산·임규찬·김명인·손경목, 「90년대 문학계의 신쟁점을 논한다」, 『실천문학』 1995년 여름호.
7   유성호, 「비평의 새로운 지형과 효용론」, 『오늘의 문예비평』 2002년 여름호.
8   「비판과 관용의 네트워크: 내부에서 실천하고 외부에서 연대하자」, 『비평과 전망』 1999년 창간호.
9   이명원, 「'비난의 수사학'에서 '비판의 해석학'으로 — 90년대 비평과의 결별」, 『비평과 전망』 1999년 창간호.
10   권성우, 「'새로운 비판이론'의 밑자리 — PC통신문화의 가능성에 대하여」, 『리뷰』 1994년 창간호.
11   신철하, 「문제는 다시 비평이다」, 『문예중앙』 1999년 여름호.
12   강준만, 「『조선일보』를 위한 문학」, 『조선일보를 아십니까?』, 개마고원, 1999.
13   이명원, 「권오룡의 돈키호테식 글쓰기 — '권력형 글쓰기에 대하여'를 비판한다」, 『반갑다 논장』 2000년 6월호.
14   이명원, 「당신들의 '기회주의'는 위험하다」, 『사회비평』 2001년 가을호.
15   강준만, 「머리말: 패거리 공화국」, 『인물과 사상』 2000년 8월호.
16   권오룡, 「권력형 글쓰기에 대하여」, 『문학과 사회』 2000년 여름호.
17   이광호, 「90년대 문학을 바라보는 몇 가지 관점」, 『문학과 사회』 1999년 여름호.

4. 사상, 중심을 잃은 행방

1   김동춘, 「맑스주의와 주체사상의 '때늦은 등장과 때이른 쇠퇴' 사이 — 우

리는 우리의 사상을 만들고 있는가」, 『사회평론 길』 1996년 7월호.

2   김진균, 「한국사회학, 그 몰역사성의 성격」, 『한국사회연구』 1983년 창간호.

3   김진균, 「지식인과 한국사회」, 『진보평론』 2003년 봄호.

4   「책머리에」, 『역사비평』 1987년 창간호.

5   「창간에 즈음하여」, 『철학과 현실』 1988년 창간호.

6   「창간에 즈음하여」, 『현실과 과학』 1988년 창간호.

7   「사상의 대중화를 위하여」, 『사회와 사상』 1988년 창간호.

8   「철학은 시대의 혼이다」, 『시대와 철학』 1990년 창간호.

9   「'연대를 위한 전진'과 '전진을 위한 연대'를 향하여」, 『사회평론』 1991년
     창간호.

10 정운영, 「'유령 사냥'에 나서며」, 『이론』 1992년 창간호.

11 「근대는 끝났는가 — '무정형 사조' 선인가 악인가」, 『한겨레신문』 1990년
     9월 25일자.

12 윤평중, 「왜 지금 여기서 포스트모던 논쟁인가?」, 『포스트모더니즘의 철
     학과 포스트마르크스주의』, 서광사, 1992.

13 민족민주운동 연구소 문학분과, 「지식인의 위기와 90년대 민족문학의 진
     로」, 『정세연구』 1992년 가을호.

14 김동춘, 「맑스주의와 주체사상의 '때늦은 등장과 때이른 쇠퇴' 사이 — 우
     리는 우리의 사상을 만들고 있는가」, 『사회평론 길』 1996년 7월호.

15 주인석, 「왜 REVIEW인가?」, 『리뷰』 1994년 창간호.

16 강내희, 「포스트모더니즘 현상 비판」, 『문예중앙』 1990년 가을호.

17 신정완, 「학문 주체화로 가는 항해 길에 배를 띄우며」, 『우리 안의 보편
     성』, 한울아카데미, 2006.

18 김영민, 『탈식민성과 우리 인문학의 글쓰기』, 민음사, 1997.

19 조혜정, 『탈식민지시대 지식인의 글읽기와 삶읽기 1』, 또 하나의 문화,
     1996.

20 조혜정, 『탈식민지시대 지식인의 글읽기와 삶읽기 2』, 또 하나의 문화,
     1997.

21 김영민, 「논문중심주의와 우리 인문학의 글쓰기」, 『문학과 사회』 1994년
     여름호.

22 이왕주, 「이 땅의 철학을 위해」, 『상상』 1995년 여름호.

23 황종연, 「황종연: 종언 없는 비평」, 『인터뷰 한국 인문학 지각변동』, 그린
     비, 2011.

5. 문화, 대중성과 실험정신 사이에서

1   홍성태, 「정보사회와 문화의 정치경제학」, 『문화/과학』 1996년 가을호.
2   주은우, 「금지의 명령에서 향유의 명령으로」, 『한국사회학』 2014년 가을호.
3   신현준, 「1980년대 문화적 정세와 민중문화운동」, 『1980년대 혁명의 시대』, 새로운세상, 1999.
4   강내희, 「문학의 힘, 문학의 가치」, 『문화/과학』 1997년 겨울호.
5   천정환, 『시대의 말 욕망의 문장』, 마음산책, 2014.
6   박인하, 「한국 만화잡지의 자리매김」, 『상상』 1996년 겨울호.
7   성기완, 「음악잡지: 한국의 대중음악 담론」, 『상상』 1996년 겨울호.
8   김정숙, 「도서대여점과 독자의 권리」, 『오늘예감』 1996년 봄호.
9   박해현, 「『리뷰』『오늘예감』 새 계간지 잇단 창간」, 『조선일보』 1994년 12월 3일자.
10 원용진은 주간 내지 월간을 주기로 발행되는 각종 여성잡지, 영화잡지, 시사잡지들과 구분하기 위해 이들을 대중문화전문지라고 명명했다(원용진, 「'계몽'잡지 시대의 종언?: 최근의 문화 담론과 대중문화 전문지에 대한 비판적 검토」, 『한국사회와 언론』 1997년 4월호).
11 주인석, 「창간에 부쳐: 상상, 넘나들며 감싸안는 힘」, 『상상』 1993년 창간호.
12 편집위원회, 「시작하는 예감: 색안경을 끼고 문화를 바라본다」, 『오늘예감』 1995년 가을호.
13 편집위원회, 「『문화/과학』을 창간하며」, 『문화/과학』 1992년 창간호.
14 주인석, 「왜 REVIEW인가」, 『리뷰』 1994년 창간호.
15 이성욱, 「90년대 문화운동의 방향 모색」, 『문화/과학』 1992년 창간호.
16 편집위원회, 「테제로 제안하는 일탈」, 『오늘예감』 1995년 봄호.
17 이윤종, 「『문화/과학』과 1990년대 한국의 문화론」, 『구보학보』 2018년 19호.
18 강내희, 「대중문화, 주체 형성, 대중정치」, 『문화/과학』 1994년 여름호.
19 1996년에 등장한 문화무크지 『이다』의 창간사는 이에 관한 문제의식이 뚜렷하다. "우리는 대중문화의 무조건적인 긍정(엘리트주의의 철저한 부정)을 거부하지만, 대중문화=상투성=상업주의라는 식의 단순한 도식도 거부한다. 우리가 인정하는 것은 대중문화가 비평적으로 세심하게 다루어질 가치가 있는 우리의 문화적 삶의 중요한 부분이라는 점뿐이다."(「첫호를 내면서」, 『이다』 1996년 창간호) 『이다』는 패션, 동성애, 축구, 가상현실 등으로 담론 영역을 넓히며 새로운 소비 취향들을 정당화했다.
20 편집위원회, 「테제로 제안하는 일탈」, 『오늘예감』 1995년 봄호.

21   손동수·한정수·김탁환, 「대중문화잡지, 무엇을 할 것인가?」, 『상상』 1996년
       가을호.

6. 세대, 혼란의 범주

1   장여경, 「新세대, 'SIN'세대?」, 『이대학보』 1993년 9월 20일자.
2   이성욱, 「진보적 문화운동과 신세대문화의 연대를 모색한다」, 『말』 1994년
       2월호.
3   주인석, 「신세대 누구냐」, Hitel 바른통신모임 게시판에서.
4   박해남, 「1990년대의 국제화·세계화와 대중 민족주의」, 『한국민족문화』
       2020년 77호.
5   문화체육부, 『1994년도 청소년 육성 정책 결산 및 1995년도 청소년 정책
       방향』, 1994.
6   정민우, 「지식 장의 구조변동과 대학원생의 계보학, 1980~2012」, 『문화
       와 사회』 2013년 15호.
7   주인석, 「창간에 부쳐」, 『상상』 1993년 창간호.
8   미메시스, 『신세대: 네 멋대로 하라』, 현실문화연구, 1993.
9   문화이론연구회, 「'신세대론'을 비판한다」, 『문화/과학』 1994년 봄호.
10   권성우, 「다시, 신세대문학이란 무엇인가」, 『창작과 비평』 1995년 봄호.
11   임규찬, 「새로운 현실상황과 문학의 길」, 『문학동네』 1995년 봄호.
12   편집위원회, 「21세기 한국문화를 기획한다」, 『문화/과학』 1997년 여름호.
13   이화진, 「'90년대'를 돌아보기-세대의 기억 상품과 자기 서사」, 『대중서
       사연구』 2014년 가을호.
14   소영현, 「한국사회와 청년들, '자기파괴적' 체제비판 또는 배제된 자들과
       의 조우」, 『한국근대문학연구』 2012년 26호.

7. 디지털, 가능해진 것과 가려진 것

1   이영희, 「정보화와 사회적 논쟁」, 『경제와 사회』 1999년 여름호.
2   「외국서버 이용 음란사이트 차단 특별조치 추진」, 『연합뉴스』 1999년
       8월 24일자.
3   김종엽, 「인터코스넷의 나비」, 『리뷰』 1997년 봄호.
4   백욱인, 「인터넷 내용 등급제와 검열의 정치」, 『황해문화』 2000년 겨울호.

5 홍성태, 「사이버공간에 국경을? — 윤리의 정치학과 표현의 자유」, 『문화/과학』 2000년 가을호.

6 고길섶, 「채팅, 자유의 새로운 영토?」, 『문화/과학』 1996년 가을호.

7 김병익, 「컴퓨터는 문학을 어떻게 변화시킬 것인가」, 『동서문학』 1994년 여름호.

8 이용욱, 「양치기 소년과 버전업」, 『버전업』 1996년 가을호.

9 이용욱, 「왜 사이버문학인가」, 『통신문학, 또는 커뮤니케이션에 대한 소고』, 하이텔문학관, 1996.

10 한정수, 「비트(bit)로 문학하기」, 『버전업』 1996년 창간호.

11 김우필, 「사이버문학과 리얼리즘—비판적 사이버리즘의 등장」, 『버전업』 1998년 여름호.

12 이용욱, 「권두언」, 『버전업』 1998년 봄호.

13 박영흠, 「한국 디지털 저널리즘의 사회적 형성」, 『언론과 사회』 2018년 봄호.

14 백욱인, 「생산적 패러디를 위하여 — 『딴지일보』를 보고」, 『당대비평』 1999년 봄호; 홍성태, 「웹진의 매력, 그 황홀한 가능성 — 『딴지일보』의 경우」, 『문화/과학』 1999년 겨울호.

8. 지식인, 흔들리고 갈라지는

1 김동춘, 「사막을 건너는 법」, 『경제와 사회』 1992년 여름호.

2 강수택, 『다시 지식인을 묻는다: 현대 지식인론의 흐름과 시민적 지식인 상의 모색』, 삼인, 2001.

3 김진균, 「1980년대: 위대한 각성과 새로운 주체 형성의 시대」, 『1980년대 혁명의 시대』, 새로운세상, 1999.

4 김원, 「민족-민중적 학문공동체의 변화와 대안적 지식공동체」, 『지식의 현장 담론의 풍경』, 한길사, 2012.

5 정과리, 「벌거숭이 지식인」, 『문학과 사회』 1994년 겨울호.

6 김동춘, 「한국의 지식인들은 왜 오늘의 위기를 읽지 못했는가」, 『경제와 사회』 1998년 봄호.

7 송호근, 『또 하나의 기적을 향한 짧은 시련: IMF 사태를 겪는 한 지식인의 변명』, 나남, 1998.

8 손호철, 「위기의 한국, 위기의 사회과학」, 『경제와 사회』 1998년 봄호.

9 청와대정책기획수석실, 「'신지식인'의 필요성과 사례」, 제12차 경제대책

조정회의 자료, 1998.

10 김동춘, 「왜 아직도 지식인인가」, 『동향과 전망』 1999년 여름호.

11 전상인, 「세기말 한국의 지식인 담론 및 지식인사회에 대한 비판적 성찰」, 『비교사회』 2000년 가을호.

12 문성학, 「우리 사회의 관제국민 가요, 신지식인」, 『비평』 2000년 하반기호.

13 서동진, 『자유의 의지 자기계발의 의지』, 돌베개, 2009.

14 「지식 사회의 혁신을 위하여」, 『현대사상』 1998년 특별증간호.

15 강준만, 「'지식 권력' 교체는 불가능한가?」, 『인물과 사상』 1998년 창간준비호.

16 김상철, 「지식인들의 지식인: 강준만론」, 『비평과 전망』 2001년 하반기호.

17 홍윤기, 「반입장의 입장 투고의 변」, 『인물과 사상』 2000년 10월호.

18 권성우, 『비평과 권력』, 소명출판, 2001.

19 김정란, 「90년대 문학의 가능성」, 『동서문학』 1999년 여름호.

20 김규항, 「청년들의 근황2」, 『노동자의 힘』 2003년 12월 28일자.

21 홍세화, 『나는 빠리의 택시운전사』, 창작과비평사, 1995.

22 「위기의 지식사회에 묻는다 1」, 『중앙일보』 2001년 9월 21일자.

23 이진우, 「자기 무덤 파는 양극화」, 『조선일보』 2001년 7월 17일자.

24 홍성태, 「민주화와 지식인의 사회참여」, 『문화/과학』 2003년 여름호.

25 편집부, 「지식인은 말할 수 있는가」, 『비평과 전망』 2005년 하반기호.

26 이대근, 「서문」, 경향신문특별취재팀 엮음, 『민주화 20년, 지식인의 죽음』, 후마니타스, 2008.

27 이명원, 「진보적 학술운동의 비판적 성찰과 전망」, 『나는 순응주의자가 아닙니다』, 난장, 2009.

9. 진보, 재장전과 분열

1 「『문화/과학』을 창간하며」, 『문화/과학』 1992년 창간호.

2 윤대원, 「시론: 실천적 지식인상 정립을 위한 제언」, 『역사비평』 1987년 창간호.

3 경제와사회편집위원회, 「책을 내면서」, 『경제와 사회』 1988년 창간호.

4 김원, 「90년대 사회운동의 회고」, 『비평과 전망』 2002년 하반기호.

5 서중석, 「문민화시대로의 변화와 개혁의 논리」, 『역사비평』 1993년 가을호.

6 유팔무, 「새로운 보수와 새로운 진보의 움직임」, 『경제와 사회』 1993년 여름호.

7   박영호, 「김영삼 정부의 개혁정책과 진보 세력의 과제」, 『동향과 전망』 1993년 가을호.

8   김원, 「1987년 이후 진보적 지식생산의 변화」, 『경제와 사회』 2008년 봄호.

9   홍윤기, 「개혁국가의 자기 투쟁 — 국가개혁과 사회개혁의 변증법」, 『당대비평』 1999년 봄호.

10   박해천, 「지펠과 디오스의 냉장고 디자인 연구: 1990년대 후반부터 2000년대 중반까지」, 『디자인학연구』 2021년 겨울호.

11   손호철, 「위기의 한국, 위기의 사회과학 — IMF 위기를 보며」, 『경제와 사회』 1998년 봄호.

12   김수행, 「한국사회를 어떻게 분석할 것인가」, 『사회비평』 1993년 상반기호.

13   임현진, 「종속이론은 죽었는가?」, 『경제와 사회』 1997년 겨울호.

14   조희연, 「비판성과 실천성의 2000년대적 회복을 위하여」, 『동향과 전망』 1999년 여름호.

15   진보평론편집부, 「현장에서 미래를」, 『진보평론』 1998년 창간호.

16   「아웃사이더를 내놓으며」, 『아웃사이더』 2000년 창간호.

17   이상희·김중배, 「언론권력과 시민사회의 역할」, 『당대비평』 2000년 봄호.

18   임동욱, 「『조선일보』와 『한겨레신문』의 사회적 의미: '교묘한 선정주의'와 '진보적 대중지'」, 『진보평론』 2000년 겨울호.

19   강준만, 「왜 여론을 쓰레기로 만들려 하는가?: 황석영, 박완서, 김용택, 임지현, 이문열 그리고 『조선일보』」, 『인물과 사상』 2000년 9월호.

20   강준만, 「임지현, 당신의 『조선일보』관이 일상적 파시즘이다」, 『인물과 사상』 2000년 2월호.

21   임지현, 「두더지의 슬픈 초상」, 『인물과 사상』 2000년 3월호.

22   강준만, 「임지현 교수의 반론에 답한다」, 『인물과 사상』 2000년 4월호.

23   편집위원, 「'성채의 정치'에서 '광장의 정치'로」, 『당대비평』 2000년 가을호.

24   정문순, 「강단진보주의자들의 『조선일보』 투항기: 『당대비평』 가을호 머리글을 읽고」, 『인물과 사상』 2000년 12월호.

25   조희연, 「'수동혁명적 민주화 체제'로서의 87년 체제, 복합적 모순, 균열, 전환에 대하여」, 『민주사회와 정책연구』 2013년 24호.

10. 국가, 억압하고 또 욕망되는

1   박해남, 「1990년대의 국제화·세계화와 대중 민족주의」, 『한국민족문화』 2020년 77호.

2   「『문화/과학』7호를 발간하며」, 『문화/과학』 1995년 봄호.

3   손호철, 「위기의 한국, 위기의 사회과학 — IMF 위기를 보며」, 『경제와 사회』 1998년 봄호.

4   한국일보특별취재팀, 『대통령과 아들: 실록 청와대 — 문민정부 5년』, 한국문원, 1999.

5   조세희, 「무산된 꿈, 희망의 복원」, 『당대비평』 1997년 창간호.

6   「불온한 시대를 향한 외침, 그리고 희망의 언어를 찾아서 — 문부식」, 『현대사상』 1999년 여름호.

7   이상수, 「박정희 유령이 떠돌고 있다」, 『한겨레』 1997년 5월 13일자.

8   김정란, 「누가 영웅을 찾는가」, 『당대비평』 1999년 봄호.

9   박해남, 「1990년대의 국제화·세계화와 대중 민족주의」, 『한국민족문화』 2020년 77호.

10   조한혜정, 「글로벌 지각변동의 징후로 읽는 한류 열풍」, 『'한류'와 아시아의 대중문화』, 연세대학교출판부, 2003.

11   「영어 조기교육이 국민경쟁력」, 『조선일보』 1994년 11월 29일자.

12   강준만, 『한국 현대사 산책 1990년대편 3』, 인물과사상사, 2006.

13   강준만, 『한국 현대사 산책 1990년대편 3』, 인물과사상사, 2006.

14   정희진, 「조야한 민족주의 텍스트를 정벌하라」, 『오늘예감』 1995년 봄호.

15   전재호, 「민주화 이후 한국 민족주의의 변화」, 『현대정치연구』 2012년 봄호.

16   편집부, 「우리에게 탈북자는 누구인가」, 『당대비평』 2001년 가을호.

17   김성민, 「탈북자는 무엇을 말할 수 있을까」, 『당대비평』 2001년 가을호.

18   윤인진, 「탈북자는 2등 국민인가」, 『당대비평』 2001년 가을호.

11. 통제, 사상에서 일상으로

1   김기중·신윤동욱·한홍구, 「양심적 병역 거부의 자유는 있는가」, 『당대비평』 2002년 여름호.

2   권혁범, 「2002년 봄, 평화와 인권을 생각하며: '병역의무'의 정치학」, 『당대비평』 2002년 봄호.

3   조희연, 『한국의 국가·민주주의·정치변동』, 당대, 1998.

4   서동진, 「검열당하지 않음의 폭력은 표현의 정치학이다」, 『리뷰』 1996년 여름호.

5   주은우, 「자유와 소비의 시대, 그리고 냉소주의의 시작」, 『사회와역사』 2010년 88호.

6   홍준형, 「표현의 자유와 법적 규제의 한계」, 『문학과 사회』 1997년 봄호
        에서 재인용.

7   마광수, 「『즐거운 사라』와 모럴 테러리즘」, 『리뷰』 1996년 여름호.

8   홍준형, 「표현의 자유와 법적 규제의 한계」, 『문학과 사회』 1997년 봄호.

9   류진희 「"청소년을 보호하라?", 1990년대 청소년 보호법을 둘러싼 문화
        지형과 그 효과들」, 『상허학보』 2018년 54호.

10   고길섶, 「문화시대와 국가권력의 이동: '국가보안법'에서 '청소년보호법'
        으로」, 『진보평론』 1999년 겨울호.

11   문부식, 「안이함을 거슬러, 자유정신을 찾아서」, 『당대비평』 1999년 가을호.

12   임지현, 「참을 수 없는 파시즘의 일상성」, 『당대비평』 1999년 겨울호.

13   임지현, 「일상적 파시즘 다시 읽기」, 『당대비평』 2001년 봄호.

12. 여/성, 가장 첨예한 정치 영토

1   임옥희, 「머리말에 부쳐」, 『여/성이론』 1999년 창간호.

2   김예리, 「『녹색평론』의 인간중심주의 생태담론과 정치적 상상」, 『상허학
        보』 2018년 53호.

3   고미숙, 「어떻게 매끄러운 공간을 질주할 것인가? 90년대 문학의 페미니
        즘과 성 담론에 대한 몇 가지 단상」, 『오늘의 문예비평』 1999년 여름호.

4   공보처, 『여성지 등록 현황 분석』, 1994.

5   노염화, 「IF로 부족한, 2%보다 더 부족한, 페미니즘 매체의 발전을 위한
        고언」, 『아웃사이더』 2000년 창간호.

6   서영인, 「1990년대 문학지형과 여성문학 담론」, 『대중서사연구』 2018년
        여름호.

7   천정환, 「탈근대론과 한국 지식문화(1987~2016)-전개 과정과 계기들」,
        『민족문학사연구』 2018년 67호.

8   손동수, 「80년대와 90년대는 어떻게 다른가 18: 성(性)/'뽀르노'에서 에
        로티즘으로 ― 마광수 교수의 초라한 뒷모습에 보내는 옹호」, 『사회평론
        길』 1996년 7월.

9   서동진, 『누가 성정치학을 두려워하랴』, 문예마당, 1996.

10   서동진, 「커밍아웃의 정치학을 다시 생각한다」, 『당대비평』 2000년 겨울호.

11   최태섭, 『한국, 남자』, 은행나무, 2018.

12   고길섶, 「군가산점 논란, 성 적대를 종식시키자」, 『문화/과학』 2000년 봄호.

13   엄혜진, 「성차별은 어떻게 '공정'이 되는가?: 페미니즘의 능력주의 비판

기획」, 『경제와 사회』 2021년 겨울호.

13. 생태, 그때 이미 사고했던 것들

1   김성중, 「환경재앙의 1차적 경고를 무시하지 말자」, 『황해문화』 1996년 가을호.
2   오늘의 문예비평 동인, 「비평전문지를 창간하면서」, 『오늘의 문예비평』 1991년 창간호.
3   조명래, 「개발주의 정부의 반녹색성」, 『사상』, 2003년 겨울호.
4   「살림이야기가 만난 사람, 『녹색평론』 발행인 김종철」, 『살림』 2008년 창간호.
5   김종철, 「생명의 문화를 위하여」, 『녹색평론』 1991년 창간호.
6   김예리, 「『녹색평론』의 인간중심주의 생태담론과 정치적 상상」, 『상허학보』 2018년 53호.
7   김종철, 「창간 10주년을 맞이하며」, 『녹색평론』 2001년 61호.

14. 위기, 지금 시대가 서 있는 토대

1   김동춘, 「한국사회에서 '진보'의 의미」, 『경제와 사회』 1998년 봄호.
2   박해남, 「1990년대의 국제화·세계화와 대중 민족주의」, 『한국민족문화』 2020년 77호.
3   박혜경, 「경제위기 시 가족주의 담론의 재구성과 성평등 담론의 한계」, 『한국여성학』 2011년 가을호.
4   남인순, 「IMF로 상징되는 변혁기의 여성운동과 문제점, 대안 모색」, 『황해문화』 1998년 가을호.
5   박해천, 「지펠과 디오스의 냉장고 디자인 연구: 1990년대 후반부터 2000년대 중반까지」, 『디자인학연구』 2021년 겨울호.
6   배은경, 「중년 여성을 보면 한국이 보인다?」, 『당대비평』 1999년 가을호.
7   김동춘, 『1997년 이후 한국사회의 성찰』, 길, 2006.
8   「1998년 여름호를 펴내며」, 『문학동네』 1998년 봄호.
9   문부식, 「안이함을 거슬러, 자유정신을 찾아서」, 『당대비평』 1999년 가을호.

15. 대중, 그들은 다음 시대를 열어냈는가

1   진중권, 「머리글: 월드컵에 대해」, 『아웃사이더』 2002년 7월호.
2   정경희, 「붉은 악마가 준 교훈」, 『한겨레』 2002년 6월 17일자.
3   최원식·김홍준·김종엽, 「월드컵 이후 한국의 문화와 문화운동」, 『창작과 비평』 2002년 가을호.
4   권명환, 「2002년 6월, 대한민국, 환상의 자존심」, 『아웃사이더』 2002년 7월호.
5   안이영노, 「작은 실천, 인력 풀, 네트워크의 힘을 깨달은 시대, 1990년대 이후 한국사회와 문화운동」, 『문화/과학』 2002년 여름호.
6   김귀옥, 「촛불시위의 사회학」, 『진보평론』 2003년 가을호.
7   오연호, 「언론권력 교체되다 — 인터넷과 네티즌이 '조중동' 이겼다」, 『오마이뉴스』 2002년 12월 19일자.
8   이동연, 「세대정치와 문화의 힘」, 『문화/과학』 2003년 봄호.
9   박용수 외, 『대통령 노무현, 한국 정치에 무엇을 남겼나?』, 이담북스, 2022.
10 이진경, 『대중과 흐름』, 그린비, 2019.
11 노명우, 「지식의 대중화와 지적 대중: 지식과 지식인의 미래」, 『문화/과학』 2003년 여름호.

16. 에필로그

1   문화관광부, 『2005 문화미디어산업 백서』, 2006.
2   김원, 「1987년 이후 진보적 지식생산의 변화」, 『경제와 사회』 2008년 봄호.
3   조남현, 「문학 위기, 그 현상론과 초극론」, 『21세기 문학』 2000년 봄호.
4   「『당대비평』 폐간, 사회비평지 수난 이어져」, 『경향신문』 2005년 8월 1일자.
5   서병훈, 「학문과 시장 — 사회과학 학술잡지의 번민」, 『사회비평』 1999년 여름호.
6   「편집자의 말: 상상은 문학으로」, 『상상』 1998년 봄호.
7   강준만, 「인터넷 시대의 커뮤니케이션」, 『인물과 사상』 2005년 1월호.

찾아보기